U0448793

最初的联结

爱如何塑造婴幼儿大脑

［英］苏·格哈特 著

王燕 译

广东人民出版社
·广州·

果麦文化 出品

推荐序

当孩子们都很小的时候,有一天晚上,好不容易把孩子们哄入睡后,我们坐下来休息,看了一部电影——《为人父母》(Parenthood)。在这部电影中,有个叫史蒂夫·马丁(Steve Martin)的角色,他是一个疲于生计但又慈爱的父亲,在照料自己年幼的儿子时出现了两次快镜头式的幻觉片段。在第一次幻觉中,他已经长大成人的儿子作为优秀学生代表在进行毕业演讲,感谢自己优秀的父亲曾经给予他的所有帮助。儿子把手指向坐在观众席上的父亲,人群中响起了热烈的掌声!随后,父亲猛地惊醒,回到了现实中,他的儿子正在旁边捣乱做坏事。于是,突然间,又一幅截然不同的幻觉画面出现在他眼前——校园里一片混乱,学生四处逃跑,一个人正站在高塔上进行枪击。

"这个家伙是马丁,"人们尖叫着,"他的爸爸也不会是个好东西!"

我想,每位家长都曾有过类似的想法——我们对孩子充满期望,同时也有着各种担忧。但是,在近几十年间,父母们对孩子的担心已经达到前所未有的疯狂程度。父母们似乎在体验着前所未有的丧失感,但同时又被那些所谓的专家搞得更加不知所措。一切都变得越来越复杂,父母的自我怀疑也越来越严重。

问题的部分原因,便是这些专家自身也处于困惑之中,虽然他们几乎从来也不愿意承认这一点。在科学界,有时候会发生这种情况,当老的模式同数据不再匹配时，便需要一种新的途径来重新审视问题。一段时间的困惑之后，新的解决方式就会赫然而出，每个人都会在欣喜之余长出一口气。幸运的是，今天的我们也刚刚到达这样的阶段。在过去的 10 年间，主要借助于科学技术的发展，科研工作者们可以研究人类大脑内部的工作状态，神经科学已经改变了我们对婴儿大脑发育情况的认知。

你可能会想——可是，如果在儿童发展的研究领域产生了革命性突破，为什么我没有听说过呢？

原因在于以下两点：首先，这个突破是由成千上万个围绕儿童发展的零散分布的文献构成的；其次，要理解这个突破确实不容易。譬如，在这个领域最好的一本书是艾伦·肖尔（Allan Schore）所写的《情感调控和自我的起源》(*Affect Regulation and the Origin of the Self*)。从生涩的书名中，你就可以判断这本书会让人望而却步。我是一名心理学教授，但也仍然看得一知半解。但是，苏·格哈特（Sue Gerhardt）是个非常厉害的人物，作为母婴关系领域的专家和心理治疗师，在本职工作之外，她还阅读和透彻掌握了整个发展神经科学领域的研究文献，同相关研究者进行交流，从致力于"如何利用这些成果帮助爸爸妈妈、老师以及政策制定者等"的角度对这些成果进行了整合。她之所以这样做，是因为她认识到这些知识将会改变一切。她是正确的。

简而言之，我们在孩子的生活和自身生活中遇到的问题，都是由于我们完全忽略了爱的重要性。我们原来认为，爱只是父母为我们所做的一些美好的事情。但是，事实上，对人类的心理健康、智力以及行为功能而言，爱都至关重要。如果某些人成为伟大的人物，这仅仅意味着，他们拥有爱。

那些发生在母亲和婴儿、丈夫和妻子、手拉手散步的老人之间的抚慰、嬉戏、抚摸、逗笑、拥抱以及搀扶的瞬间，都会刺激大脑并且建立连接，而这正是智力、人际交往能力和成为一个受人尊敬且优秀的人的基础。所有的优质培训、教育、金钱、资源、课程以及贵族学校都不能弥补由于父母草率、紧张、不能同年幼的孩子和谐互动、不能让孩子拥有充满爱意的有趣生活而造成的损失。

在这本书中，介绍了一系列不可思议的新发现——

孕期母亲的压力已经开始作用于胎儿的大脑——影响到海马体（一个同记忆相关的脑结构）或杏仁核（另一个主要负责情绪反应的大脑结构）的体积。

一种名为MAOA-L的基因，能使孩子在控制情绪冲动方面出现问题的发生率提高2倍。（然而，人群中有40%的人会携带这种基因，由此可见，多数人已经学会使这种基因处于控制之中）

母亲在孕期对金钱的担心或长时间加班工作，都会影响到胎盘中的一种酶，导致压力激素涌入胎儿体内，而在正常情况下，这种酶会阻止皮质醇从母体进入胎儿体内。结果，当婴儿出生时已经承受了巨大压力，照料这种婴儿可能会非常困难。

事实上，不管是对社会还是对父母而言，都有明确的补救措施。如果在刚刚为人父母阶段，我们能够放慢脚步，尽量减少压力，重视亲情和陪伴，享受亲子之间的乐趣和嬉笑，如果政府能够采取措施让年轻的爸爸妈妈认为身为父母是一项有价值和值得珍惜的工作，那么在这样的环境下，将会塑造出心理弹性好、有同情心、富有幽默感以及人际交往良好的成年人。对整个社会而言，由此所带来的益处将是巨大的。这是一本很棒的书，书里所总结的知识能够帮助父母们把自己的孩子，以及天下所有孩子的潜能发挥到极致。

作为一名科普作家，在我看来，如果不能把学术成果传播给普通大众，那将是一件很遗憾的事情。在这方面，我非常羡慕苏·格哈特所做的一切。她已经涉足当今科学界最为复杂的领域之一，并且以科普的形式把这些研究成果推广给大众。

爱，很重要。我们有科学证据来证明此观点。

史蒂夫·比达尔夫（Steve Biddulph）

澳大利亚心理学家

畅销书《养育男孩》《养育女孩》的作者

目 录

PART 1
奠基阶段：婴儿及其大脑　　　　　　　　　　　　1

1. 未曾谋面的 TA　　　　　　　　　　　　　　　2
2. 回到人生伊始　　　　　　　　　　　　　　　16
3. 构建一个大脑　　　　　　　　　　　　　　　39
4. 有害的皮质醇　　　　　　　　　　　　　　　68
5. 至关重要的婴儿期　　　　　　　　　　　　　101

PART 2
不稳定的基础及其后果　　　　　　　　　　　　103

1. 尽量不去感受——早期情绪调控与免疫系统之间的关系　110

2. 抑郁的婴儿——早期经验如何改变脑内的化学物质，
从而导致成年期抑郁　**133**
3. 主动的伤害——童年期创伤和成年期创伤之间的联系　**159**
4. 折磨——人格障碍和童年经验间的联系　**177**
5. 原罪——为何遭受虐待的孩子难以产生同情心　**197**

PART 3
信息太多，方法太少——
下一步我们该做什么呢？　**225**

1. 如果一切都失败了，那就抱抱你的泰迪熊吧——
创伤后修复　**226**
2. 未来的新生命　**245**

译后记　**260**

PART

1

奠基阶段：
婴儿及其大脑

1 未曾谋面的TA

> 爱的来临是否悄无声息,
> 如同挠下鼻尖?
> 它是否会在清晨敲响我的屋门,
> 还是会在公共汽车里被我踩到脚尖?
> 它是否会像季节变换般悄然而至?
> 它的问候是谦恭还是粗鲁?
> 它会彻底颠覆我的生活吗?
> 哦,告诉我爱的真相吧。
>
> ——威斯坦·休·奥登(W. H. Auden)(1938)

最初的几周

新生命往往是不期而至的。它并不总是出现在既定故事中:男孩爱上了女孩,两人成家定居,盖好房屋,生儿育女。一些怀孕会发生在醉酒之后的一夜情,对方甚至会是一个你完全不爱的人。怀孕也会发生在你最不希望有孩子的时候;抑或你苦苦求子而不得、在日复一日的失望和痛苦中完全不抱希望时,新生命突然降临。尽管怀孕在营养充足和幸福感满满的情境下更容易出现，但它可能发生的场合，就如世上的人一样，各不相同。

不管怎么说，一个新的生命体就这样出现了。卵子和精子结合的瞬间，一切都被改变。受精卵着床于女性的子宫壁，那是孕育的沃土。接下来，它迅速地分裂成细胞群，每个细胞又开始发育成人体的不同结构。这些新的组织会成为一只手、一个肾脏，还是大脑的某个区域，取决于它是在哪里和其他细胞组织发生联系的。生命的开始是一个不可思议的过程。

在接下来的几周里，发育的胚胎与母体协作，共同完成一项互相建构的工程。母体和胚胎之间形成一个胎盘，这是用来交换两者之间的营养物质、氧气和生物化学分泌物（例如激素）的轴心，也作为保护性屏障，用来过滤母亲体内的有毒物质，从而避免伤害胚胎。（胎盘本身会释放一种物质，叫HCG，它会使母亲对有毒物质更敏感，更容易呕吐）如果母亲的生活方式相当健康，那么这个保护性系统就会工作顺利，但如果这个母亲正在服用酒精或尼古丁等成瘾物质，那么胎盘在保护胎儿方面就会面临挑战。

在怀孕的任何时间过度摄入酒精都会引起伤害，不幸的是，相比器官已经开始工作的成形胎儿而言，尚处于怀孕初期的未成形胚胎会更为脆弱，酒精对它的影响也更为严重。在怀孕最初的几周里，身体结构包括人脸就已初见雏形。在这个时候摄入酒精"堆"（binges，定义为一次性摄入的量超过6个单位或3-4杯葡萄酒），尤其是经常如此的话，对胚胎的伤害非常大，极有可能导致面部结构畸形，例如，小眼睛和扁平上唇，发展成胎儿酒精综合征（Foetal Alcohol Syndrome，FAS）。在正常情况下，任何一名正打算怀孕或有可能怀孕的母亲，都应该小心翼翼地防止过量饮酒，以避免对孕早期胎儿可能产生的伤害。不过，在整个怀孕期间，酒精风险一直都存在。即使在怀孕后期，酒精对胎儿的大脑仍有非常严重的影响。（RCOG，2006；Cockburn，2013）此时的危害性后果很多，最主要的是导致大脑变小和左右脑功能不协调，从而导致婴儿出生后在学习和集中注意力方面产生困难，也包括在移情和与他人交流方面的问题。（Maier and West，2001；Cockburn，2013）

胎儿的世界由母亲决定

处在有毒化学物质的环境下，胎儿的健康发育必定会受到威胁。然而，来自母体的其他生物化学物质也同样会对胎儿产生影响。胎儿已经能够根据母体传递的信号，来主动适应他所赖以生存的"由母亲决定的世界"。激素、神经递质和营养成分都会对胎儿产生相应的影响。

在怀孕的最初3个月，母亲的饮食对胎儿影响最大。（Gluckman and Hanson，2004；Roseboom et al.，2006）婴儿的健康发育需要多种营养，特别是充足的蛋白质、维生素和矿物质。但是，胎儿并不只是依赖母亲的营养供给来实现自身的迅速发育。胎儿自身也会建立关于生命发育的假设，这些假设如同天气预报，胎儿需要为将来提前做好储备。接下来母体会有足够多的营养物质让自己发育成一个新生命，还是需要累积充足的卡路里以备将来不时之需？如果这位母亲在怀孕初期营养不良，或吃了不少垃圾食品，那么胎儿就会断定将来母体也不会有足够多的供给，他只好发育成所谓的"节俭表现型"，以实现资源利用的最优化。（Barker，1992）

压力对胎儿正在发育的营养系统同样也有出人意料的深远影响。高水平的压力激素会促使瘦蛋白分泌增加，后者负责管理食欲和食物摄入。压力激素和瘦蛋白都会影响胎儿在胃周边储存脂肪的偏好，这个部位恰好位于肠和腹壁之间，从而增加了胎儿以后中年发胖或长啤酒肚的可能性。同样作为一个有效的脂肪存储系统，这和骆驼的驼峰有着异曲同工之妙。（Gillman et al., 2006；Entringer et al., 2012；Paternain et al., 2013）存储腹部脂肪倾向形成的关键期处于怀孕中期，时间为 14 周到 23 周。（Pilgaard, 2011）

　　读到这些研究的时候，公众对这些研究应用的关注之少，让我倍感诧异。怀孕时的营养贫瘠可能就是我们这个时代肥胖盛行的主要原因。这个问题的产生至少部分是因为我们没有预想到营养不良的胎儿会倾向于储存脂肪，这些胎儿出生后会对这个廉价的高糖高脂快餐食品泛滥的世界猝不及防，于是体重迅速增加，尤其在中年阶段。（Maiorana, 2007；Entringer et al., 2012）令人惊讶的是，肥胖在印度等发展中国家正成为一个社会问题，在那些地方，有将近 30% 的婴儿出生时体重不达标，但是，同样在那些国家，肥胖率又戏剧性地飙涨。（Yajnik, 2004；Paul, 2010）

精神状态与身体状态同等重要

　　母亲的生活质量决定了胎儿的生活质量。然而，这不仅和母亲的身体状态有关，还和她的精神状态有关。

　　一旦怀孕，女人就俨然成为集高度焦虑和高度兴奋于一体的生物。生命中的一个新角色正在等待着她，就和任何一次新的挑战一样，既有对腹中胎儿孕育成人的兴奋期待，也有对胎儿以及自身的种种担心。希望和恐惧在这位未来母亲的脑海里碰撞。她的伴侣能够成为育儿的得力帮手吗？婴儿的出生会伴随着危险吗？她有能力满足小婴儿的需求吗？她也许会对她的身体感到陌生，乳房胀大、肚子凸起，孩子就像寄生虫一样存在体内。又或许，她会觉得她的所有担心都是多余的。

　　或许，她更倾向于理想化腹中胎儿和她自己。她希望胎儿会成为最完美的婴儿，而她则无论是在怀孕期间还是分娩后都是一名神采奕奕的母亲，因此，她会模仿杂志上的名流保持身材。当她发现自己因为作呕而呻吟时，或者不由自主地吃着布丁时，她会对自己感到失望。然而，所有的这一切思想，无论积极的还是消极的，都是她在精神上的某种调整，在为新的、已经开始的关系而做准备。

情绪如过山车般，跌宕起伏于美妙幻想和担心厌恶之间。对一些女性而言，在两者间达到平衡和对怀孕充满信心都是很困难的。对那些不得不处理生活中其他压力的女性而言，情况的确如此，这些压力可能来自一份高压力的工作，家庭与工作的冲突，或者经济上的拮据。

好压力和坏压力

处于压力下的女人会把她们的压力传递给腹中的胎儿。然而，在我们的讨论中，"压力"是一个相对复杂的概念。职业女性会把工作要求比较高的职业视为一种激励而非压力；充满挑战的或处于紧张状态的亲密关系也有可能非常牢固和安全，甚至是力量的源泉。根据珍妮特·迪·皮特罗（Janet Di Pietro）在2006年的一项研究，在任何情况下，中等水平的压力对胎儿而言都是一件好事。她和她的同事在巴尔的摩的研究发现，安稳和健康的怀孕加上中等程度的压力或者焦虑，有利于神经系统成熟得更快，同时可以促进胎儿在肌肉运动和认知上的发展，这种效果可以一直持续到胎儿出生后的2周岁。

然而，也有不利于胎儿成长的坏压力。尤其是一些相对普通的低水平压力也有可能会影响情绪系统的发展。

珍妮特认为，量化压力的大小并不容易，特别是女人对压力的知觉并不精准。有些报告有压力的人，并没有压力的生物学表现，而另外一些人因为已经习惯某种有压力的生活（例如，经济贫苦或工作压力大），并且认为自己非常健康，没有什么压力，在生物学上体内却存在压力反应。对大多数女人而言，她们并不会对长时间的工作产生压力感，而在怀孕最初的几个月里，这倒有可能会影响胎儿神经系统的发展，最终阻碍胎儿发育，导致婴儿出生体重下降。（Vrijkotte et al., 2009）非常糟糕的是，当婴儿出生时的体重低于2.5千克时，他们之后的健康会面临严重风险，极有可能患上糖尿病、高血压或者心脏病之类的疾病。

简言之，适度压力总是好的，甚至在某些方面是有益的，但是更高强度的和慢性的压力对婴儿可能就有不良后果了。尤其是那些让母亲感觉失控的情境，例如，家庭暴力、经济困顿或者被迫长时间工作，久而久之，都会导致胎盘里面某种酶的活性降低，而这种酶在正常情况下用以限制压力激素皮质醇传递到胎儿。（Di Pietro, 2006）当这种酶失效时，皮质醇就可以通过胎盘到达胎儿，极有可能影响胎儿正在发育的应激反应系统（该系统会在后续的章节中详述）。相较于正常的婴儿，那些暴露在母亲压力激素中的婴儿出生后更加易怒，更加容易哭闹（van der Wal et al., 2007），同时还会伴随更加容易烦恼的"行为性应激反应"（Behavioral stress responses）（Davis and Sandman, 2007）。当然，这种应激反应本身还是可以被重新调整和改变的。（Glover et al., 2010；Glover, 2011；Oberlander et al., 2008a；Garcia Segura, 2009；Sandman et al., 2011）

上述行为的部分原因可能是压力激素作用于婴儿的杏仁核。杏仁核是大脑情绪反应的核心，可以引发应激反应。杏仁核就是大脑的"歌剧女主角"，对一般的疼痛、愉悦、恐惧、愤怒、悲伤和欢乐体验反应强烈。它与其他重要的大脑结构密切相关，如下丘脑、海马体和额叶皮层。事实上，它是人类生命的核心结构，它的主要结构都是在怀孕的前15周内形成的。（Buss et al., 2012）

当发育的杏仁核暴露在高水平的压力激素皮质醇中时，特别在怀孕初期，它会变得更加活跃并形成额外的神经通路。实际上，产前压力下发育的婴儿，杏仁核的体积增加了差不多 6%（奇怪的是，这似乎只与女性婴儿有关）。(Viltart and Vanbesien-Maillot，2007；Sandman and Davis，2012；Buss et al.，2012)

产前压力对大脑也有很多其他的影响。它可以减少海马体的体积（涉及记忆的大脑结构），并改变胼胝体的尺寸，后者是位于大脑中心、连接左右半球的区域。(Glover，2011) 对老鼠的研究表明，产前压力同样可以减少前额叶皮层的神经通路。(Braun et al.，2006；Murmu et al.，2006；Garcia-Segura，2009；Murgatroyd and Spengler，2011)

怀孕后期和大脑发育的关系

怀孕的最后几个月对婴儿迅速发育的大脑同样也有非常特殊的重要作用。在快要出生的最后冲刺阶段，胎儿会经常睡眠和做梦，这是因为神经元开始连接并形成通路。这些通路开始形成髓鞘，即神经元被一层光滑的油脂类的鞘覆盖，后者能促进神经信号的传递，使得信息快速传递。在怀孕后期，大脑后部最先有鞘的形成，并逐渐沿着皮质扩展至前部。

当母亲在怀孕的最后阶段非常紧张时，胎儿自身的应激反应也会变得更加活跃。(Oberlander et al.，2008a) 母亲的高水平焦虑或者沮丧会反过来导致孩子也不能很好地处理压力或新的刺激，以至于需要更长的时间来克服压力。(Sandman and Davis，2012) 即使在出生后，这些新生儿也会表现得更为胆怯，在 4 个月大的时候比同龄孩子的皮质醇水平更高。(Kaplan et al.，2008) 更糟糕的是，焦虑水平处于前 15% 的母亲所生的婴儿更有可能出现行为问题和情绪问题，或出现注意缺陷与多动障碍。(O'Connor et al.，2002、2003)

尽管母亲的饮食在怀孕后期的重要性比不上怀孕初期，但是依然会对胎儿有影响。摄入油性鱼类体内富含的欧米伽-3脂肪酸，对孕妇有非常重要的免疫作用。它似乎可以减少压力和焦虑对胎儿的影响。（Hennebelle et al.，2012；Buydens-Branchey et al.，2008）在母亲分娩时，通过其体内血液中欧米伽-3脂肪酸的数量也能很好地预测婴儿2周岁前的注意力持续时间。（Colombo et al.，2004）最近的研究表明，胆碱（发现于蛋类、动物肝脏、大麦、豆制品等食物中）对于大脑的优化可能具有最基础的作用，特别是作用于海马体的发育，后者同样参与到压力的应对中，并负责部分记忆功能。（Yan et al.，2013；Mehedint et al.，2010）

不支持孕育的当前社会文化

在现代社会，女性在工作上可以获得与男性同等的权利，这种看似性别平等的文化氛围使人们对怀孕的态度发生了转变。男性不再过多照顾怀孕的女性。不过，人们的确需要对妊娠中的女性给予特殊照顾。怀孕妇女不是患病妇女，但是为了迎接即将到来的新生命，她却需要应对更多来自情感和生理上的挑战。她需要多休息，也需要来自情感上的抚慰，以及经济上的支持。这些说起来很容易，对大多数女性而言却是可望而不可即。很多处于分娩期的女性还要全职工作，在今天的职场文化下，这些马上要为人父母的年轻夫妻仍然需要加班，面对和承受来自经济及社会竞争中的各种压力。

这种明显不利于抚育下一代的社会现实引发了一些不满人士的公开反抗，例如，新闻工作者凯瑟琳就对英国皇家妇产科学院提醒孕妇需要做好预防措施的建议进行了嘲讽。这些建议提及了孕妇在方方面面的注意事项，非常之具体翔实，但在凯瑟琳看来，这种建议仅仅是摆设而已，仿佛把孕妇看成了一无所知的傻瓜。即使没有研究证据，孕妇的身心放松有利于胎儿健康也早就是尽人皆知的常识吧？但事实上，多数孕妇仍然会不顾胎儿的健康，继续投身职场，如果不是出于认知失调，这种行为还能如何解释呢？（Bennett，2013）

很明显，为了生活，就要屈服于现实。这是一条坎坷的道路，进进退退，有得亦有失。近年来，女性社会地位经历了多次重大改变。应该说这是非常有益的。通过充分利用重工业的衰退和服务业的兴起，女性可以创造一个和男性相比更加平等的人生。但这些令人欣喜的进步同时也带来了难以预料的负面影响。一个例子就是快餐食品工业的膨胀式发展，与更多女性开始全职工作的历程是同步的。在外面辛苦工作一天后，享用一份不需要在厨房忙碌半天就唾手可得的方便大餐会抚慰我们的身心；然而，这也极大地影响了我们对新鲜食物的消费，削弱了人们的健康饮食习惯。与此相似，那些拥有夫妻双方两份职场收入的家庭，更容易因为家庭收入不菲就开始购置房屋。然而，大家对房屋之类不动产的需求不断攀升最终导致房价不断上涨，以及大规模的贷款购房；由此导致的结果就是，很多女性被迫进入职场，仅仅是因为想赚更多的钱来还房贷（尽管只有小部分小康家庭可以承受不断上涨的价位）。反过来，这种经济的新态势很好地支持了当前假设，即它推动了女性就业，即使是在她们怀孕初期以及婴儿出生后还需要母亲大量精心照料期间。相应地，许多父母现在甚至在婴儿刚生下来时就寻求保姆之类的替代性照料。可是事实上，要为此控制成本就意味着它的质量很难媲美父母的亲自照料。这种养育状况正在影响成千上万的幼儿。然而，我们还将在后面讲到另外一个意外的结果。

尽管市场可以对社会转变做出反应，但是，当人们意识到育儿也是一项可以赢利的产业时，在火爆市场的推动之下，人们就会忽视怎么做才能够真正为婴儿提供更有益的照料，才能更好地满足婴儿的真正需求，除非社会制定强有力的措施去推动这件事情。当前，雇主没有动力为孕妇提供更多支持，关乎公众健康的信息也并没有得到妇女自身的捍卫，实际上，这样的做法还很有可能遭到女权新闻记者的嘲讽。

可是，每位母亲又各不相同，傲骄的母亲和脆弱的母亲所需要的社会支持也有很大区别。然而，在以效益为目标而竞争的商业经济环境中，母亲们几乎无法选择自己所需要的支持。在快节奏的工作中，人们不可能处处迁就来为孕妇提供社会支持。比如，允许那些孕期女性一段时间不上班在家休息，为了保护孕妇而不让她加班，因为晨吐而允许她临时请假，或在怀孕的最后几个月里为了减轻她情绪上的压力而让她暂时休假。

有时候，不同文化对待孕育新生命的视角也不相同。18世纪，诗人拜伦的祖父是开往南美新大陆的一艘轮船的船长。就在那里，他遇到了身材高大、体格健硕的巴塔哥尼亚人。他对巴塔哥尼亚人强健的身体和桃花源般的生活方式感到震惊，这与他在伦敦所体验到的骄奢淫逸的生活完全不同。尤其是巴塔哥尼亚人对待怀孕女人的做法深深触动了他：

当一名巴塔哥尼亚的女人怀孕时，所有可能不适宜的物品都会被放置在远离她的地方；她只能被乐音唤醒；人们会尝试用符合她喜好的娱乐来转移她的注意力；她的身心都洋溢着愉悦，但是人们也不会让她过于懒散，她也有锻炼，例如，非常有益的散步或者家务管理工作。母亲对儿童的身心发展都有影响，关于这一点，巴塔哥尼亚人毫不怀疑，如同壮实的大树才能长出丰硕的果实。(*Journal of a Voyage Round the World*，1767)

这种土著文化呵护孕妇的做法，令我们生活在现代文明中的人类无比向往。当然，要做到这些，需要我们深切地意识到孕妇的身心健康对全社会而言具有深远意义。

不幸的代际传递

那种因为怀孕而成为"女王"的图景同我们周围许多怀孕女性的真实境遇大相径庭。对很多人而言，怀孕是一种充满压力和不安定的体验，特别是对那些童年早期就缺乏强大情感支撑的人而言更是如此，这其中也包括那些内心缺乏安全感的个体。但归根结底，怀孕不会改变人格或者使先前的问题消失。那些怀孕前的真实状态，在怀孕期间也依旧如此。孕妇无法控制自己，她还是曾经的样子，她也无法改变自己已经形成的情感反应。

但是，这会影响孩子，他们在出生前和出生后都分享了母亲的情感生活。如果没有意识到这一点，母亲的思维状态和她与他人的关系模式都有可能传递给自己的孩子。研究发现，对一位母亲在怀孕期间依恋状态的评估可以预测母亲本身的依恋风格，也可以预测她未出生的孩子的依恋风格。（Steele et al., 1996）对大多数安全型依恋的父母而言，这是一件好事，毫无疑问，他们有能力创造出良好的亲子关系。但是，如果父母幼年有很多糟糕的经历，那么，他们很有可能需要额外的帮助来创造与孩子之间的安全的情感纽带。例如，早期就有过与父母分离经历的女性，或者那些有糟糕童年经历的女性的催产素水平通常都偏低，而催产素正是母亲与孩子之间的生物化学纽带，这无疑会影响母亲的抚育模式。（Mileva-Seitz et al., 2013）

童年不幸或在早期生活中经历过抑郁的女性，在怀孕期间都更有可能抑郁。一般来说，怀孕期间抑郁的比例和产后抑郁的比例相当，患病的比例均是13%。当然，这和总体人群抑郁的发病率并无区别。

如果女性在自己小时候就曾经体验过某种情感上的拒绝，觉得自己一无是处，那么她怀孕时也更有可能患上抑郁。因为童年期间并没有得到足够多的情感支持，所以在管理自身情绪的时候，她们学会了压抑内心的想法和感觉，或者不求助于人。研究发现一个有趣的事实：在有丑闻的家庭中，女性对于自己即将成为母亲这一角色的抑郁性反应更加普遍。（Plant et al., 2013；Dayan et al., 2010）

遗传性抑郁

不幸的是，母亲在怀孕期间的抑郁可以预测胎儿将来抑郁的可能性。两项前瞻性研究发现，这些胎儿成为少年后，他们患抑郁症的风险非常大，小样本研究表明其风险是同龄人的4倍（Pawlby et al., 2009），另一项仅仅聚焦于"重度抑郁"的大样本研究虽然发现的效应要小得多，但也达到了显著性水平。（Pearson et al., 2013）

这种影响是怎么造成的呢？一种路径就是通过抑郁母亲的皮质醇及其对杏仁核的影响。在近期的一项研究中，安妮和她的同事发现，产前抑郁会影响新生婴儿右侧杏仁核的连接模式，使其连接不良。（Rifkin-Graboi et al., 2013）

另外一条路径是通过母亲的压力对胎儿血清素系统产生影响。血清素是一种重要的生化物，从妊娠初期开始就在大脑和身体内循环。它在调节情绪方面扮演着重要角色，特别是在塑造冲动性和攻击性方面。低水平的血清素和焦虑、抑郁相关。

当母亲有压力时，不仅会影响她自身的血清素系统，还会影响她通过胎盘使血清素作用于胎儿的能力。血清素会影响大脑一些区域的神经连接，这些区域包括大脑皮质和海马体。母亲孕期压力会降低胎儿大脑这些关键区域的血清素水平，甚至直至成年。（Field et al., 2006；Goeden et al., 2013）

实际上，个体所有重要的情绪调节系统都始建于胎儿期。神经递质系统如血清素系统和多巴胺系统在胎儿期已经开始被编码，有些是可逆的，有些则是不可逆的。反过来讲，它们会影响其他系统，例如，扁桃体的发育和应激反应——正如我们所知道的，其他系统在孕期也会迅速发育。（Viltart and Vanbesien-Maillot，2007；Ansorge et al., 2008）所有这些早期发育都会影响深远，不仅因为这些系统是相互连接的，也因为大脑是一个"迭代系统"：每一阶段的发育都建立在先前发育的基础上，自下而上。这就使早期的每一个微小差异所带来的影响都无法消除，甚至可能使器官的发育偏离特定方向。

爱，重要吗？

在子宫里所发生的神秘发育过程对我们的生活竟有如此大的影响，这实在是非同寻常。但是，胎儿已经为即将到来的生活做好了准备，在这之前，它已经根据来自环境的线索做出了调整。这些线索包括文化状况：这是一个充满爱的、允许母亲好好哺乳他们并且能得到休息和享受生活的文明吗？抑或是一个食物匮乏、少爱的环境，胎儿需要紧张起来以应对可能出现的威胁和压力？胎儿需要得到精确的图景，以便让自身适应周围的环境。

然而，如果怀孕期间的状况并不理想，也仍然有补救的机会。当婴儿出生后，许多胎儿期出现的问题都可以得到调整。因为婴儿出生时，大脑体积只有成人大脑的1/4——甚至比其他哺乳类动物发育更不成熟——童年早期（或更晚期）的照料在大脑塑造中发挥着更加重要的作用。许多调控系统仍在发育当中，根据实际环境做出的进一步调整也正在进行中。对这些胎儿期就开始发育的系统而言，仍有很多可以康复的好机会，特别是刚刚出生后的一段时间。

(Bergman et al., 2008)例如，出生后第一年亲密的关系和安全的依恋会使婴儿因为压力而变小的海马体恢复到正常水平。(Buss et al., 2012)面对充满爱意的成长环境，前额叶皮层还可以继续发育，环境为情绪的管理和调节提供了多种不同的途径。换言之，如果环境中有爱，它仍有力量为婴儿打造一个全新的现实。

2

回到人生伊始

> 对两只老虎来说，无论你将它们置于一个适合生存的野生环境中，还是放在一个有一千只老虎的种群里，它们都不会有什么太大的不同。但是，人的发展的确会受到周围人群的影响；他无法仅仅依靠自己来发展个人能力。因此，人类这个种群正在逐步迈向并最终成为一体，这并不是一个大胆的比喻，而是一个十足的事实。
>
> ——塞缪尔·泰勒·柯勒律治（S.T. Coleridge），
> 《信》（*Letters*）（1806）

一个昏暗的冬夜，我被一通电话吵醒，电话那头告诉我，我计划拍摄的家庭接生过程马上开始了。我以前见过那个将要生产的妈妈，但是并不熟悉。到达她家后，我拖着录音设备和一盏照明灯，三步并作两步上了楼。在一间空荡荡、灯光暗淡的房间里，报纸铺了一地，即将做爸爸妈妈的两人正坐在一张单人床的边上。整个房间静悄悄的，充满了严阵以待的气氛，大家的焦点都集中在母亲的身体上。接生婆在房间里走来走去，我则站在房间的一个角落里。

情况变化得很快，不久，在丈夫的搀扶下，那位母亲开始蹲坐在报纸上，同时我开始录下她紧张急迫的高声尖叫，很快那些尖叫就变成了低沉的呻吟，似乎孩子马上就要出生了。我的女摄影师还没来得及赶过来拍摄。但是，我已经顾不上这些，而是被眼前新生命降临的景象完全吸引。当孩子最终呱呱坠地时，我们都热泪盈眶，激动万分，对新生命的诞生心生敬畏，同时也为生命本身的神秘所折服。

当初的那个新生命，现在应该已经离开父母，开始了他的成人生活，而这仅仅是他生命历程的另一个开端。当人去世时，讣告中经常会对其一生进行回顾。譬如，此人生前有过4次或1次婚姻，此人的公众地位、公众形象是什么样的，在平时的生活中又是什么样的人，此人在一生中遭遇过哪些不幸，对社会又做出过哪些贡献，诸如此类。但是，这些回顾会遗漏很多东西。它们不会讲述，当初的那个小婴儿如何长成年轻小伙子，在这其中究竟又发生了什么？它们更不会指出，周围人群究竟对当初的小婴儿产生了何种重要影响，使得他身上所隐藏的气质和基因潜能得以充分表现。

要想揭示这个层面上发生的事实，确实很困难。即使是自传，也只能告诉我们那个孩子生于何时何地、父母是谁、背景如何，而无法呈现当时父母和孩子之间的动态关系。因此，通过直接询问，我们永远无法知道在自己的婴儿时期到底发生了哪些事情，尽管有时候从别人对自己幼年逸闻趣事的讲述里可以发现一些蛛丝马迹。我的母亲说，我小时候很难伺候，因为疝气而连续数月每晚都哭闹不止，不过，我倒是很早就学会了走路和说话。从这些讲述中，我可以知道，实际上，在儿时的岁月中，骄傲和被拒绝是自己当时的主要体验。但是，我们还可以通过其他途径来发掘幼年的故事，因为，这些故事一直隐藏在我们的体内，并且展现在我们与他人的关系模式之中。

从本质上讲，早期经验塑造了个体与他人交往、应对情绪变化的特有风格，这种风格既有心理的成因，也包含生理的成分。对个体而言，这些经验就如同一张无形的网，支撑着个体的情感生活，构成了个体的内在意识和外在意识。弗洛伊德把自己看作一位考古学家，可以挖掘个体以往的生活经验，与他类似，我也在用同样的眼光扫视个体，希望从中扫描出他们过去的经历。但是，弗洛伊德所寻找的，是埋藏于人格表面之下的首要驱动力——性冲动和攻击冲动，他认为这是人类生命的内在动力。与他不同，我所寻找的是一种隐藏的关系模式，这种关系模式在婴儿时期已经融入我们的身体和大脑，这些模式指引我们的生活向着特定的方向行进。幼年时母亲的特殊宠爱和称赞，使弗洛伊德形成一种强烈的优越感，这种优越感也体现在他以后的人际关系模式中——但同时，这也使他产生一种罪恶感，因为他曾企图通过消灭他的竞争对手（他曾经诅咒自己的一个弟弟死掉）来保留这种特殊的优越感。后来，在弗洛伊德的职业生涯中，竞争对手扮演了一个重要的角色。在我们生命的早期，存在着一种力量非常强大的东西，这一点可以通过混沌理论得以解释。混沌理论认为，在一个过程中，最初的细微差别可以导致结果的巨大不同。但是，正如神经学家道格·沃特（Doug Watt）所认为，人类生命的早期阶段是一个"既无法回忆也不会忘记"（2001：18）的阶段。我们不能有意识地回忆当初的任何片段，但也无法忘记这些内容，因为这些记忆早已融入我们体内，指引着我们的思想和行为。

在我们体内，确实隐藏着某种东西，有着某种驱使我们向前的力量存在，但是，它们与弗洛伊德所描述的不尽相同。弗洛伊德认为，这种力量是人类生物本性之下的一种身体冲动。他指出，这些冲动会同个体内部代表社会规范和文明压力的"超我"相冲突，从而造成个体心理和身体之间的紧张或冲突，这种紧张或冲突只能通过一个强有力的、处于控制地位的"自我"来调节。弗洛伊德的这种观点曾经颇具影响力，听起来也很有道理。尽管从弗洛伊德个人的经历来看，这种观点确实言之有据，但在当今的时代，人们的欲望和思想往往并没有受到社会压力的过多束缚，因此，如果仍旧运用这种观点来解释今天人们的情感问题，其结果将难以令人满意。当然，这种理论也不符合我对心理、身体发展的理解，因为弗洛伊德的观点过于强调个体的自我发生（self-generated）和自我形成（self-made），而在我看来，事实并非如此。我认为，身体功能和情感行为的许多方面都是通过社会交互作用而形成的，关于这点，后文还会详细描述。例如，与那些受到精心抚养的儿童相比，那些未受到好好照顾的儿童通常会表现出更为强烈的应激反应，并且体内也具有不同的生物化学模式。按照皮特·冯纳吉（Peter Fonagy）——早期依恋研究领域一位卓有成效的学者——的观点，大脑本身就是一个"社会器官"。只有通过与他人心灵的碰撞与结合，我们才能形成自己的思想，才能调整我们的情绪，而在孤立的状态下，这一切都不可能产生。这就意味着，那些在整个生命过程中塑造我们情绪反应的无形力量，从根本上来讲并非生物的本能冲动，而是与他人之间的一种强烈的情绪体验模式。这种模式主要建立于婴儿时期，并非一成不变，但与其他的所有习惯一样，一旦形成就很难被打破。

只属于女性的体验

为了理解每个人独特的反应模式，我们需要回到生命的开端，回到我们还依偎在母亲的怀中、不会言语的日子，甚至回到我们还处在子宫内部的日子。我们生命中的这段时期非常难以描述，这不仅仅是因为处于婴儿期的我们没有言语、没有有意识的记忆，更是由于从发展的观点看，婴儿阶段是以母婴之间的关系为主线度过的。这是一个同外界基本没有交流的阶段，在整个过程中，只有母婴之间身体和情感的交流，吃奶和喂奶的互动，在强大的激素推动下，母亲会不由自主地不断抚摸和凝视自己的孩子——这种感觉难以用理性的言语进行表达，就像性交和爱情一样，难以用言语加以描述。另外，因为这一过程往往只是女性的私人感受，与男性无关，所以很少进入人们的视线，也很少在文化层面上加以展现，只在极少数情况下才会走入作家的笔下，例如，女权主义作家艾德里安娜·里奇（Adrienne Rich）曾这样描写这一过程：

在哺育小婴儿的过程中，虽然有身心俱疲的沮丧时刻，但也伴随着浓浓的幸福和温馨。我现在还记得当初每个孩子嗷嗷待哺的情景。当我给孩子喂奶时，孩子总是睁着大大的眼睛望着我，每当这时，我便意识到我们之间是紧密相连的，不仅仅通过嘴巴和乳房，也通过彼此的凝视：用深蓝色的眼睛，充满宁静又饱含深情地凝望着对方。现在还记得当孩子在我饱胀的胸部开始吮吸母乳时，自己身体所感受到的深深惬意，在那段时间，除了从大快朵颐中获得充满罪恶感的惬意之外，我再也没有其他来自肉体上的愉悦……还记得由于某种原因，当我能够独自抽身前往浴室时所感受到的片刻宁静。还记得在正要入睡之际，突然被孩子的梦魇彻底惊醒，赶快起身去安抚受到惊吓的孩子，为他盖好毯子，给他加热的牛奶喝，或是带着睡眼蒙眬的孩子去上厕所。还记得再回到床上时，我几乎睡意全无，不由得懊恼起来，想着折腾了一个晚上，明天的情况肯定是一团糟，明晚孩子的噩梦会更多，也需要我更多的安慰。在身心疲惫的情况下我往往会对孩子无端地发火，但孩子又怎能理解我的心情、懂得我发火的原因？我记得，那时我想，以后再也不要做梦了。（Rich 1977: 31）

在 20 世纪 60—70 年代女性运动浪潮之下，有人开始描述家庭内部生活中的个人感受，这就使得公众领域和私人领域之间的界限开始模糊。现在，我们可以公开谈论性方面的问题，在公共场合我们不再刻意压制自己的情感，并且可以公开表示自己对名人显贵感情生活的好奇。当发现那些社会名流其实和我们普通人一样也常常难以坚守自己的道德防线时，我们不会再深感震惊了。我们也开始认识到，孩子也会受到性虐待。在公共场合，感情也不再是"难以启齿"的事。那些关于心理与肉体相分离、理性与感性相分离的观点越来越遭到质疑。正如我所指出的，这些改变都激发了人们对情感领域的科学的兴趣，从而开始突破科学中的最后一道疆界——对人类自身情感的探索。

但是，对成人情感活动中脑活动或脑化学成分的测量，只能帮助我们理解情感生活，并不能回答我们为何会有这样的情感反应。这就好比通过解剖一只成年的动物，从而试图找出其行为背后的原因。成人是一部印刻在有机体之上的复杂历史，而这些有机体所形成的系统已经随着时间的推移演变成熟，它们过于特殊而独特。所以，我们需要追溯到情感生活的源头，回到那些决定着我们情感发展轨迹的早期历程——回到婴儿时期，也回到婴儿所处的情感环境之中。

发展中的婴儿情感模式

婴儿就像形成最终自我的原材料。每个婴儿在出生时，都有一张自己的基因蓝图，以及独特的可能发展范围。在每个婴儿体内，都有一套程序，可以指引其身体按照某种特定的方式发展，但这种程序绝对不是自动化的。婴儿是一个与外界交互作用的个体，而不是一个自我决定的个体。在婴儿体内，有许多不同的系统蓄势待发，但还有更多的系统尚未发育，只有通过与他人的互动才能得以发展。

一些作家把婴儿称为"外界的胎儿"，意思是婴儿自身并不完整，需要成人为其设定程序才能发展。这种观点非常具有革命性，因为它使人类文化能够更为有效地在代与代之间传承，每个婴儿都能被"定制"以适应他们所处的环境。因此，一个在尼泊尔古山区原始部落出生的婴儿，和一个在曼哈顿市区出生的婴儿，他们对文化的需求自然不一样。

根据不同的身体节律和功能，每个婴儿的机体天生都具有各自的振动和搏动韵律，通过化学和电信号，这些韵律会进行自我调整。在机体内部有许多相互之间连接松散的系统，这些系统经常互相交叠工作。通过化学和电信号，这些系统互相联系，并通过适应不断变化的内部和外部环境，使机体的唤起水平处于一个合适的范围内。在刚出生的几个月内，机体只会确定唤起水平的正常范围，并会设定一个体内系统试图维持的平衡点。当刺激低于或高于唤起水平的正常范围时，系统就会开始工作，并使机体恢复到平衡点或正常状态。

但是，机体首先必须建立一个常模，这是一个社会过程。婴儿不能单独依靠自己来完成这一过程，而是要通过调动体内的系统，同周围环境中的人协调一致，共同完成。抑郁型母亲的婴儿会适应较弱的刺激，并会习惯于积极情感的缺乏。焦虑型母亲的婴儿通常维持在过度唤起的状态，这些孩子会认为，情感通常会突然爆发，自己以及任何人基本都对此无能为力（或许，这些孩子会采取关闭自己情感的方式来应对这种局面）。在那些发展良好的婴儿看来，周围的人会对自己的情感进行关注和回应，并且会帮助自己缓解内心的紧张状态，使自己恢复到一个舒适的唤起水平；通过别人帮助自己的经验，这些婴儿便能够逐渐学会如何自己处理这些情绪问题。

在婴儿阶段，个体的生理系统既没有完全定型又非常脆弱，因此，这时的早期经验会对婴儿的生理系统产生巨大影响。尤其值得注意的是，如果早期经验出现问题，某些特定的生化系统就会变得毫无用处：个体的应激反应以及情绪处理中的其他方面都会因此而受到负面影响。以大脑为例，在孩子1岁半之前，大脑的发展速度达到了高峰，但也会因婴儿所处环境的不适宜而无法正常发展。就好像树苗一样，稳固的根基和良好的生长取决于环境因素，人类婴儿的情感能力——这种在动物王国中最无法捉摸的能力——同样也会最容易受到环境和经验的巨大影响。

婴儿的心理极其简单，正如稚嫩的树苗一般，他们的情感也是从非常初始的水平开始发展的。婴儿体验着各种基本情感——忧伤或满足、难受或舒适，他们处理这些情感时所采取的手段非常简单，几乎没有任何的细微差异，因为他们还没有足够的能力来处理这些复杂的信息。同时他们也依靠成人来帮助自己应对各种感受——减缓不舒适感和忧伤，增加舒适和满足感——从这些经验中，他们对世界的认识不断增加。望着身边忙忙碌碌的人，又身处一个气味、声音、景物都在昼夜变幻的世界里，婴儿头脑中便逐渐产生了各种模式。慢慢地，婴儿开始能够识别出那些最常见的特征，并将它们储存为意象。这些意象可能是当婴儿在摇篮中哭闹时妈妈露出的温馨甜蜜的微笑，也可能是妈妈那充满敌意、一脸无奈的神情。当婴儿能够分辨母亲会带来喜悦还是痛苦时，意象的含义便产生了。婴儿早期的情感反应只是排斥或亲近某人，不过，这些意象会变成婴儿对自己所生活的情感世界的一种期待，这种期待能够帮助婴儿预测接下来要发生什么，以及如何才能做出最佳反应。

尽管从许多角度来看，婴儿都只是一个简单的生物，但在他们的细胞中，已经包含了有关复杂人生的一张蓝图。每个婴儿都有一套独特的基因存贮，可以被经验激活。在刚刚出生的几周时间里，婴儿已经表现出明显的气质倾向差异。一些婴儿可能天生就比其他婴儿对刺激更为敏感，反应也更为强烈。不同的婴儿，其反应阈限也不相同，典型反应方式也各不相同。这可能是由于他们在子宫中的经历或基因组成不同，或者是以上两者的互相作用导致的。最近的研究已经识别出对社会环境敏感性更强的血清素基因变异。有这些基因的婴儿被俗称为"兰花型"，而绝大多数的婴儿是"蒲公英型"。兰花型的孩子对过于严厉或遭受忽视的经历更加敏感；在上述不良环境下，他们最终变得容易抑郁或者具有反社会行为。反之，如果早期得到良好的照料，他们表现出抑郁或问题行为的概率更低，在这种环境下他们通常会发展成社交技能成熟的、事业成功的成人。（Belsky and Pluess，2009；Pluess and Belsky，2013；Ellis and Boyce，2008）

婴儿在气质类型或基因组成方面的差异，也会对不同性格的照料者产生不同影响。例如，一位天性敏感的母亲，如果生下一个强壮、活泼但是不够敏感的婴儿，她可能会觉得自己难以与孩子和谐相处，并会觉得孩子极具攻击性；但是，如果这个婴儿和母亲一样，个性敏感且内向，那么，母亲可能就会感到很轻松，认为这个婴儿很好照顾，容易安抚。因此，从婴儿期开始，母婴之间已经开始了由人格特征导致的某种人际互动。

但是，这里的问题在于，在成人与孩子的互动过程中，互动的结果往往取决于成人，而非婴儿。研究人员发现，即使那些最难对付、情绪最反复无常的婴儿，只要父母能给予他们充分的回应和关注，这些孩子也会适应得很好。有些人甚至不承认在刚出生几周时存在所谓的"困难儿童"，认为这很大程度上只是父母自己的主观感觉（Wolke and St. James-Robert，1987），婴儿到了1岁之后才会建立自己的反应方式（Sroufe，1995）。那些"困难儿童"之所以会难以对付，其实是他们对父母无法满足自己感情需要的一种反应。（Egeland and Sroufe，1981）事实上，无论上述哪种观点都承认一个事实：即使婴儿天生属于难以对付的气质类型，他们将来也未必一定会成为问题儿童（Belsky et al., 1998），当然，如果父母不能满足他们的特殊需求，那这些孩子出现发展问题的概率会更高。

另一方面，从孩子角度来看，的确存在"困难"父母。这些父母一般可分为两种类型：忽略型和干扰型。在极度忽视孩子的父母里有一类抑郁型母亲会觉得，对自己孩子的需要进行回应是一件非常艰难的事情，她们通常感情冷漠，行为孤僻，除非要给孩子喂食或者洗澡，否则不愿与孩子进行眼神交流，或者抱起孩子。在这种照料方式下，她们的孩子自身也会发展出一种压抑的方式来与他人交往。（Field et al., 1988）这些孩子更少表现出积极情感（他们的左脑也更不活跃）。在蹒跚学步阶段，这类孩子在认知任务上的表现更差，属于非安全型依恋的个体。在之后的儿童期，这些孩子的情绪问题通常还会持续存在。（Murray, 1992；Cooper and Murray, 1998；Dawson et al., 1992）

与忽略型母亲相对应的，则是干扰型母亲，她们会对孩子表现出过多的干扰行为。这类母亲也同样属于抑郁型，但是，她们更容易发怒，即便只是在暗地里发怒。这种母亲往往会直接表达自己的情绪，在某种程度上，她们会憎恨孩子的需求，并会对孩子怀有敌意。她们会通过猛地抱起孩子，或者手臂僵硬不情愿地抱着孩子，来表达自己对孩子的反感。在与孩子的交流中，这些母亲通常表现得非常主动，不过，她们对孩子的需求毫不敏感，有时也会粗暴地干扰和打断孩子的积极主动性，不能理解孩子所传达的信息。虐待型母亲就是这类母亲的极端表现（Lyons-Ruth et al., 1991），她们的孩子也通常会在发展上出现问题，并且基本属于非安全型依恋，如情感回避型或混乱型。

不过，值得庆幸的是，出于本能，大部分父母都能对婴儿表现出足够的关注和敏感，从而确保孩子情感方面的安全感。但是，对孩子来说，最重要的是母亲或照料者在情感方面给予他们的支持和回应程度（Emde, 1988），即能否注意到孩子所传达的信号，并调整孩子的情绪状态；对孩子而言，除了用最初级的方式（比如，饿的时候就吮吸手指，看到讨厌的刺激时就转过头去）进行自我调节之外，就没有其他途径帮助自己摆脱不良状态了。

父母是孩子的"情感教练"

在今天这个时代，我们已经很少听到有人高声宣扬母亲的责任是多么神圣和伟大。因为对当今的女性而言，她们往往要面临双重压力。一方面，为了争取在职场上与男子的同等地位，她们需要竭尽全力进行拼搏；另一方面，她们又不愿为了事业或赚钱而把小婴儿托给别人照管，这样会使她们产生负罪感。当我讲课时，经常有学生提出这样的问题：那些不够称职的母亲，是否应该遭到批评？那些日日奔波于事业和家庭之间的母亲，由于内心对孩子的歉疚以及自身的焦虑，经常会对提出这一问题的人产生强烈的敌意，正如伦敦大学的杰·贝尔斯基（Jay Belsky）所经历的。贝尔斯基曾针对这一问题进行了一些具有开拓性的重要研究，来证明不管是在家庭还是在托儿所，不称职的照料模式都会对小婴儿产生负面影响。

当然，单纯批评家长确实徒劳无益，纯粹的谴责不会培养出他们积极回应孩子的能力。不过，对家长的积极支持可能会减少他们的防御行为，而家长的防御行为会伤害孩子，从而造成不安全感以及情绪失控在代际间的恶性循环。

从更广泛的社会水平来看，我认为，工作和家庭、公众与私人的分离是导致抚育婴儿过程中出现的许多困难的真正来源。这种分离会造成照料者被独自隔离在家中、与社会脱节的状况，她们没有强大的成人支持网络，生活也变得单调乏味。如果让父亲待在家中独自照顾孩子也会如此。这种同社会隔离的状况会让父母产生沮丧和愤恨的情绪，这种情绪又会对婴儿发展产生负面影响。调查显示，如果让父母在工作和婴儿之间进行选择，他们会两者都要，然而在现实中，他们要面临二选一的抉择。以往研究很自然地聚焦于母亲，事实上，绝大多数全职母亲会希望工作时间再缩短些。（Hakin et al., 2008；Newell，1992）通过对美国国家儿童健康和人类发展研究所（NICHD）数据库中有关儿童早期照料的大量数据进行分析，研究者有了新发现：与全职妈妈相比，那些在外兼职的婴幼儿母亲的健康状况更好，出现抑郁的可能性更低，在工作和生活平衡中发生的冲突更少，这些母亲对孩子也更加敏感。（Buehler and O'Brien，2011）然而，无论父母是迫于现实的无奈选择还是主动为之，在做决策时，他们都要能够准确地判断自己的选择将会对孩子产生何种影响。

就生理方面而言，婴儿很大程度上仍然是母体的一部分。婴儿的生存主要依靠母亲的乳汁，乳汁可以给他们提供食物，调节他们的心率和血压，为他们提供免疫保护力。婴儿的肌肉活动以及成长激素的分泌，都需要通过母亲的抚慰加以调节。母亲的身体可以给孩子带来温暖，母亲的抚摸和哺乳能够驱散孩子的压力激素。母亲所提供的这些基本生理调节，可以使孩子保持活力。作家蕾切尔·卡斯克（Rachel Cusk）曾经记录下自己作为母亲的亲身感受，她这样描述母婴间的基本调节过程：

我可爱的女儿，是如此纯洁和珍贵，如此需要精心呵护。起初，我们因她的肾脏关联，我要不断清理她的小便。每隔3小时喂她一次牛奶，这些牛奶在她体内的肠胃中循环一通之后又排泄出来，然后我再收拾。每隔24小时，我就把她浸到水里给她洗澡，给她换衣服。

当她在室内待了一段时间之后，我就把她带到户外去；当她在户外待了一段时间之后，我再把她抱进房间。当她睡觉时，我把她放在床上；当她醒时，我又把她抱起来；当她哭闹时，我就在旁边哄她、逗她，直到她停止哭泣。温度变化时，我给她添衣或减衣。我满怀疼爱地喂她喝水，唯恐喂得太多或是太少。照顾她需要责任心，就像为天气或为小草的生长负责。（Cusk，2001：134）

养育婴儿的麻烦之处，便在于他们需要这样的悉心照顾，并且在好几个月之内几乎日夜不能间断。正如卡斯克所说，在抚养小婴儿的过程中，种种琐事"仿佛让我成为一个奴隶、一个仆人，日日被束缚在其中，我几乎失去了行动的自由"。婴儿需要一位强烈认同他们的、与他们"同呼吸"的母亲，不论是在生理上还是心理上，孩子都是母亲的延伸。当婴儿感觉不舒服时，母亲也会感觉不舒服，她就会立刻想去做些什么来缓解婴儿的不适，这就是情感调控的本质。从理论上讲，任何人都可以做到这一点，尤其是在当今社会，我们用瓶装牛奶来代替母乳。但是，母亲仍然是照顾孩子的最佳人选，因为在体内激素的驱使下，她们会对孩子的感受产生强烈的认同感。

对婴儿的情感调控，也可以通过非言语的方式对孩子的感受进行回应。这些非言语的回应方式主要包括面部表情、声音语调以及抚摸行为。当孩子大声哭闹或烦躁不安时，母亲可以通过模仿孩子的感受来安抚孩子，先以同样的喊叫来附和孩子，再慢慢地把自己的嗓音降低，直至最终把孩子带入一种安静的状态。当婴儿过度紧张时，母亲可以抱紧孩子，轻轻地摇晃。当孩子情绪低落、没精打采时，母亲可以用微笑与孩子交流，让孩子重新快乐起来。总之，母亲可以通过各种非言语的方式让孩子重新回到原先的预设水平，使孩子感觉舒适。

有些照顾者因为自身在情绪体验方面比较迟钝，或者在情感调控中存在问题，因而无法和孩子产生情感共鸣，导致孩子也在情绪调控方面产生同样的问题。对这些婴儿来说，如果妈妈或爸爸不能首先做出行为表率，他们也无法学会如何有效地控制和调整自己的情绪。这些婴儿或许完全不知道如何让自己的情绪保持平衡。甚至他们长大之后，可能会认为自己不应该有什么真正的感情，因为在幼年的时候，父母似乎就对他们的情感无动于衷、漠然视之。事实上，婴儿对父母传达的这种隐含信息非常敏感，他们最初会对父母的实质行动做出回应，而不是对父母所说或所想的行动。如果父母确实能够很好地把握婴儿的情绪变化并及时做出反应，让孩子的情绪恢复到正常状态，那么，孩子的情绪就可以自由流动，并能及时被察觉。

情绪可以上升到婴儿的意识层面，尤其是当母亲以一种可预期的模式对婴儿的情绪变化进行回应时，孩子的头脑中就会形成母亲的反应模式。婴儿可能会意识到，"我一哭，妈妈就会温柔地把我抱起来"，或者"当妈妈换下外套时，我马上就可以闻到新鲜空气了"。婴儿头脑中这些无意识获得的、非言语的心理模式和期望，曾被许多研究者以不同的形式加以表述。丹尼尔·斯特恩（Daniel Stern）（1985）把它们称作"被概化的互动表征"（RIGs, representation of interactions that have been generalised）。约翰·鲍尔比（John Bowlby）（1969）称它们为"内部工作模型"（internal working models）。威尔玛·布奇（Wilma Bucci）（1997）叫它们"情感图式"（emotion schemas）。罗伯特·克莱曼（Robert Clyman）（1991）称其为"程序记忆"（procedural memory）。不管研究者用何种名称和理论来描述婴儿的这种心理表现，有一点得到了大家的普遍认同：在婴儿阶段，大脑已经能够形成对他人的预期，能够判断他人可能会怎么做，这种信息以一种无意识的形式，被印刻在大脑之中，并会决定今后一生中我们与他人交往时的行为模式。

虽然在通常情况下，我们无法意识到自己对他人的这些行为假设，但这些假设确实存在，并且是建立在生命最初的婴儿时期。在所有假设中，最重要的一点是，当出现情绪困扰时，我们相信他人可以提供情感上的支持，帮助我们认识和处理这些不良情绪，让我们感到舒适——换句话说，就是期望他人帮助我们进行情绪调控，让我们从不良情绪中走出来。那些在成长过程中没有产生这种期望的孩子，被依恋研究者称为"非安全型依恋"。

家长确实需要成为一名情感方面的教练。他们需要留在孩子身边，不断地调整自己，让自己与孩子的情绪状态相协调，同时也需要帮助孩子提高发展水平。要想成为一个发展良好的个体，孩子的基础反应需要精细化，这样才能发展出更为具体和复杂的情感。在父母的指引下，孩子那种"感觉糟糕"的初级状态会进一步细化，发展成一系列不同的情绪，如生气、失望、愤怒、烦躁或痛苦。当然，只有在成人的帮助下，婴儿或蹒跚学步的孩子才能学会区分这些情绪。父母必须帮助孩子意识到这些情感，通过自己的行为，给孩子树立起一面认识自我的镜子。譬如，模仿婴儿语和孩子交流，用强调且夸张的言语和动作，让孩子意识到"爸爸妈妈并非在表达他们自己，而是在向我展示我的感受"。(Gergely and Watson，1996) 这其实是一种"心理反馈"，这种反馈为我们提供了一条了解人类文化的途径，通过这条途径，我们可以诠释我们自己以及对方的情感和思想。(Fonagy，2003) 通过鉴别这些情绪，并对其进行清晰的归类，父母就可以把孩子带入一个更为精细、更为成熟的情感世界。通常情况下，这种教育会在一种非常自然的状态下发生。

"非安全型依恋"和神经系统的相应特征

但是，如果母亲在处理自身情绪方面存在问题的话，她就难以有效地帮助孩子的情感得到发展。如果母亲难以辨别自己的各种情绪，或者是过度关注自身的情绪，她就难以注意到孩子的情绪状态，无法采取措施来帮助孩子调节情绪，也无法对孩子的情绪进行辨别。良好的人际互动依赖于两个条件间的适度平衡：一是能够把握自己的情绪状态，二是能够把握他人的情绪状态。

另外，良好的人际互动也有赖于在同他人交往时，个体能够控制自己消极情绪的能力。人际互动中的最大困难，尤其在亲子关系中，便是如何调节愤怒、敌对之类的负面情绪。如果母亲没有学会如何有效处理不良情绪，那么，在抚育孩子的过程中，这些负面情绪就会在她身上难以遏制地发作：她可能会觉得内心非常痛苦、非常难受，以至于迫不及待地希望能够宣泄掉这些情绪。例如，在生活中，我们不时会看到这样的场面，母亲对着哭闹不止的小婴儿高声呵斥："闭嘴！别再烦我！"或者母亲指着蹒跚学步的孩子大声嚷嚷："你这个小魔头！居然敢这样瞪着我！"于是，这些孩子便逐渐学会了隐藏自己的真实情绪——或者是为了否认这些情绪的存在，或者是为了避免让母亲难过或生气。这样的母亲，显然没有能力帮助孩子调整或认识自己的情绪。实际上，为了帮助母亲调整情绪，保护母亲不受自己情绪的影响，孩子才不得不把自己的情绪隐藏起来。但是，孩子的不良情绪不会自动消失。依恋领域的研究者发现，来自这些家庭的孩子，虽然外表显得平静而冷漠，但是当进行生理指标测试时，他们的心率和自主唤起水平仍然会急速上升。因此，这些孩子的机体处于失调状态。面对自己的负面情绪，这些孩子已经习惯了没有人会帮助自己加以调整，所以他们也不会主动去寻求帮助，从而让自己从负面情绪中摆脱出来。他们会尽力压抑自己的这些负面情绪，或者企图把这些情绪彻底切断，但是，这些办法通常极少奏效。这就是所谓的"回避型依恋"模式。

还有一些孩子，他们的父母对孩子情感的反应反复无常，有时对孩子关心备至，有时却又对孩子置之不理。为了更多地赢得父母的欢心，这些孩子便学会了对父母察言观色。他们通常不露声色，把自己内心的真实感受暂时隐藏起来，直到觉得自己有把握博取父母关注时，他们才会表露自己的真实情绪。他们也会意识到，在自己感觉糟糕时，父母不一定能够帮助他们摆脱这些消极情绪。但是，他们并不会因此而采取策略压抑自己的情感，而是喜欢采取一种夸张的方式表达自己的感受，比如，对自己的恐惧和需求过度关注。这种情感表达方式其实破坏了他们自身的独立性。实际上，孩子的这些表现可能正是其父母无意识中所想要的，因为这些父母往往通过"被他人需要"来缓解自己的不安全感，利用自己难以预测的回应模式，来保证自己可以随时得到孩子的注意。或者，他们因为过度关注自身情绪失调问题，而无法注意到他人的感受。在这种养育模式下成长的孩子，通常属于"抗拒型依恋"，或者称作"冲突型依恋"。

与"安全型依恋"的儿童相比，"回避型依恋"或"抗拒型依恋"的孩子通常自我意识较弱，因为他们缺少积极的"社会生物反馈"（social biofeedback）。他们的父母通常无法给孩子提供足够的信息，让孩子认识和了解自己的情感，因此，这些孩子就无法非常自信地对他人或自己的心理进行洞察和诠释。由此造成的后果是，当感到难以确定对方的反应时，孩子可能会选择退缩、回避的行为模式，以此来尽力保护他们摇摆不定的自我意识（"回避型依恋"模式），或者，通过不时地接近他人，从而获取更多的反馈（"抗拒型依恋"模式）。（Fonagy，2003）

近年来，研究者又发现了第三种依恋模式，称为"混乱型依恋"，与个体未来的情感障碍之间联系最为紧密。在这些家庭中，孩子经过奋力挣扎终于找到某种一致的防御方式。一个非常普遍的现象是，这些孩子的父母自身曾经有过创伤性经历，如生活中非常亲近的人过世，或者某种形式的暴力，并且，他们最终没能有效地应对这些痛苦经历，从而在内心留下重重的阴影。作为这些创伤性经历的结果，这些父母的行为变得很异常。他或她会与现实"脱节"，无法成功地回应孩子的需求或其他信号。父母会对孩子突然做出不可预测的、吓人的行为，或者对孩子唯命是从。（Out et al., 2009）因此这些父母就难以胜任作为父母的最基本职责，无法给孩子提供保护，或为孩子提供一个安全的港湾，更不可能让孩子去大胆地探索未知的世界。他们的孩子不仅缺少心理反馈，而且在压力情境之下，这些孩子会感到恐惧和无所适从，因为他们不知道该如何调整自己的情绪。

事实上，所有这些父母的情绪失调反应，都会打乱孩子生理上的自然节律。通常而言，由某种强烈情绪所引起的生理唤起，会引发个体的某些行为反应，不过，一旦这些情感得到释放，有机体将逐渐平息反应，恢复到静止状态。这就是交感神经系统和副交感神经系统的正常循环状态。但是，如果生理唤起未被平息，个体的自然节律就可能遭到破坏。譬如，在"回避型依恋"模式中，个体身体的抑制行动系统可能会被过度使用，从而抑制了个体的行动系统（let's go system）——或者，恰好相反，个体的退缩、抑制状态（由副交感神经所控制），如悲伤或抑郁等情绪，也可能被交感神经的要求所压制，从而使个体产生前行的动力。这些现象被罗兹·卡罗尔（Roz Carroll）称作"不完整的循环"，可以导致机体功能紊乱，如肌肉紧张、呼吸短促、免疫系统或激素分泌发生紊乱。尤其是心血管系统，即使在情绪已经被抑制下来之后，仍然会保持亢奋状态。（Gross and Levenson, 1997）因此，在这种情况之下，个体的内部系统将会出现运行紊乱，从而使得个体难以直接应对自己的情绪状态。

情绪的流动

　　交感神经系统和副交感神经系统只是个体的内部系统之一，除此之外，人体还有许多系统，会根据其自身特有的节律和进程持续运转，如血压、睡眠、呼吸和排泄，都遵循着各自不同的节律运转，同时，这些系统之间还互相影响、互相提示，并且不断向大脑中枢输送着信息。（Wiener，1989）通过反馈循环圈（feedback loops）的形式，这些内部的抑制与兴奋活动来回波动，进行着自我管理，因此，这些系统之间的影响是双向的，通过持续不断地相互调整来达到协调运行的效果。系统内部的细胞和器官不仅进行着自我管理，还会进行相互之间的调整和控制；它们不仅各自具有不同的功能，同时又都是整个系统的组成部分。这种情况，恰好类似人类个体与社会系统的关系。一方面，我们要学会自我调控，但另一方面，我们也要依靠他人来调控我们的身心状态，只有这样，我们才能适应置身其中的庞大社会系统。

　　系统之所以可以这样正常运转，是因为信息会在所有的系统之间自由流动，不仅包括个体内部的各个系统，也包括个体外部与他人之间形成的系统，只有这样个体才能够适应周围环境。在个体的一生中，那些非常亲近的关系之所以让人心情舒畅，正是由于感情信息的这种快速交流，蒂凡妮·费尔德称之为人际间的"身心调和"。（Field，1985）这种洞悉他人情绪状态的能力，可以使个体根据对方的需要进行迅速的自我调整。有许多正式的（或紊乱的）人际关系，由于缺乏这种捕捉他人情绪的敏感性，交往过程中的调整非常吃力和不自然。不过，个体也可能根据自身的内部状态，进行或多或少的状态调整。在人体的脑部和其他系统之中，当信息无法在由神经电和化学物质构成的通道内自由流动时，个体便可能在情绪和生理上出现病变。我们需要根据身体所提供的情绪信息，来判断如何采取最佳行动。

"非安全型依恋"的个体通常难以容忍自己的情绪，因此也就无法对这些情绪进行分析和思考。他们用来调整自己情绪的习惯做法，多是简单粗暴的。"回避型依恋"的孩子，通常在某种强烈的情绪被唤起时自动关闭情绪闸门，来避免面对那些令他们手足无措的情绪。"抗拒型依恋"的孩子则往往敢于无所顾忌地直接表达自己强烈的情绪，全然不管他人的感受。（有很多情绪方面经受过创伤的孩子，介于这几种情况之间）不管属于哪一种情况，个体都无法获得关于自己以及他人内部状态的情绪信息，没有这些情绪信息，个体就更加难以决策如何进行下一步行动。因此，他们协调自身（生物的）需要同所处环境（社会的）需要的能力，以及同他人进行有效情绪交流的能力确实受到了很大限制。

这些情绪习惯形成于婴儿期，是新生婴儿在与其照料者（通常是父母）的互动中形成的，在婴儿1岁时，这些情绪习惯已经可以清晰地测出来。然而，父母也是社会系统的一部分，在父母自身不良情绪调控的形成中，社会力量也起了一定作用。如19世纪那样，当一个社会主要关注自身的物质生产时，整个社会对行为的严格控制以及对人性情感的忽视可能会塑造出这样一批婴儿：他们在人格上具有高度自控的特点。弗洛伊德的精神分析理论可能是打破这种趋势泛滥的一种尝试，虽然他的理论仍然强调自我控制的重要性。换句话说，当经济发展需要更多的乐观消费群体时，整个社会对婴儿的社会化过程也会变得更为宽松，父母对孩子的限制和要求也会相应减少。但是，这些社会变迁无法完全步调一致，因此，不管在何种时代，在对孩子的社会化过程中，都会存在不同的潮流和作风。

作为信号的情绪

但是，情绪调控并不是对情绪加以控制，也不是对情绪放任不管，而是把情绪看作一种信号，根据这种信号来提醒个体做出某些行为，尤其是用来帮助我们维持所需要的人际关系。当母亲离开房间时，孩子的焦虑反应是有用的，这种焦虑能够促使母亲和孩子待在一起，从而提高孩子的生存概率。快乐、幸福时刻所展现的情绪，也具有相同的信号作用。愤怒则传递这样一种信息：某些地方出了严重的问题，迫切需要引起注意。当人们关注这些信号时，更加容易根据他人以及自身的需要，对行为加以调整。这些情绪信号，正如人体更为简单的内在生理信号（渴、饥饿或疲劳）一样，会促进机体进行行为调整，以便保持最佳状态。通过满足需要来回应婴儿饥饿信号的父母，他们的孩子长大后能更好地控制自己的饮食，身材也会更苗条。（DiSantis，2011；Daniels et al.，2013）相比之下，那些被迫学会忽视自身饥饿信号的婴儿，长大后更倾向于暴饮暴食或过分节食。

相应地，那些能够意识到自己情绪状态的个体，通常更能建设性地利用好自己的情绪。忽视自己的愤怒并无益处，因为愤怒能帮助个体捍卫自己的社会地位，帮助个体挑战那些伤害自己的人或物。然而，如果你只顾着发泄自己的怒火，不理会这种愤怒对他人的影响，或是没能注意到他人发出的信号，或是没有尽力调控好自己的情绪，那么，你所处的社会系统便会出现不协调，你的反应也会像反社会行为般地爆发。

另外，对待情绪的态度也至关重要。如果情绪被视作危险的敌人，那么，便只能通过社会压力和恐惧来管理情绪。如果认为每一次情绪冲动都必须得到满足，那么与他人的交往也就变成仅仅为了满足个人需要的一种手段。但是，如果情绪得到充分尊重，被看作了解自身以及他人内部状态的重要向导，那么，就会产生截然不同的观点——他人的情绪状态很重要，我们应该努力对其进行回应。

在对待愤怒和攻击情绪上存在着迥然不同的假设，有人认为，这些情绪能够被他人觉察和回应，因此应该对其进行适度的管理和抑制，这些情绪可以用来维持必要的人际关系。"安全型依恋"的个体通常持这种观点，在他人对自己情绪的觉察和回应方面，他们保持着足够的信心，这有助于他们冷静下来进行思考，而不是在一时冲动之下鲁莽行事。但是，如果个体缺乏对他人的这种信心，认为愤怒和攻击情绪是一种禁忌，那么，个体就会处于高度唤起状态，无法缓解自己的这些紧张情绪，最终只能被迫依靠对他人的恐惧来抑制自己的情绪唤起。这是一种危险的策略，往往会以失败告终，或者导致个体出现行为失调，或者导致个体的人际关系破裂。

作为社会生物，我们不仅需要留意他人，也需要留意我们自身的情绪状态，以此来保持我们赖以为生的人际关系。从出生伊始，婴儿就出现了这种行为——注意他人的面部表情和声音语调，对他人高度警觉和敏感，即使是新生儿也有这些表现。如果对母婴相处的情景进行观察，就会发现，他们之间存在着微妙的肢体互动，轮流沉默或出声。之后，当婴儿能够蹒跚走路之时，仍会不时从父母的面部表情中寻找线索，以此来发展自己的独立性，判断下一步的行动：可以抚摸那只刚刚进门的小狗吗？可以对这个陌生人微笑吗？这种在母婴依恋基础上建立的行为模式，将会成为孩子日后的行为准则，以及社会学习的来源。

在很大程度上，情感生活其实就是自我和他人之间的一种互动协调，通过体察他人的内心，进而预测他人的言行。当我们密切关注他人时，我们大脑中相同部位的神经细胞也会被激活：当看到别人欢欣雀跃时，婴儿左侧大脑的前部就会被激活；当看到别人伤心痛苦时，婴儿右侧大脑的前部就会被激活。（Davidson and Fox，1992）这就使我们能够在一定程度上与他人相互分享一些彼此的感受，在情感上与他人产生共鸣。在这种情况下，一种持续的互相影响就会不停地在人群中交相传播。一名投身于婴儿领域的研究者及心理治疗师比阿特丽斯·毕比（Beatrice Beebe），把这一过程形容为"我改变你，在你展露自我时；你改变我，当我敞开心扉时"。（Beebe，2002）下一章，我将介绍人类大脑是如何在上述过程中被塑造的。

3 构建一个大脑

> 在连续的人际互动中,结构初现雏形。
>
> ——苏珊·欧亚马(Susan Oyama)

基本的大脑

这是一个阳光明媚的春日上午,吃过早饭之后,我的猫非常惬意地伸展着身子,懒洋洋地躺在一个石头椅子上晒太阳。这是一幅简单的生活画面,这一时刻充满了生命的体验,处处洋溢着由阳光、空气以及饱餐一顿而带来的感官上的愉悦。如果此时有一条大狗从此处经过,这只猫就会捍卫它现在所拥有的一切,跳下石头椅子,躲在一旁伺机行动,如果被狗逼到了死角,它就会呲呲作声,发出咆哮,皮毛竖起,摆出一副战斗的架势,企图把狗吓跑。同样,如果阵阵饥饿的袭击提醒它体内需要能量供应时,这只猫就会通过追捕家鼠或田鼠来确保身体机能的正常运转。猫可以没有自我意识,没有言语交流,但是,它具备一定的基本感觉和反应,足以激发它的行为,并确保它的生存。

新生儿的情况类似于猫。人类和其他哺乳动物一样,都有一个处于中心地位的大脑，以确保生存。对新生儿而言，大脑只是在相应部位具备了各种系统的基本结构：一个功能正常的神经系统，确保其进行呼吸；一个视觉系统，能让婴儿搜寻周围移动的物体，识别靠近自己的不同面孔；一个位于脑干的中心意识区，用以对各种感觉经验进行反应，并从生存的角度对其进行危险性评估。婴儿也具备一些基本的反射，如抓住母亲的乳房，吮吸乳汁以获取营养，悲伤或生气时用哭泣来引起母亲的注意，以及受到威胁时所表现出的僵硬的防御行为。正如雅克·潘克塞普（Jaak Panksepp）（1998）所指出的："那些在动物身上识别出来的情绪系统，恰恰与人类的基本情绪系统相对应。"但是，能够把婴儿与其他哺乳动物幼崽区分开来的，正是新生儿对人际互动所表现出的敏感和回应——人类是社会化程度最高的动物。

最近对大脑镜像神经元的发现清楚地表明，我们在很小的时候就已经同其他人联系在一起。（Iacoboni, 2009；Kohler et al., 2002）即使是很小的孩子也有足够的能力去理解他人的行为或者去感受他人的情感。在"更高级"的大脑充分发育之前，婴儿的大脑已经能够使用运动前区皮质（premotor cortex）、前扣带皮层（anterior cingulate cortex）和脑岛（insula）对其他人的行为产生共鸣。这些区域的镜像神经元在看到（或听到）其他人的反应时会自动运作。例如，看到别人正在承受剧烈疼痛可能使我们恐惧，或者听到人们开心的笑声会使我们心情愉快。婴儿在出生之初就密切关注他人的面部表情和身体语言，甚至模仿父母面部的肌肉动作，这些都不是偶然和巧合。这些观察为婴儿提供了情绪在社会交往过程中的感性体验，同时也有助于婴儿去理解他人的意图。（Iacoboni et al., 2005）

人类刚出生时，大脑的基本结构可以确保机体的正常运转。从进化的角度看，那些所谓"最古老"的构造，如脑干和感觉运动皮层，是新生儿大脑中新陈代谢最活跃的部分。对新生儿来说，首先发展的是身体系统的内部调控，然后才是对外界环境的适应，这一功能在很大程度上由婴儿随后发展的情绪反应来控制。那些活泼的婴儿会主动寻找与他人的互动，当遭遇拒绝和挫折时，会厌恶地离开对方，在感觉到冒险时会停止行动，因此，婴儿已经具备了初级的情绪反应和自我调控。情绪是人类第一个也是最重要的行动导向，是个体趋向或回避某个事物的基本判断准则。

远离危险应该说是最基本的生存反应，因此，那些由杏仁核控制的恐惧和自我防御系统成为情绪大脑中最早成熟的部分之一，也就显得不足为奇了。虽然杏仁核的基本结构在出生时就已经形成，但它之后还在不断发育——在出生到4岁这一阶段最为迅速。（Tottenham，2011）尽管杏仁核在很多情绪体验中都很活跃，但它最基本的功能是充当情绪雷达，作为一种社会监察工具，它是人类生存系统中最重要的组成部分。这种雷达扫描人们的身体语言，特别是从人们的眼睛中得到线索；它探测着情感信号，尤其是那些危险信号，然后自动应对。正如研究杏仁核的专家约瑟夫·勒杜克斯（Joseph LeDoux）所描述的那样，当在小路上看到一根貌似蛇形的树枝时，你会惊恐地跳起，或者呆立不动——你会先行动再思考。（LeDoux，1998）虽然此类反应兴奋度高，并且是自动化的，但勒杜克斯仍然认为，它们也还是可以通过学习和记忆而获得。在适应周围环境的过程中，我们会注意到并在无意识中记住那些曾引起我们恐惧的经验，这些经验通常会成为个体产生恐惧感的永久的、无意识的、基本的反应线索。如果在婴儿时期，你曾经遭遇过一个尖嗓子的照料者，并与她之间有着一段不快的经历，那么，在以后的生命历程中你可能会回避那些嗓音尖厉的人，却不知道原因。这些潜在的情绪系统，决定了机体的整体状态以及我们对情境所赋予的意义：靠近或躲避，生存或死亡。

但是，乔纳森·特纳（Jonathan Turner）指出，诸如恐惧、愤怒之类的情绪都太消极了，无法成为个体社交活动的基础。（Turner, 2000）这些情绪在猫的身上倒比较适用，因为猫的社会活动基本上仅限于捍卫自己的领地，它们并不会组成一个团队同其他猫相互协作进行活动。但是，对人类而言，在社会活动中的确需要对他人情绪具有一定的敏感度和回应，而这是其他动物基本上不需要的。另一方面，为了个体之间的和谐相处，除了愤怒和恐惧之外，人类还需要许多其他情绪。

特纳认为，正是由于上述原因，人类的恐惧和愤怒情绪又被进一步细化，发展出更为复杂的情绪反应，如悲伤、羞耻和内疚等，所有这些情绪，都有助于个体按照社会目标，对自己的行为加以控制。与此同时，"满足"这一基本情绪被放大衍生出其他更强烈的情绪，如喜爱、愉悦和幸福等，这些情绪有助于把人们聚拢在一起。随着这些复杂情绪在人际交往中层层发展，它们也会在人类大脑本身的生理结构中表现出来。自从保罗·麦克莱恩（Paul MacLean）在1970年提出存在一个"三位一体"的大脑之后，人们已经基本上认识到：大脑结构是进化的产物，在进化的最初阶段人类大脑与爬行动物的大脑基本相同，在此基础上又发展出哺乳动物的情绪大脑，最后才发展出人类的新大脑皮层。雷格·莫里森（Reg Morrison）曾形象地指出，人类大脑就如同"一个老农舍，里面堆满了各种拼凑而成的零碎物件，以及其他用具，在这些物件和用具之下，又掩藏着许多物品，在掩藏物的中心位置，则堆放着远古时代两栖—爬行时期的工具箱"（Morrison, 1999）。位于人脑底部的"工具箱"主管着生命的最基本功能，在工具箱之上则是其后发展出来的情绪反应系统。在情绪反应系统的上部和周围，是前额叶皮层和沟回状的结构，这些部位被看作情绪大脑的思维区域，在这里，个体的情绪体验得以整理成形，并思考下一步可能采取的行为选择。

社会大脑

特纳指出，人类的理性和言语能力由其"情绪化的能力"演变而来。(Turner, 2000: 60) 随着情绪大脑的发展，个体的情绪也会变得更为复杂和精细，在人际互动中，可供个体选择和替换的情绪也不断增加。这就需要个体有能力去思考和反思不同的情绪，前额叶皮层（位于接近情感和生存区域的皮层下部分）因此得以扩张。皮层的前额叶部分在人类大脑中具有一项独特的功能。面对我们赖以生存的大千世界带来的大量感觉和行为信息，人们需要一种对信息优先级进行排序的方法，以便及时采取应对措施，前额叶皮层正好能在这方面帮助我们。前额叶皮层能管理我们的生活，因为它很好地连接了皮层下的情绪系统，同时将我们从外部世界获取的感觉信息收集到一起。它还连接着大脑所有的行为和生化反应。因此，前额叶皮层的地位就如同人体所有组织活动的"窃听器"(Damasio, 1994)，协调我们处理来自身体内部和外部的所有信息。

在婴儿刚出生的几个月内，前扣带回逐渐成熟，这是人类产生情绪觉察的第一步。在前扣带回周围绕着情绪的核心器官，是杏仁核和下丘脑（hypothalamus）（图1.1）。有趣的是，这一结构最优先处理婴儿对他人的内部情绪反应。它记录了哪种关系会带来痛苦（例如，拒绝、分离或冲突），哪种关系会带来愉悦（例如，父母的抚慰和支持）。从这时候开始，婴儿开始形成人际期待。在几个月大时，婴儿的前扣带区域已经能开始"探查错误"——提醒婴儿注意那些看起来不对或不如预期有益的情况。随着婴儿的成长，前扣带区域进一步成熟，能够精于处理大量竞争性或冲突性的信息，还形成一套专门的成本—收益分析系统，能够鉴别自己的哪种行为最有效，从而对行为进行相应调整。他们可以凭借这一能力来改变行为，控制冲动，形成自控能力。(Rothbart et al., 2000; Posner et al., 2007; Rushworth and Behrens, 2008)

随着前额叶皮层中眶额叶区（眼睛后部，连接杏仁核以及前扣带回部位，见图1.1）的快速发展，前扣带回控制的上述能力进一步得到增强。在人的一生中，眶额叶区扮演重要角色，在个体的情绪生活中起着关键作用。通过研究当大脑的这一区域遭到破坏时个体所出现的反应，神经系统科学家已经拼制出这一区域的功能图。如果个体的眶额叶区遭到破坏，个体的社交活动也将出现问题。那些由于脑部损伤而伤及眶额叶区的病人，在与人的交往中将不具有

图1.1 人类的大脑

足够的敏感性，他们会忘掉以前用来作为行为判断的社会与情绪线索——甚至会变得具有反社会倾向。如果他们的眶额叶区不能统合来自外部环境和体内的信号，将很容易出现分裂行为。因此，眶额叶区、前额叶皮层的其他区域以及前扣带回这三个部位，可能是人类大脑中与丹尼尔·戈尔曼（Daniel Goleman）所提出的"情绪智力"（Goleman，1996）关系最为密切的区域。

移情能力——在某种程度上，用心地体验他人的感受，并能够推测他人的心理状况——需要一个发育完善的眶额叶区。移情能力与右脑的联系特别紧密，右脑专门用来控制个体对事物的基本感受和整体感觉，尤其是掌控个体的视觉、空间、情绪反应。事实上，在艾伦·肖尔（Allan Schore）看来，眶额叶区主管着整个右脑，在婴儿阶段，右脑占据着统治地位。（Schore，2003）右脑眶额叶区的面积也更大一些，这里可能是我们的情绪词汇、感受识别能力的加工地，当然，一些审美体验，如食物的美味、抚摸时产生的快感，以及对美的认知，可能也是在此处进行加工。（Rolls，1999）在眶额叶区，阿片类物质（opioids）的含量最高，这一区域与各种奖赏和愉悦感受（包括社会依恋）之间存在着非常密切的联系。日本神经科学家三岛恭子（Yasuko Minegawa-Kawai）观察到，观看一部自己孩子微笑的视频时，母亲的眶额叶区被激活，而看到母亲微笑的视频时，婴儿的脑区也会出现类似反应。（Minegawa-Kawai et al.，2009）

但是，眶额叶区不仅对他人及其情绪做出反应，也参与管理情绪行为。通过与杏仁核之间的连接，它可以从面部表情和声调中迅速获取情绪信息，不过它的作用更具有反射性：会考虑哪种情绪最合适、最可能带来回报。（Rolls and Grabenhorst，2008）接着，它（与前扣带区域一起）在控制冲动行为和情绪反应方面发挥作用。这种管理作用是通过这一区域与皮层下情绪系统间的强大神经连接（例如，产生强烈情感的杏仁核）得以实现的。

作为一种控制中心，通过激活更加深思熟虑和复杂的动机，眶额叶区可以抑制勒杜克斯称作"快速而肮脏"的情绪反应。通过与更原始的脑系统之间的连接，眶额叶区可以抑制个体的愤怒反应，转移个体的恐惧感，并能基本上阻止那些来自皮层下区域的感受。

这种阻止或延缓即时冲动和欲望的能力，与移情能力一样，是我们意志力和自控力的基础。但是，在应对情绪冲动的过程中，眶额叶区确实只发挥着附属作用。在脑部深层区域被激活时，眶额叶区只能起到微调的辅助作用，并不能依靠自身独立运作。过去，由于唐·塔克（Don Tucker）所称的"皮质沙文主义"（Tucker，1992），眶额叶区的作用曾被忽视。所谓"皮质沙文主义"，其实质是高估"高级"皮质层的作用，而忽略了在皮质层和皮层下部位之间起连接作用的眶额叶区。

社会大脑是怎么发展的

令我颇感意外的是，我们同他人交往的能力不是与生俱来的。有些束手无策的父母，企图通过把孩子打一顿来让孩子停止哭泣或者喝完榨胡萝卜汁，为了达到此目的他们已和孩子较量了半小时。但是，试图管教一个小婴儿，或者期望一个小婴儿能够控制自己行为的想法都是不正确的，因为婴儿的大脑还不具备这些能力。婴儿是无法深入体会母亲的挫败感，为了让母亲高兴而主动吃完食物的。他的社会能力大多是一种有待发展的潜能，而不是一出生就表现在外的实际能力。在此，需要重点介绍和强调的是眶额叶区，这是人脑的一个重要区域，婴儿出生之后便开始快速发展。这一区域从孩子出生之后开始发展，直到孩子两三岁时，才开始成熟。

当然，我们也不能想当然地认为，只要耐心等待，婴儿的眶额叶区就会自然发展成熟。这根本不是一个自动化发展的过程,事实上,每个婴儿发展起来的大脑,正是来源于婴儿自身所特有的人际交往经历。眶额叶区需要通过社会刺激形成连接,比如,玩耍、抚摸和互动。在成人期,那些交际网络广、同别人来往频繁的人,其眶额叶区体积更大。(Powell et al., 2012)正如研究人员所指出的,婴儿大脑的发育高度依赖于经验。这就意味着,大脑是通过经验建立起来的,或许这可以从进化角度得以完美解释:只有这样,每个新生的个体才能被自己赖以生存的环境所塑造。正是由于婴儿的高度依赖性,以及大脑在此阶段的高度可塑性(大脑很容易被改变),我们才能够学会去适应自己所处的任何文化和环境。我们现有的思维方式,其实是婴儿时期我们的大脑就已经被周围的成人照料者所社会化,使我们能够适应自己赖以生存的特定家庭和社会团体。

因此,个体首先发展起来的高级大脑能力是社会能力,并且是在社会经验的影响下发展起来的。对小婴儿来说,与其举着生字卡教孩子学单词,还不如简单地抱着孩子,逗孩子玩儿,更适合婴儿的发展特点。

不幸的是,如果没有过和一个慈爱的照料者一对一的愉快互动经验,婴儿的眶额叶区就难以顺利发育。研究已经发现,如果幼年时与照料者关系糟糕,特别是幼年时在情感或身体上曾被忽视或虐待时,个体的眶额叶区在体积上会更小。(Hanson et al., 2010;De Brito et al., 2013)幼年时与照料者之间的糟糕关系,也使杏仁核和前额叶皮层之间的重要神经元通路的形成变得更加困难。当这些连接通路较为脆弱时,前额叶皮层无法很好地控制杏仁核的恐惧反应,也很难纠正之前形成的不再适用的恐惧条件反射,例如年幼时对狗或者红头发的人的恐惧。这可能会导致个体容易处于焦虑或恐惧之中。事实上,杏仁核同前额叶皮层之间的糟糕连接与抑郁

（Dannlowski et al., 2009）和焦虑之间存在着（Kim and Whalen, 2009）显著相关。

时间的选择可能也至关重要。虽然还没有证据可以证明人体存在具有精确时间限定的"敏感期"，但有证据表明，在社会大脑的发育过程中存在着一个关键时期。在一项实验中，灵长类动物的研究者哈里·哈洛（Harry Harlow）发现，如果在出生的第一年把幼猴单独隔离出来，这只猴子会表现出明显的自闭症状，并且会丧失与其他猴子正常交往的能力。（Blum, 2003）最近，一项对罗马尼亚孤儿[1]的研究显示，那些离开与自己关系亲近的照料者的孩子，如果整天被放在自己的小床上无人理会，他们将不会与他人建立亲密关系，在他们脑中的眶额叶区，事实上形成了一个功能黑洞。（Chugani et al., 2001）如果在眶额叶区正常发育的时期（0~3岁），婴儿被剥夺了社会关系，那么这些丧失的社会能力几乎没有希望得到弥补，大脑的这一区域也基本上不可能得到完全恢复。即使在收养家庭生活几年之后，到了9岁，这些被剥夺了社会关系的孩子，其前额叶皮层依旧活跃度很低，在眶额叶区和杏仁核之间存在异常通路。（Eluvathingal et al., 2006；Chugani et al., 2001）

但是，婴儿不能依靠自身来发展眶额叶区。这一区域的发展有赖于婴儿在生活中与他人之间形成的互动关系，以及在关键期是否有社会性互动。我们无法想象，在与世隔绝的环境下婴儿如何才能使自己发展成为一个社会人。曾经有个叫吉尼（Genie）的小女孩，在她13岁之前的绝大部分时间里都被父母独自关在一个房间，从她

---

[1] 20世纪60年代，由于特殊的人口政策，约有20万名罗马尼亚儿童被迫与父母分离，被送往700多所孤儿院，被批量式抚养。该事件被称为"罗马尼亚孤儿院事件"，也成为心理学中研究婴幼儿成长影响因素的典型案例。

身上可以看出，要从幼年时期造成的发展性创伤中恢复过来是多么困难。几乎从刚出生开始，吉尼就很自然地遭到忽视。她曾经有一个年长一些的姐姐，出生不久就被放入车库，因为父母无法忍受她的哭闹。由于寒冷和无人照顾，这个女婴在 2 个月大时夭折。从 20 个月大开始，吉尼就被单独关在房屋后面的一间卧室里，绑在一把带便壶的椅子上。她不能自由活动，也不能看到窗外的景色。当她喊出自己的需求时，父亲会上楼来用一根木棍打她。直到她 13 岁，这种难以置信的剥夺才结束。当被救助人员解救时，她大小便失禁，反应迟缓，不能讲话，动作技能相当于 2 岁的孩子，不认识物体……由于过度的恐惧，她压抑了所有情绪的自我表达。感到生气的时候，她会打自己、抓自己的脸、捶自己的鼻子和撒尿。根据记载，她活到将近 30 岁时死去，虽然一直渴望友爱，却无法同他人保持长久的关系。（Rymer，1994）

从某种意义上说，婴儿也必须参与到人类文化之中。这个过程的第一步，便是通过非常愉悦的人际交流，使婴儿喜欢上与人互动。在我对亲子的工作实践中，这已经变成一个基准——如果父母在与婴儿的关系中找到了乐趣，那么，即使存在一些问题，也通常不必担心。当这种关系被愉快和谐的互动所主导时，在无意识中，母亲和婴儿其实正在构建婴儿的前额叶皮层，发展婴儿的自我调控和复杂的社会互动能力。绝大多数家庭也确实在以这种形式爱他们的孩子。但母婴之间是一个微妙的系统，由于内部或外部资源的缺乏而很容易出现问题。无论过去或是现在，自身所感受到的低社会经济地位（SES）压力或者缺乏情感支持都会导致父母无法很好地抚慰孩子，无法给孩子足够的关注。幸运的是，在恰当的时间与恰当的帮助之下，亲子关系通常也能够恢复正常。

我曾治疗过的一位叫莎拉（Sarah）的母亲，是一位事业非常成功的职业女性。她是第一次做母亲，来找我时，她显得非常激动和焦虑，因为在给孩子喂养母乳方面出现了很大问题。她生育孩子较晚，拼命地想扮演好母亲的角色，但她和孩子之间明显存在着一种紧张情绪。她的孩子表情呆滞而无神，在母亲走近时会把脸转开。莎拉对这个小婴儿非常恼火，她自己承认，当她上楼经过一个窗口时，曾产生过把孩子扔出去的冲动。然而，几个星期之后这种情况就有了很大改善，母亲学会了尊重孩子的意愿，并让孩子表达出自己的需求。很快，莎拉开始变得放松起来，她的孩子也开始放松。不久以后，当见到莎拉和她的孩子时，这种积极的互动已经发展得很好，莎拉的脸上焕发着爱的光泽，她非常喜欢她的孩子，而她的孩子也不时微笑着注视母亲。母女之间愉悦的关系已经恢复。

快乐的首要来源是嗅觉、触觉和听觉。从一出生，婴儿就能够识别父母的声音，并且会更加喜欢自己父母的声音。对婴儿来说，被满怀慈爱地抱着，便是对发展最好的刺激，甚至比母乳的效果还要好。躺在母亲或父亲安全温暖的怀抱里，婴儿的肌肉可以放松，呼吸可以加深，父母温柔的轻拍和摇晃还可以缓解婴儿的紧张。研究者发现，婴儿和母亲的心率是同步的，如果母亲的情绪处于放松和稳定的状态，婴儿也会如此。通过触摸和安抚，母亲的自主神经系统可以有效地和婴儿的神经系统进行交流。当我们的身体被拥抱时，我们知道有其他人在支持着自己。在阿什利·蒙塔古（Ashley Montagu）的著作《触摸：皮肤对人类的意义》（*Touching: The human significance of the skin*）中有一段内容，形象地传达了抚摸的效果：精神病院里一个烦躁不安、情绪癫狂的病人正在和一个精神病医生见面，当医生伸出手来握住病人的手，以此传达他对病人的关注时，这个精神病人似乎突然安静下来，把更多的注意力集中到精神病医生的脸上，并同他交流起来。这种由抚摸带来的深层次满足，依然是成年人生活中的一部分，比如，当某人痛失亲人时我们会给对方一个拥抱以示安慰，伴侣之间通过性接触进行沟通，以及人们通过按摩来释放日常生活中的压力。

微笑的力量

随着周围世界的轮廓越发明显，视觉在社会关系中的作用也日益重要。现在，目光交流已经成为人们了解他人感受和意图的主要信息来源：情绪是可以从面部读出来的。这种对面部表情的依赖可以追溯到远古的非洲大草原时期，在捕捉猎物时，为了不惊跑猎物，我们的祖先只能采取这种无声的方式进行交流。这种交流可以通过多种视觉方式得以实现，于是，人类便发展出了各种面部表情和体态言语来传达不同信息。（Turner，2000）当然，对面部表情的注意是人类与生俱来的能力，即使在新生儿身上也可以明显看到这一倾向。

到了蹒跚学步的年龄，婴儿就开始利用父母的面部表情作为特定环境中自己行为的即时向导。从这扇门里爬出去安全吗？爸爸喜欢这个客人吗？这就是所谓的"社会参照"，在一定距离之外，婴儿通过目光交流，把父母的面部表情作为信息的来源，从而判断哪些事情可以做，哪些事情不可以做，哪些情绪是需要的，哪些是不需要的。（Feinman，1992）

在艾伦·肖尔看来，除此之外，察言观色在人类的生活中还扮演着更为重要的角色。尤其在婴儿阶段，这些凝视和微笑确实有助于大脑发育。这一过程是如何实现的呢？肖尔认为，对社会能力、情绪智力、大脑的生长而言，积极的注视便是最为重要的刺激物（图1.2）。

图1.2 积极的注视，是社会大脑发育最重要的刺激

当孩子看到母亲（或父亲）的时候，他从母亲放大的瞳孔中可以读到这样的信息：她的交感神经处于激活状态，正体验着某种快乐的情绪。作为回应，婴儿自身的神经系统也会被快乐所激发，心率也会上升。这些过程会激发一种生化反应。首先，一种令人愉快的神经肽——β-内啡肽被释放到循环系统中，特别是在大脑的眶额叶区。与β-内啡肽一样，通过调控体内的葡萄糖和胰岛素水平，自生的或自制的阿片类物质也会促进神经细胞的生长。（Schore，1994）像天然的阿片类物质一样，它们也会让人感觉愉悦。同时，脑干中可以释放另外一种叫多巴胺的神经递质，并再次进入前额叶皮层，从而再次提高那里的葡萄糖含量，促进大脑额叶前部的新组织生长。多巴胺能使人精神焕发、情绪兴奋，因此这种物质可能也会让人感觉愉悦。在对奖赏的期望过程中，也会涉及多巴胺。通过这种带有

技术含量的、迂回的路径，我们可以发现，家庭中充满爱意的神情注视会激发婴儿体内快乐生化物质的释放，从而促进婴儿社会大脑的生长和发育。(Schore, 1994)

在出生的第一年内，婴儿大脑会迅速发育，重量超过出生时的2倍。在出生后的前两年，婴儿对母亲情绪的生化反应可以激发其体内葡萄糖代谢水平的迅速增加，从而促进基因的表达。与人类其他方面的发展类似，遗传表达在外显的过程中也时常依赖于社会信息的输入。人脑的海马体、颞叶皮层、前额叶皮层，以及眶额叶区，在出生时都未发育成熟。但是，这些部位成功发育和基因外显的顺利实现，依赖于个体所拥有的积极经验数量。早期的大量积极经历，可以促使脑髓部位产生更多的神经连接，从而形成更加丰富的网状脑髓。刚出生时个体已经具备了所有神经细胞，因此在细胞的数量上不可能再进一步增加，但后天可以发展的空间是把这些细胞连接起来，让它们为个体服务。细胞之间的连接越多，大脑特定区域的功能就越强，运行得也越好。

尤其是在婴儿6~12个月时，在前额叶皮层部位，这些突触连接会急剧增加。当亲子之间的和谐关系达到顶峰，亲子依恋纽带正式建立时，突触连接的密度也达到了最高值。在婴儿刚刚能够蹒跚走路时，前额叶皮层中突触连接的爆发式增长达到顶点，这时，能够独立行走的新奇感会让婴儿兴高采烈，也让父母感到自豪和喜悦。事实上，伴随着社会大脑的成长，此时的婴儿已经成为一个社会人。但是，婴儿要达到这样的社会发展程度，至少要到半岁以后。

在将近1岁的时候，婴儿时期的预备阶段基本走到了尾声。在某些方面，婴儿现在所达到的发展水平，是其他动物在母体的子宫中所达到的。但是，正是由于婴儿的这些发展是在子宫外进行，所以人类大脑的结构会受到更多的社会影响。脱离子宫之后，婴儿的这种强烈依赖性，会在照料者和婴儿之间建立起一种强有力的社会纽带。在这一过程中所产生的生化物质，可以促使神经连接和大脑以一种前所未有的速度向前迅猛发展。

当然，在个体的一生中，神经连接都在不断进行。几年前，加拿大研究人员对爱因斯坦的大脑标本进行研究，将其与其他男子的大脑进行比较。这些男子去世时的年龄和爱因斯坦相仿。结果发现，在顶骨区域，爱因斯坦的大脑比其他人宽15%，顶骨区域与个体的数学推理、视觉—空间思维有关。

由此我们可以知道：大脑用得越多越发达。如果你不用大脑，你就会失去它——缺乏活动会使神经细胞萎缩，就像长期不用的肌肉那样。

小小导航器：大脑通过积累经验为我们领航

1岁之内，小婴儿的大量时间会用在长心理"肌肉"上。细胞间的连接在快速形成，从而构成一张蕴含着众多可能性的密集网络，各种心理活动就将在这些原材料中形成。接下来，小婴儿就开始产生各种体验了，体验的任务就是"让每个细胞找到其最终的归宿"（Greenough and Black，1992），也就是说，在整个系统中，有些细胞将承担起相应的职责，有些细胞则会无所事事，这些派不上用场的细胞就会逐渐死去。这一过程就是所谓的"修剪"——大脑会保留那些有用的细胞，把无用的连接逐渐淘汰出局。只有对这些错乱交织、过多冗余的连接进行清理之后，大脑里面才会形成"模式"。那些频繁使用、反复出现的体验会逐渐形成畅通的小径，而那些无人问津的连接则会逐渐荒芜消失。大脑就此初具雏形。

在修剪的过程中，大脑通过一种无意识的形式记录下这些模式，当一组神经细胞被同时激活时，模式就自动形成了。（单个的神经元是不会形成模式的）在模式的形成过程中，一组神经细胞会聚集在一起，共同发起一项活动，它们会互相回应，同时还要对外界环境刺激进行回应，然后这些回应逐渐消退，整个过程仿佛是在大脑中开了一场吵吵闹闹的"鸡尾酒会"（Varela et al., 1996）。只有当脑内的某个区域开始新陈代谢时，这些神经细胞才能对个体的行为表现发挥实际效用（Chugani et al., 2001），这就意味着，在6~18个月时，婴儿的社会智力对自身的体验尤其敏感。一旦神经细胞形成模式，它们就能够被用来组织各种体验，个体与他人的互动过程也变得更容易预测。正如丹尼尔·西格尔（Daniel Siegel）所提出的，大脑是一台"期待机器"（anticipation machine）（Siegel, 1999），这台机器是为我们领航，帮我们前行而设计的，既可以提供对可能结果的预期，也可以用来储备环境的知识。

实际上，婴儿的大脑已逐渐开始对自己与他人的交往经验进行分类。通过无意识地注意那些经验的共同特征，或者那些反复发生的经验——例如，如果每天傍晚，婴儿的爸爸总会冲进家门，"砰"地推开房间的门，然后迫不及待地抱起孩子，亲亲孩子的小鼻子——这个小婴儿就会勾画出一种期待：这些就是爸爸做的事情。再如果说，婴儿的妈妈在给他换尿布时，总是粗暴地把尿布扯出来，厌恶地皱起鼻子，嘴里还嘟嘟囔囔的，那这个小婴儿的头脑中就会勾画出一种期待：换尿布是一种不开心的体验，或许，是他的大小便造成了别人的不快。正是这些反复出现、典型的经验，在婴儿脑内进行了组织，产生出基本的感情分类，就如同对"狗"和"桌子"的分类一样，只不过对感情的分类是一种更高级的感觉形式。

婴儿头脑中的内在图像将是一种原型的片段：别人的面部表情是什么样子，他们做出那些行为时我的身体有什么感觉。如果一个体验没有再次出现，就不必去记它，因为这个体验并没有多大的预测效用。

一般而言，那些只出现一次的经验基本上不会留下什么痕迹，除非是一次高度创伤性的经历。但也有特例，那些使个体高度唤起过强情感反应的经历会被大脑的杏仁核记录下来，杏仁核负责对危险情景做出即时反应。那些写满恐惧、愤怒表情的面孔，会被杏仁核记录在案，以后再出现时，个体将会对其进行自动反应。这些情境通常是突发的，需要个体进行非常快速的反应。在人际互动过程中，这些连接路径和内在图像可以为个体的行为提供实际指导。当被眼前事件的某些特征激发时，我们就会自动地运用这些路径和图像。它们并不以言语的形式出现，因为不需要这样做。它们仅仅是在我们无意识的情况下，为我们的行为和期望提供支持。事实上，在绝大多数情况下，我们似乎都在期望自己的期待成真，即使那些期待令人不快时也是如此。（Swann，1987）

然而，人类已经发展出一条途径，当情况发生改变时可以用来修正原有的内部图像。这条途径便是个体自我意识的有意选择，是由脑内前额叶皮层和前扣带回区域所掌管的功能。大脑的这些部分能帮助我们控制思想和情感，并及时地扩充情感（extending emotion），让个体在采取行动之前能够对内心的情绪体验进行回味，并思考其他的可能对策。在前面提到的婴儿换尿布的例子中，由换尿布行为所激发的内在图像，以及厌恶、排斥的情绪，可能会在以后的很多情境（比如，在医院灌肠治疗）中持续出现，因为这些情境激发了相同的神经元网络。为了保护个体的健康，当这些类似情境出现时，个体的前额叶皮层将会"按下暂停键"让人进行冷静的思考——这些行为真的这么令人羞耻和厌恶吗？而不是不假思索地进行自动化反应。

图像的力量：婴儿心理活动的真正起步

随着眶额叶区在1周岁末开始发育成熟，从学步期到18个月大，孩子开始发展存储图像的能力。眶额叶区有专门的神经细胞用于识别面孔，同时，大脑的另一区域（颞叶）也开始成熟，颞叶负责面孔视觉侧面的加工和处理。起初，这些视觉信息就像闪光灯一样闪烁不定，但是，随着与他人交往情境的反复出现，这些信息便成为长久的图像，并伴随着某种感情色彩，成为婴儿与他人互动的图像。这种图像会逐渐牢牢地印刻在婴儿的记忆中，不受时空的限制。在人类情感领域，这是一个重要的时刻，因为这是婴儿心理活动的真正起步——建起一座用于储存图像的内部心理图书馆，婴儿可以在这里寻找信息。当婴儿长大之后，这里的信息也会变得异常丰富，装满了各种图像和联想。这些带有感情色彩的内部图像，可能与精神分析理论中的"内部对象"或内化母亲非常相近。

这种内部图像也能成为自我情感调控的重要资源。在以后的生活中，当出现类似的情感唤起情境时，在母亲不在场的情况下，个体可以利用这些图像来指导自己的行为。但是，在婴儿阶段，如果母亲没有采取有效的策略来劝慰和缓解孩子右脑产生的紧张情绪，个体就无法建立相应的内化图像，他们在压力面前也就显得非常脆弱，从而很容易陷入情绪失控的痛苦深渊中。同时，这种在头脑中保留他人情绪图像和表情并能对其进行提取的能力，有助于个体构建一个复杂的有关人类意义的世界，而不仅仅是对当前事件即时的、短暂的反应。

消极面孔的负面效果

然而，婴儿对面孔的高度关注，也有其消极的一面。那些消极面孔和行为也会被记下并储存起来。与积极面孔一样，消极面孔也同样能激发个体的生化反应。母亲不耐烦的面孔能够激发婴儿的压力激素，如皮质醇，这种激素会阻止脑啡和多巴胺神经元的传输，因此也阻止了这些物质所产生的愉悦感受。这些消极面孔对成长中的儿童具有很强的负面效果。对处在小婴儿阶段或学步期的孩子而言，这种负面效果尤其强烈，因为无论在生理上还是心理上，这些孩子都高度依赖父母来帮助他们进行自我调控。任何对这种调控造成威胁的事物，都会使儿童感到高度紧张，因为这会直接对他们的生存造成威胁。不管是照料者在情感上疏远孩子，还是在空间上同孩子分离，由此产生的负面效果都基本相同。小孩子需要这样的母亲，既在情感上值得依赖，又能相处融洽，能够有效地帮助孩子进行自我调控。

在已有的文献中，大量研究支持了母婴"隔离"给孩子带来的负面效果，据我分析，这些负面影响绝大多数是由于婴儿在情感方面的隔离以及无法自我调控。一项对托儿所儿童的研究显示，婴儿压力激素（如皮质醇）分泌水平的增加，并不是由母亲不在身边这种情况所引起的，而是由孩子缺乏一个能够关注自己状况的成人形象所引起。在托儿所中，如果有人可以担负起这方面的职责，婴儿的皮质醇分泌水平将不会升高。如果没有这样的成人存在时，孩子就会感受到压力和紧张。（Dettling et al., 2000）

但是，为了完成这一阶段大脑的发育任务，在学步时期，婴儿脑部确实需要一定水平的皮质醇。（Schore, 1994）因为皮质醇分泌水平的上升，会促进从延髓到前额叶皮层之间去肾上腺素连接的形成。去肾上腺素的传递，通过增加眶额叶区的血液流量，以及形成这一区域与副交感神经系统之间的连接（通过下丘脑），能够帮助孩子眶额叶区的进一步成熟。对成长中的孩子而言，副交感神经系统的作用非常重要，作为抑制系统，它可以让孩子停下脚步，知道哪些行为是不允许的，哪些行为是危险的。

当一个婴儿开始迈开步伐，探索自己周围的世界时，父母便会不断发出各种禁止命令，不时地喊："不！别这样做！"对孩子来说，这些警告确实可以让他们清醒一些。他们开始意识到，世界并不是一片静谧和温馨，每一个角落里都可能潜伏着危险。在他们满怀喜悦地探索周围世界时，也会受到各种各样的限制。这时的孩子也会发现，以往那么可亲可爱的父母，曾经对自己所有行动几乎都给予支持，总是想方设法让自己开心，现在却变得如此让人难以接受。从父母冷冰冰的语调，以及布满消极情绪的面孔上，孩子读出了这些信息。就像是马语者对付他的马一样，父母通过冷眼相待来让孩子的行为不出闪失。通过主动地不支持孩子的行为，父母在向孩子传达这样一个信息：孩子的行为应该遵从团体规范，否则的话，孩子就要被社会孤立。人类是高度社会化的动物，对群居的需求远甚于马，"孤立"的确是对他们的惩罚。

父母这些不赞成或拒绝的面孔，会使婴儿从交感神经唤起状态，一下子转到副交感神经唤起状态，从而使婴儿产生了我们都体验过的羞耻感——一种血压突然降低、呼吸突然变短促的状态。我曾经有过这种经历，现在还能非常清晰地回忆起当时的感受。那时我7岁左右，有一天被叫到校长办公室去。那是一位让我非常尊重和爱戴的校长，在去他办公室的路上我心里充满了憧憬，想象着会有什么好事。但是，当走进办公室时，我发现校长板着面孔，而且我妈妈也在。天哪，工作日妈妈居然出现在学校，到底发生了什么事儿？我突然想起，昨晚临睡前，自己向她抱怨了一些学校发生的事情，她肯定是向校长"传达"了我的那些想法。当时我说，自己本来应该被选上参加学校的接力赛，最后却落选了。我至今还记得，为了解释这一点小小的牢骚，自己被叫到校长面前时的震惊与羞愧。当时，我感觉浑身的血液都从身体里流出,极其头晕和恶心。现在我知道了,当时所产生的身体感觉,是在羞耻感的激发下,自己眶额叶区和模糊神经(通过下丘脑)之间的连接被强烈唤起,从而导致我的正副交感系统发生了瞬间大逆转。

羞耻感是社会化过程的一个重要特征,但是,从羞耻感中恢复过来也同等重要。这样看来,给个体注射一剂皮质醇应该很有必要。但是,产生过量的皮质醇则极其无益,在接下来的一章里,我会介绍这些。正如父母的消极面部表情会激发孩子体内的皮质醇分泌一样,皮质醇的消除也需要父母面部表情的相应改变。如果父母不恢复以往的积极互动,帮助孩子进行情感调控,婴儿自身无法降低体内的皮质醇水平,只能停留在一种紧张的唤起状态。而此时,由皮质醇带来的好处——帮助眶额叶区抑制情感唤起——也就可能不存在了。

"言语自我"的发展:左右脑的融合

大脑初期情感发育的最后一个阶段是"言语自我"的发展。前面已经介绍,婴儿同他人之间的交流方式是如何逐步趋向复杂的:一开始是通过抚摸,后来主要依靠视觉,到了两三岁时,孩子终于开始了和他人的言语交流。每一种新的交流模式都是对以往交流模式的补充和添加,而不是替代,同时原有的交流方式并不会消失。在原有的基础上,儿童不断发展和完善新的交流方式,个体的发展才会日趋复杂。

一旦眶额叶区形成,随着其控制情感能力的不断成长,这一区域的左右两侧开始结合在一起,因此对情感的表达与控制功能也就连接起来。在这个过程中,大脑的发育就从以往的右脑主导变为左脑主导。左脑有不同的运转模式,尤其擅长对序列化和言语的处理——一次只加工一个信息，不像右脑那样，可以依靠直觉同时对大量个别特征和整体特征进行加工和把握。不过，当左脑占主导地位之后，整个大脑开始变得更加稳定，更不容易发生变化。就仿佛在右脑已有的发展基础上，左脑又创造了一种更为高级的管理模式。左脑控制着组织化的自我（organised self），组织化自我成形于右脑的活动中，它会表达自我，并会把自我的感觉传递给他人。

前额叶皮层最后成熟的部分是背外侧前额叶皮层（dorsolateral prefrontal cortex）。就在这个区域，我们对自己的思维和感受进行加工和反思。背外侧前额叶皮层是"工作记忆"的主要场所，通过把神经元模式的激活及时传输开来，这一部位可以保存记忆和思维，并能对其进行比较。把事物保存在头脑中，是我们计划能力的一个重要方面，使我们能够对以往经验进行评估，并做出决策。因此，背外侧前额叶皮层可以使个体依据当前经验，更加灵活多变地对思维和行为进行修正。事实上，因为与皮质的前运动区域以及基底核（basal ganglia）的紧密连接，人们认为背外侧部分可能对前额叶皮层如何控制行为至关重要。（Miller and Cohen，2001）当然，那些背外侧前额叶皮层受到损伤的人会在适应方面出现障碍，他们通常行为僵化、思想顽固守旧。

然而，背外侧前额叶皮层的能力主要通过篡改信息和改变注意方向来适应新的环境——而不是像眶额叶区那样，采取直接的方式来管理皮层下的情绪系统。这两个部位的功能是不同的。

在左脑发育的基础上，到了2岁阶段，婴儿的言语能力开始迅速发展。不管是背外侧前额叶皮层，还是前扣带回，都在婴儿言语的产生和流利性中发挥着一定作用。（在潘克塞普看来，如果前扣带回受到损伤，个体就会丧失说话的欲望，或者与他人进行情感交流的动机）当大脑中的这些区域发育时，言语在人际交往中也开始变得重要起来。情感不仅可以通过身体接触和肢体动作进行表达,也可以通过言语进行沟通。这种对情绪的有意识关注,开启了个体间更多情绪反应的可能性。这时的个体,不再依靠由以往经验模板所产生的自动化习惯和期望来进行行为反应,而是有了自己的思维和策略空间。他们可以采取各种行为做事情,可以运用各种思路解决问题。通过与他人进行讨论,他们经常可以找到更为精巧和复杂的方法来解决问题。这时的父母可以采取更直接的方式向孩子灌输社会规则:"我们不可以随便拿别人的东西"或者"先把饭吃完,然后才给你酸奶喝"。

在此之前,婴儿在与人互动时,需要把这种交往体验记录到所谓的"期待图像"中,而现在,他们可以直接运用言语与他人沟通,可以说这是一个飞跃式的进步。不过,早期那些非言语形式的图像,基本上是建立在通过他人面部表情和体态言语进行反馈的基础上,这些信息仍然为婴儿的情感反应提供线索。

但是,除此之外,婴儿现在又掌握了一种新的反馈形式,那就是他人的言语反馈。这种反馈的质量很重要。如果母亲在照料孩子方面得心应手,她就能了解孩子现在的情绪状态,并能够用言语准确地表达出这种状态。如此一来,孩子就能够逐步建立一个关于情绪状态的词汇库,这个词汇库既可以准确地识别各种情绪状态,又可以把不同的情绪区分开来。

例如,孩子会知道,伤心和疲倦是两种不同的感受。但是,如果母亲没有用言语表达这些情绪,或者她们没有用言语准确地表达这些情绪,孩子就会出现相应问题,他们或者难以用言语表达自己的感受,或者难以用言语与他人进行有效的情感沟通。并且,如果内心感受无法用言语表达出来,孩子就无法在一个意识性更强的言语层面上管理自己的情绪唤起,例如,他们就不会在情绪低落时采取自言自语的形式把内心感受说出来。他们只会采取之前阶段的非言语方式来处理自己的不良情绪，因此也就无法获得新的情绪反馈和反思方式。这就意味着，孩子有关自我的感觉将停留在一种相当混沌的状态。

大脑中还有一个区域会对自我感觉产生巨大影响，这就是海马体。海马体在婴儿2~3岁阶段发育最迅速，但是，其发育状况也受个体幼年的照料状况影响。在支持性的抚养模式下，海马体会发育得更好。（Luby et al., 2012）

正如大脑其他区域一样，海马体的影响会体现在几个领域。通过与杏仁核的连接，海马体可以管理压力。通过与前额叶皮层间的联系，海马体在记忆功能中也起着核心作用，虽然它起作用的方式与背外侧前额叶皮层有所不同。当工作记忆把当前体验暂时存储起来时，海马体会选择存储当前经验中更为重要的那些信息，直至这些信息进入长时记忆。海马体也汇集了大脑中不同来源的信息，并且整合成具体的情境，按照时间和位置将这些信息序列化。这就意味着，从这时开始，婴儿将能够记住一系列的生活事件，会知道开始发生了什么事，后来又发生了什么事。在孩子的头脑中，有了以前、正在、然后这些时间顺序上的概念。这时的孩子逐渐能够讲述发生在自己身上的一些事情，知道了过去和将来的概念——他们不再仅仅活在此时此刻，还有了一个叙述中的自我。这时父母也开始和孩子谈论将要发生的事情："开心点儿，过一会儿我们就要去公园看小鸭子了。"父母也会提及过去的事情："还记得吗？在鲍勃叔叔的婚宴上，你把所有衣服都脱掉了。"

我们之所以无法记住婴儿时期的经历，很有可能是因为在婴儿阶段，个体的背外侧前额叶皮层及其与海马体之间的连接还没有完全发育。或者，这是由于在婴儿的生活中，个人所经历的生活逸事并没有那么重要，从纷繁的生活琐碎中逐渐形成某种（心理）模式或形态才是更为紧迫的任务。事实上，在婴儿阶段，那些最富感情色彩的记忆被存储在那些较为原始的系统中，如杏仁核或其他大脑通路中，不管在哪个位置，个体都无法对这些信息进行有意识的提取。这些信息只是婴儿生活中的背景图案。但是，随着年龄的增长，我们开始需要记忆一些更为具体的信息，用来指导我们的决策行为。海马体便具有这种功能，它可以帮助我们记住那些重要事件发生的时间和地点，帮助我们记住事件发生的背景和情境，从而让我们能够有意识地提取这些信息。

背外侧前额叶皮层、前扣带回和海马体的形成和发育都是在整个左脑的控制之下，这些区域在婴儿社会自我的发展中，扮演着重要角色，个体的社会自我具有自传的特性，可以通过与他人言语交流的方式来维持自我意识。令人惊奇的是，人们发现，这种言语的、叙述性的自我竟然在成人情感的安全感方面起着关键作用。玛丽·梅因（Mary Main）曾从事于依恋模式的研究，她设计出一种方法来测量成人的依恋安全感，研究结果却颇出人意料。她发现，当这些成年人谈论他们的情感生活和成长中的重要人物时，是否有一个快乐的童年似乎并不重要，对他们如今在情感方面的安全感而言，真正重要的是他们的内心是否具有内部一致和协调的叙述能力，曾经生活中真实的自我并不重要。那些在情感方面存在问题的人，或者无法自如地谈论自己的情感，或者经常以一种杂乱无章、前后矛盾的方式描述自己的情感。

一方面，如果一个成人认为自己与母亲的关系非常融洽和亲密，却无法想起任何一个与母亲和谐亲密的记忆片段，此时，这个成人的叙述将被看作内部不一致的（回避型）。另一方面，如果一个成人不沉浸在痛苦、纷乱的记忆和情感之中，就无法前后一致地讲述自己年少往事时，他同样也属于"非安全型依恋"。(Main and Goldwyn, 1985)但是，在个体形成自我安全感的过程中，到底是故事本身起着某种关键的、决定性的作用，还是说故事只是一个副产品，是个体所关注的亲密关系以及来自他人的积极反馈（这种反馈可以导致个体自我安全感的形成）的附属产物？对于这个问题，我也无法回答。但可以肯定的是，当情感被阻塞在意识之外或者失控时，个体将更难以利用左脑的资源来对其进行思考和反省。

有个叫吉尼（Genie）的女孩从小在隔离的环境中长大，她的左脑前额叶发育不良。那时还没有现代的脑成像技术，研究人员曾对吉尼进行过心理测试，测试结果表明她不能完成包括言语在内的任何涉及左脑的任务。当然，在整个测试过程中，除了接受"闭口不语"的指示外，她没有接收到来自他人的任何情绪反馈。但是，和她在一起生活的人发现，她的右脑拥有惊人的非言语交流功能。她能够用一种令人称奇的方式捕获情境的整体信息，能画出她用言语表达不出的东西。吉尼案例的研究者之一苏珊·柯蒂斯（Susan Curtiss），现在还记得吉尼不用言语，却能让陌生人了解自己的愿望和感受的方式。

吉尼对塑料制品很痴迷，任何人手里的任何塑料物件都会吸引她的注意力，让她垂涎不已。"有一天，我和吉尼在外面散步，我记得应该是在好莱坞的某个地方。"苏珊说，"我就像一个傻瓜哼着某部歌剧，希望吉尼能够放松，不要像平时那样紧张。当我们走到一个人流拥挤的十字路口时遇到了红灯，于是就停下来等待。突然，我听到一种声音，那是一种你绝对不会判断失误的声音，就是手提包里的东西被倒落出来的声音。在一辆停在路口的车子里有一个女人，是她倒空了自己的手提包，她下了车，跑过来把某样东西塞给吉尼，然后又匆匆跑回车里。那是一个塑料手提包。在整个过程中，

自始至终，吉尼没有说过一句话。"（Rymer，1994: 95）

在吉尼的身上，右脑的功能可能得到了放大，但是，对我们所有人而言，右脑的这些功能确实与左脑的言语能力相依而存在。因此，要使个体的情感维持良好的健康状态，重要之处似乎在于，左脑的运转与右脑接收的信息之间存在良好的连接。如果这些连接不够强劲或者出现了某种阻塞，那左脑就会脱离真实信息，独立捏造一个不符合事实的故事。在缺少信息的状态下，左脑只能进行简单猜测，然后尽其所能地填补缺失部分。我们前面提到的回避型个体应该就属于这种情况。由于某种未知的原因，这些个体的左脑占据了统治地位，但与右脑之间失去了联系。对过分关注（焦虑）型个体而言，他们的右脑同左脑的反思和叙述能力之间似乎没有建立起充分的连接。这些连接建立得成功与否，可能取决于孩子两三岁时和重要照料者之间的关系状况，以及照料者是否通过回应、对话的方式使孩子的情感得到整合与发展，从而促进孩子左右半脑以及大脑不同水平之间的连接。

现在看来，或许正是用言语表达出情感的这一过程促进了左右脑之间的融合。当个体用词汇准确地描述自己的感受时，大脑的两个半球就融合成一个协调统一的整体。尤金·简德林（Eugene Gendlin）围绕"聚焦"（focusing）这一概念展开的治疗工作就描述了这一过程：人们如何学会聆听自己身体的真实感受，并把这些感受谨慎地用词汇表达出来，从而把右脑的真切感受同左脑的言语表达连接起来。简德林指出，这一过程绝不仅仅是在理性的水平上平平淡淡地表达出你的感受，以及聆听他人的感受。在这一过程中，那些贴合自己感受的词汇，会让个体由衷地暗自惊叹"对！正是这种感觉"，同时，还会产生一种"身体移动"（body shift），让个体感到很愉悦。（Gendlin，1987）这些连接可以使最大量的信息在两个半脑之间自由流动。这时个体的心理也就不再陷于一种缺乏管束的情绪唤起状态中,而是能够利用所有资源,尤其是左脑的资源来调控自己的感受。

4

有害的皮质醇

　　对她来说，晚上是最难熬的，孩子经常在凌晨三四点就开始哭闹。只要是能让孩子安静下来的方法，她都可能愿意尝试，如安眠药、糖奶嘴等各种想得到的东西。在怀孕期间，普瑞斯读过很多养育孩子类的书籍，书里介绍了养育过程中父母易犯的各种错误。在那些作者看来，这些错误不仅仅是由于父母的疏忽，更多的时候纯粹是由于父母的自私：当照料者或母亲给啼哭的婴儿一片止疼剂时，通常只是为自己着想，她们不愿意被婴儿干扰，希望自己可以获得片刻宁静。因为医生们指出，啼哭对婴儿本身并无害处，但可能会对旁边的成人带来负面影响。普瑞斯也赞同这种观点。这里的护士会在斯蒂芬的表格中记录下孩子每天啼哭的时间，但斯隆和特纳医生对这些毫不在意，他们所关心的，只是孩子的体重增长曲线。

——玛丽·麦卡锡（Mary McCarthy），
《群体》（*The Group*）（1963）

女人总是不时地找机会倾诉自己当妈妈的感受，有时伪装成小说，有时以第一人称进行描述，诉说自己抚育婴儿的孤独经历：整日整夜地独自陪伴着孩子，几乎脱离了朋友和同事圈。这确实是一段相对暗淡的时光，产后抑郁症的高发也证实了这一点：据估计，大约有 1/10 的新任母亲会经历产后抑郁。这些母亲通常会产生这样的感受："能量似乎都被埋在了地底下，只感到整个世界暗淡无光、平淡乏味，一切仿佛都在毁灭，一片寂静，只想把自己隐藏起来同这个世界相隔离……当母亲陷入乌云蔽日的抑郁状态时，小婴儿是如何感知这种情绪的呢？对此，我们只能进行猜测。"（Welburn，1980）

如今，除了猜测，我们可以知道更多婴儿的情况。有许多学者对那些经历抑郁或愤怒的母亲养育婴儿的感受进行了研究，揭示了大量以往我们所不知道的信息。这些母亲之所以出现情绪问题，基本是由于她们缺乏必要的社会支持。在抚育孩子的过程中，由于被切断了以往身份认同和社会支持的资源，这些母亲会感受到更多压力。因此，这些母亲希望能够通过自己的内部资源来调控新生婴儿脆弱精细的神经系统，从而使自己的孩子免受压力。然而，不幸的是，当母亲自身处于压力状态中，便很难照顾好自己的孩子，在这种情况下，婴儿自身应对压力的能力也会受到负面影响。在这一章，我会介绍近期一些重要研究的新成果，揭示在婴儿时期压力反应系统如何发育和形成，以及这些压力反应如何影响婴儿将来的情感生活。

压力状态下的大脑

"压力"这个词，由于如今过度频繁使用，已经失去了原有的影响力——"你们给我的压力太大了"，面对与父母之间小小的争执，青少年便会如此抱怨。报刊上，也随处可见各种用来测试人们压力水平的小测验。大众文化中也充斥着考试压力、升职压力、管理压力之类的报道。在这种氛围下，"压力"这一概念的原有含义便被冲淡了，仿佛是心灵呓语，难以引起人们内心原有的震撼。然而，应对压力的方式正是我们心理健康的核心所在。事实上，压力的确值得我们严肃对待，但要做到这一点，或许我们应该较少关注那些引起压力的事件，而应该更多地了解参与应对压力过程的内部因素，这样才会有利于问题的解决。

从某种意义上说，应对压力（应激）是情绪调控的一种极端形式。压力被定义为超出个体应对能力的任何情境。当个体感到所处情境太具挑战性，所受到的威胁要摧毁机体原有的正常平衡状态时，身体的应激反应系统就开始运行了。第一步是杏仁核向下丘脑传递潜在威胁的信号，下丘脑接着通过激发被称作"应激反应"的一系列特定的化学反应来响应这一威胁信号。这个过程由两个阶段构成。

面对压力的第一个且最快速的反应是瞬间形成的"战斗或逃跑"机制。这一机制启动了交感神经系统，激发出一种压力激素——肾上腺素，从而使心脏剧烈跳动，血液涌入肌肉，以便面对危险时快速行动。

这一过程的第二阶段会释放另一种压力激素——皮质醇。科学家将第二种应激反应称作"海马体—脑垂体—肾上腺轴"（HPA轴）（下丘脑激发了脑垂体，脑垂体再激发肾上腺）。这一过程可以被描述为后备计划。整个启动过程需要大约10分钟，但是之后便能够为身体提供额外的能量来应对挑战。虽然这一过程听起来对个体有益并且效果直接，但也有很多副作用，当压力没有很好地被解决，或者应激反应不正常时，皮质醇就会继续产生。

近年来，科学家在皮质醇方面的研究已经取得了大量成果，成为人们研究情感生活的一条极其重要的途径。研究者欣喜地发现，皮质醇可以通过唾液进行检验，并且检验结果的准确度可以和血检相媲美。唾液检验的可行性大大简化和方便了实验操作，因此人们进行了许多新的研究来探讨压力的起因，以及个体的压力反应是如何运行和变化的。这些研究显示，在人类的情绪活动中，生化反应扮演着重要的作用。

在每天的生活中，虽然我们意识不到，但我们体内的生化物质一直在不停地波动着。并且，各种各样的情绪和生理反应都是自动发生的。在一天之内，我们体内的激素含量在不断起伏变化，以调整和适应体外、体内的各种变化。在我们日常的各种生活节律中，如睡觉和清醒状态、消化食物、保持体温，激素含量都在进行相应的变化。这些变化基本由大脑脑核边缘区域的下丘脑所控制，且这些化学物质还能引发遗传表达，通过一种希望帮助机体维持良好状态的方式来改变个体的行为反应。例如，血清素可以帮助我们调节情绪，缓解痛苦；肾上腺素可以让人保持警觉；皮质醇的含量通常在清早上升以帮助个体产生一天所需的能量，下午之后其分泌水平又会回落到较低水平。激素这种有节奏的波动，对于我们每天维持良好健康的心态非常重要，它们表达了我们各种体验的内在特性。坎迪斯·珀特（Candace Pert）指出，人体内的这些生化物质，其实是一种无意识的情绪词汇（Pert, 1998）——尤其是考虑到这些生化物质很少单独使用，而是经常如同词汇般相互组合在一起，形成各种句子被同时使用。当我们试图把这些身体变化转换成现实词汇时，我们正在试图描述的也许只是当前时刻的各种复杂的化学成分组合。

人体所有主要系统都与神经生物学信息——我们的"化学智力"——有关。只是近年来，我们才展开对这些生化物质的科学研究。20世纪50年代，沃森（Watson）和克里克（Crick）通过拆开DNA的化学结构，开始了破解基因编码的科学研究。与此同时，其他科学家也开始着手分析激素（如胰岛素）的化学结构。到70年代，人们发现了一种在人体中产生、主要作用是影响大脑的化学物质，这种化学物质被称作神经递质。随后，越来越多这类生物化学物质被发现，其中一些物质能够对身体产生广泛影响。迄今为止，人们已经发现了100多种神经肽（neuropeptides）和神经递质。探索还在进行之中，最近的发现是内源性大麻素（endocannabinoids）。

由于在控制个体体验和协调个体反应的过程中大脑扮演着重要角色，所以这里也是许多生化物质的汇集场所，尤其在那些与情绪有关的区域，如前额叶皮层和皮层下系统（图1.3）。

图1.3 每种腺体会产生激素，并把激素释放到血液中。箭头显示下丘脑—脑垂体—肾上腺轴（HPA轴），它控制着压力激素皮质醇的释放

比尔的离婚

在多数人看来，离婚都属于一个重大的压力事件。比尔是一个强壮的中年男子，头脑聪明，举止彬彬有礼，当他第一次来拜访我时，强忍住夺眶而出的泪水讲了他的故事。他和卡罗琳结婚20年，一直是对令人羡慕的模范夫妻。夫妻俩都富有魅力，喜欢社交，曾是宴会上人们眼中的一对传奇人物。在别人看来,他们似乎总是相互扶持，并在各自的新闻事业上取得了辉煌成就。但突然有一天，他们俩分手了，这一消息让他们的朋友和同事深感震惊。后来，有传言说离婚是因为几个月之前卡罗琳和另一个年轻男子发生了婚外情。

为了调控自己纷乱复杂的情绪，比尔来寻求心理治疗。他向我透露，事实上，在这几年间，他觉得自己和卡罗琳之间的关系并不那么亲密。他感到卡罗琳只愿意谈论工作，并且，哪怕是非常小的矛盾她也不愿面对和处理。虽然卡罗琳嘴上会说非常爱他，并且让他相信一切都很好，两人关系很和谐，比尔却感到对方从未真正关注过自己内心的需要。比尔觉得自己被卡罗琳所谓的柔情蜜意给哄骗了。然而，卡罗琳婚外情的暴露，对比尔而言却是一个非常可怕的打击，他因此生了病。他一直都很信任卡罗琳，认为她是一个忠诚可靠、精明能干的伴侣，是一个富有责任心的妻子。他无法接受所发生的一切。更让他感到糟糕的是，卡罗琳居然疯狂地爱上了一个比尔鄙视的男人——一个靠遗产过活的浪荡公子，沉迷于赌博和宴会，并且和前5位妻子生过5个孩子。

比尔正在经受的压力，也是人们遇到的重大打击之一——亲密伴侣关系的丧失。他沉溺在痛苦之中，经常失眠，并且没有食欲。他也不知道自己该做些什么，一会儿想着怎么才能让卡罗琳重新回到自己身边，一会儿又幻想着把卡罗琳和她的情人一起烧死在他们的住所里。(在这样的处境中，卡罗琳和比尔没有很好地调控各自的感受）比尔几乎处于一种绝望的状态之中，他害怕孤独，害怕自己再也得不到爱，害怕再也没人陪伴。他再也感觉不到安全。

比尔的体内发生了什么

所处局势的不确定性和恐惧感，通过杏仁核触发了比尔的应激反应。为了维持机体的平衡，他的下丘脑正在超负荷运行。为了帮助比尔应对生活中的感情危机，杏仁核发出信息，通过产生额外的皮质醇为机体提供更多的能量。这些信息分阶段进行，第一个阶段是向脑垂体释放促肾上腺皮质激素释放因子（Corticotropin-Releasing Factor，CRF），这可以导致促肾上腺皮质激素（ACTH）的产生，由此激发肾上腺分泌皮质醇。

比尔体内皮质醇的浓度一旦上升，就会对整个机体产生影响。它会关闭个体的免疫系统，降低学习能力以及放松的能力。事实上，皮质醇可以与机体的其他系统在体内进行对话交流。皮质醇仿佛是在说："伙计们，先停下手头的活儿！现在情况紧急！不要再忙着抗击细菌了。不要再浪费时间进行学习，也不要忙着建立新的神经连接了。不要放松！现在需要大家集中精力对付眼前的事情。"

从短期来看，这种做法确实是一种不错的权宜之计。皮质醇可以把脂肪和蛋白质分解掉来产生额外的能量，同时还可以暂时控制机体的其他系统。当紧急状态结束后，皮质醇会被它的接收器重新吸收，或者被酶分解。整个身体的机能开始重新恢复正常。

但是，如果压力持续存在，整个机体的皮质醇水平长时间居高不下，那身体的其他部分可能就会遭到伤害。高水平的皮质醇会影响到免疫系统的淋巴细胞，使这些细胞变得迟钝，甚至杀死它们，并阻止新的淋巴细胞产生。（Martin，1997）

在脑部，皮质醇尤其会对海马体产生影响。尽管在起初的紧急状态下皮质醇可以发挥一定作用——激发机体的防御行为,比如,冻结机体的运动(这也是在海马体的配合下完成的),但随着时间的推移,其效果也逐渐下降。如果皮质醇的含量一直维持高浓度,皮质醇的接收器就可能会关闭,并且使海马体变得对皮质醇不再敏感。这样就不能告诉海马体何时去抑制生成皮质醇。通常来说,当皮质醇的浓度达到一定水平时,海马体会告诉下丘脑停止释放。海马体仿佛会喊:"皮质醇已经把我给淹没了,不要再继续释放了,我受不了啦。"

如果没有这些反馈,应激反应会持续保持在开启状态。这对海马体而言是个严重的问题,因为如果皮质醇不断释放,就会损伤海马体。而过量的皮质醇会产生过量的谷氨酸盐,造成海马体神经元的损坏(Mogghadam et al., 1994),最终导致海马体产生功能障碍。海马体是学习和记忆的中枢,所以,如果压力长时间地持续存在,比尔可能会变得健忘,就像俗话所说:"压力会使你变得愚蠢。"(Goosens and Sapolsky, 2007;Radley and Morrison, 2005;Chambers et al., 1999;McEwen, 1999)

但是,杏仁核在皮质醇的持续刺激下会忙作一团,它的运转速度会不断加快,愈加兴奋,并会不断释放去甲肾上腺素,从而导致皮质醇分泌量进一步增加。(Makino et al., 1994;Vyas et al., 2002)事实上,杏仁核就像一个过度兴奋的孩子,会有一些本能的行为表现。杏仁核会说:"这可真是太糟糕了!我必须牢牢记住这次发生的事,如果下次有人再对我说谎,就像卡罗琳对待比尔那样,我一定会给她点儿颜色看看。"

只有中部的前额叶皮层,特别是前扣带回,才有能力驾驭和控制杏仁核。(Kern et al., 2008)但是,压力持续时间越长,那些通常为前额叶皮层提供能量的神经递质受到的影响也越大。那里的多巴胺和血清素的浓度也会降低,最终导致细胞开始死亡。

这时，前额叶皮层就会疲惫地说道："我无法应付这些器官，它们太兴奋了。我无法阻挡它们，我没有这种力量。最好还是离人们远点儿，我现在无法与人和谐相处。"

敏感的神经系统

前面介绍了压力对比尔成年大脑的影响，由此可以设想，如果这些压力发生在孩子身上，他们正在发育的大脑又会受到何种影响呢？压力会对婴儿的海马体、前额叶皮层以及应激反应产生何种影响呢？正如特定的区域文化和生活体验会对大脑产生烙印一样，大脑的生物化学系统（包括应激反应）也是由生活经历所塑造。正如汽车和房子，每个个体都是一个系统，这个系统既与其他个体的系统具有共性，同时也有自己独特的经历和特点。譬如说，一栋房子的排水系统很糟糕，经常漏水，一个人的身体系统也是如此，会有许多种倾向：有些人的膀胱功能很强，有些人却很弱；有些人遇到小小的困难就会手足无措，有些人却可以信心十足地面对人生各种挑战。

我们通常认为这些个体差异是遗传基因造成的。并且我们很难摆脱这样一种机械观点，即人体的发育有些类似时钟，会按照基因的预设程序向前运行，尤其是我们的生理反应，几乎完全是自发产生的。我们通常不会认为这些行为是受社会影响的，尤其是受婴儿时期关系质量的影响，因为这些观念显得如此粗浅和不科学。

然而，现代科学研究显示，基因仅仅是给我们提供了心理的原材料——我们每个人在这些原材料上的先天差异是很微弱的——但是，后天（尤其是婴儿时期）我们怎么加工这些材料起着决定性作用。尽管人们已经发现基因与人体的各种身心障碍之间存在一定联系，但研究也反复表明，基因是导致问题出现的必要但非充分条件。换句话说，可能存在一些基因使个体容易出现抑郁、精神分裂和肥胖等病症，但我们绝不能因此就说是这些基因直接导致了上述病变。许多基因性状的表现，是环境引发，以及环境与基因之间的共同作用而致。在婴儿期，环境主要就是指孩子的那些照料者。

对人类的神经系统而言，生命早期的外界环境会对其发育产生重要影响。这些不良环境包括多种因素，如胎儿时期的营养缺乏，分娩过程中的缺氧，婴儿时期缺少情感支持等等，都会对个体神经组织的生长发育产生巨大影响。早期的照料情况确实可以塑造和影响婴儿正在发育中的神经系统，并会决定个体将来如何解释和应对压力。

我们可以这样来解释这一过程。婴儿同照料者之间情感体验的类型，属于"生物内嵌式"（biologically embedded）。（Hertzman and Boyce, 2010；Hertzman, 1997）由于这一阶段正是个体神经调控习惯的形成时期，所以这些情绪体验被写入孩子的生理系统之中。在这个时期，婴儿的大脑正在建立各种情绪和生理的自主反应。虽然在此后的发展中个体的系统仍保持开放状态，我们的各种习惯仍然能够改变，但是不得不承认，随着年龄的增长，我们的各种内部系统会日趋稳定并会相对固定下来。任何一个想努力改变饮食习惯或者改变自我的人都能体会到，重建自我调控习惯确实是一个异常艰难的过程。人们往往很难记住该如何表现崭新的行为模式，在新的行为模式成为习惯化和自动化反应之前需要一个相当漫长的过程。而对婴儿来说，他们的系统则处于一种令人难以置信的开放状态，他们可以非常快速地调整和改变自我。

尤其要指出的一点是，这些早期经验可以建立一种生理预期来确定个体生物化学物质的正常水平。正是通过这条途径，早期经验可以影响到我们体内血清素、皮质醇或肾上腺素的基线水平，以及我们身体所认定的正常基线水平的"设定值"（set point）。此外，早期经验也会影响到特殊情境下我们所释放的化学物质的数量。婴儿时期经受的压力——如哭闹时总是被人忽视——对个体尤其有害，因为幼年时高水平的皮质醇分泌也会影响到其他神经递质系统的发育，在这一年龄段，这些递质的通路正处于建立过程。即使到婴儿断奶时，这些神经通路仍然还在建立过程中，发育还不成熟。（Collins and Depue，1992；Konyescsni and Rogeness，1998）例如，那些不愿意抚慰孩子的母亲所抚养的婴儿，与其他婴儿相比，他们去甲肾上腺素、肾上腺素以及多巴胺的分泌水平较低。（Jones et al.，1997）在压力情境下这些生化系统的分泌会偏离常态，从而使个体在以后的生活中更难实现情绪的自我调控。

婴儿天生就具有调控压力的能力。在刚出生的几个月里，他们体内的皮质醇水平通常较低，只需要照料者多抚摸、轻拍、摇晃和哺乳。（Hofer，1995；Levine，2001）但是，婴儿正在发育中的系统也非常不稳定，具有很强的应激性；如果没有成人加以回应，婴儿无法控制自身的皮质醇分泌水平，其皮质醇分泌量就会急剧增加。（Gunnar and Donzella，2002）。

然而，一旦婴儿确定照料者会帮助自己，他们就会逐渐习惯这种压力情境，体内的皮质醇也会变得更加难以被激发。（Gunnar and Donzella，2002）3-6个月时，一旦婴儿的睡眠模式趋于稳定，他们体内会建立一种正常的生物节律，每当凌晨醒来时体内的皮质醇含量会达到顶峰。但是，要建立类似成人的正常皮质醇分泌机制（早上高峰，晚上低谷），要等到儿童早期阶段结束（大约4岁时）才能完成。

小婴儿如何应对压力，至今仍是一个谜。正如本章开头所介绍的，任凭孩子哭闹，不加理会的做法，在日常生活中仍然很常见。很多时候这种情况的发生确实难以避免，但如果以此作为应对孩子的惯常做法，则有许多不尽如人意之处。一个婴儿的压力水平（或者说皮质醇分泌量）如果无法保持在可控的范围之内，最终就会对孩子的发育产生严重后果。在非支持性的情境下——缺乏能够让婴儿平静下来、获得安慰、缓解压力的值得信赖的照料者——压力就有可能上升到有害水平。

当过高水平的皮质醇持续存在时，它们会使眶额叶区（Hanson et al.，2010；De Brito et al.，2013）和内侧前额叶皮层，包括前扣带回（Radley and Morrison，2005）之间的连接萎缩甚至消失，导致这些区域无法有效地管理杏仁核，形成快速反应。

同时，那些在个体幼年阶段不得不处理大量压力的杏仁核通常更为活跃，只有依靠长时间的持续工作和增大体积来应对长期的慢性压力。（Arnsten，2009；Liston，2006）最终的不幸后果就是，虽然人们对压力变得更加敏感，但管理应激反应的结构反而变得更加脆弱。

海马体在这一系列反应中也起到了一定作用。那些在婴儿时期经常被抚摸和拥抱的个体，在成人之后，其海马体内通常会有大量的皮质醇接收器。与此相对，那些长期处于压力情境中的婴儿，其体内高水平的皮质醇浓度会降低接收器的数量。（McEwen et al.，2012；Caldji et al.，2000）这就意味着，在未来的压力情境中，当皮质醇含量上升时，接收器数量的不足会导致皮质醇淹没海马体，从而影响海马体的发育。一个受损的海马体更不可能对HPA压力系统进行有效反馈，以阻止皮质醇的进一步释放。

不过，对儿童早期阶段影响最大的压力就是父母支持的缺失。最近的研究使用磁共振成像来观测那些社交能力较弱的儿童的大脑，结果发现，不是父母的低期待，也不是他们的低教育水平对海马体的发育影响最大，而是父母的拒绝和敌意造成了海马体的萎缩。（Luby et al., 2013）

压力塑造应激反应

从本质上来讲，婴儿时期要应对多少压力，以及压力系统得到支持和恢复的程度，都会影响到压力应激系统的发育。这样看来，成年后的压力应激系统的状况似乎取决于幼年的输入情况——那些生活环境优越、从小受到良好情绪调控的婴儿，通常能够发展为一个自我调控良好的孩子或成人；而那些生活环境恶劣、被成人忽视的婴儿，往往会变成一个无法自我调控的孩子或成人。例如，比尔应对生活危机的方式，在一定程度上会受到其意志力或应激反应模式的影响。

如果比尔是一个压力"敏感者"，面对外界的微弱刺激就会分泌出大量皮质醇，他可能会容易感到抑郁，容易惊慌失措，容易过度饮食。失去了卡罗琳，他可能陷入抑郁之中，或者会体重猛增。这种类型的压力反应系统，往往与婴儿时期母亲不良的照料方式存在着一定关联，母亲或者在照料孩子方面经验不足，或者出现了抑郁症状，或者其行为模式不可预测，对孩子忽冷忽热。

但是，如果比尔对压力情境的反应比较迟钝，那么他体内皮质醇的反应就可能比较平缓。他可能会给同事这样一种印象：他正在经受着压力，看起来对此并没有什么强烈反应。但是，同事们会惊讶地发现，比尔有时会出其不意地爆发出攻击行为。表现出这种压力反应模式的个体，往往成长于或多或少长期缺乏情感支持的家庭环境，他们的父母或者对孩子采取专制型的教养方式，或者对孩子表现出明显敌意，运用体罚的方式对孩子进行压制和管教。在比较极端的情况下，这些个体会有一些类似孤儿的表现，因为他们都缺乏亲情的温暖。

与生俱来还是后天形成？

正如我们在生活中所看到的，婴儿其实在更早阶段，甚至处于母体子宫中时就已经开始受到不良教养模式的影响。即使在生命的最初阶段，大脑中负责应对压力的元素也是最容易受到外界影响的，尤其是在怀孕期间就已经形成的 HPA 轴。接下来的分娩过程本身也可能会对孩子产生伤害。与自然分娩和剖宫产相比，使用钳子或者吸管助产的过程会提高婴儿体内的皮质醇含量，并且对婴儿接下来至少 8 周甚至更长时间的应激反应产生影响。（Taylor et al., 2000；Gitau et al., 2001b）

那些在母体子宫中遇到上述情况的婴儿，通常在一出生时就显得难以照顾。当然，由于基因的原因，有些孩子会天生具有敏感型气质。婴儿天生具有不同的气质类型，有些婴儿的性情更难对付，有些婴儿则更为随和，这一观点如今已经得到了人们的普遍认同。在描述气质类型方面，虽然还有更精细的分类方式，但气质通常可分成两大类：敏感型和非敏感型。敏感型孩子（大约占所有孩子的 15%）的感官通常更为敏锐，因为对刺激的敏感，所以他们通常更喜欢哭闹，也更容易表现出胆怯和恐惧。

不管是由气质类型还是胎儿时期的外界环境所造成的过于敏感或高度应激，这些婴儿都更容易感受到压力，因此需要父母更为周到细致的照料，才能使他们远离外界的压力。他们需要比一般孩子更多的抚慰，例如，父母要经常抱抱他们、喂喂他们，这样才能使他们的神经系统恢复到正常反应水平。由于对父母而言，敏感型婴儿远比非敏感型婴儿难于对付，在照料他们时会经常感到力不从心，因此许多过度敏感的孩子会感到自己的压力系统处于超负荷状态，于是就可能会形成高强度的应激反应系统、高水平的皮质醇分泌基线，以及情感上的不安全感。

当前人们对气质的研究，主要聚焦于婴儿的敏感性这一维度，这与经典的精神分析理论截然不同。经典的精神分析理论主要关注孩子不同水平的性"驱力"和攻击"驱力"。按照弗洛伊德的理论，这些内驱力的强弱水平决定了个体患神经症的可能性。早期的精神分析学家通常关注单个孩子如何度过早期发展的各个阶段，关注由于口唇期和肛门期的"固着"而产生的各种问题。虽然这些观点认识到了早期经验对以后发展的重要性，却没有充分认识到父母以及其他成人照料者对孩子发展产生的影响。直到"二战"以后，精神分析学派才开始关注人际间的互动，开始明显地关注在孩子幼年时期，父母教养行为的过分严厉和苛刻、喜怒无常以及漠不关心与孩子以后情绪发展障碍间的联系。随后的研究也的确证实，父母的教养行为，至少与基因和先天因素类似，可以在很大程度上决定儿童的发展状况。

举个例子，由于遗传基因的作用，有一种白鼠天生就比其他品种的白鼠胆小。如果与生母放在一起喂养，这种白鼠的幼崽通常会胆怯且容易感到压力。但是，当试验者将这些幼鼠放在胆大的母亲身边"收养"时，这些幼鼠长大之后也胆大无畏。从这个例子可以明显看出，不管基因具有何种倾向，最后起决定作用的还是抚养方式。（Francis et al., 1997）类似地，来自"低攻击性"种群的幼鼠，在被"高攻击性"的母鼠收养后也会变得富有攻击性，反之亦然。（Flandera and Novakova et al., 1974）那么，人类是否也会发生上述现象呢？

我们再观察一群敏感型气质的婴儿。由于基因的关系，他们天生就对外界压力更为敏感，他们常常怨天尤人，总是哭闹不止，长大后成为神经质的成人。事实上，研究也发现，如果任其自然发展，这些孩子长大之后通常会和母亲之间形成"非安全型依恋"。但是，荷兰的研究者迪姆芬娜·范登布姆（Dymphna Van den Boom）决定打破这一发展趋势，她希望通过研究，探讨是否可以通过让母亲采取某些教养行为来缓解孩子的压力反应。为了达到此目的，她为这些敏感型婴儿的母亲设计了一些短期课程，提供了相应的支持计划，帮助这些母亲更好地抚养孩子。在这些措施的帮助下，这些敏感型婴儿确实和母亲之间建立起"安全型依恋的关系"。（Van den Boom，1994）

上述研究有力地证明，先天的气质类型并不能决定个体的最终发展。情感上的安全感更多有赖于婴儿所接受的照料情况，以及父母是否能够克服困难，尽力满足困难型儿童的各种需要。正如研究依恋类型的学者所指出的，"安全型依恋"是人际互动的产物，而不是由个人的先天气质类型所决定的。

婴儿面临何种压力

我们大多数人都知道成年人要面对怎样的压力：可能是为了追逐成功，工作时间过长、制定目标过多；也可能是身为父母，需要24小时照料婴儿，不能好好睡觉，也没工夫缓解疲惫；也可能是在贫穷或暴力的压迫之下，为了生存而四处漂泊。不管表现形式如何不同，压力通常都具有以下特点：让人感到手足无措，缺乏足够的资源来应对生活的挑战，或者在没有足够社会援助的情况下，在极端的环境中寻求生存。这些都是成人眼中的压力，那么，对婴儿而言，他们面临的压力又是什么呢？

对婴儿而言，压力基本上意味着生存方面的威胁。婴儿自身的资源非常有限，他们无法依靠自己存活，因此，如果母亲不在身边，或者不能及时对他们的需求进行回应，比如为他们提供奶水、温暖或安全感的话，婴儿就会感受到很大的压力。假如其他人也无法满足婴儿的这些需要的话，他们就会深切地意识到自己的无力和无助。

压力甚至可以等同于创伤性事件。对新生儿而言，压力反应主要是针对那些物理性伤害，如产钳分娩或者包皮切除手术（Gunnar et al., 1985a、1985b），当婴儿的生理安全及生存需要受到威胁时，这些压力应激反应确实具有一定的必要性。

当感到苦恼时，婴儿因为内心痛苦而发出的哭喊具有重要作用。婴儿的这种哭喊可以成功地把压力传递给母亲，提醒母亲关注自己，以免自己发生危险和意外，从而确认母亲对自身的回应——以此来保证自身的生存。成人之后，在那些会威胁到我们生命安全的情境中，如突发事故、手术或遭到袭击时，我们仍然会运用应激反应。但这时的我们较少受到生理方面的威胁，更多时候，应激反应是由心理上受到的威胁所激发。例如，我们很有可能因为失去一次晋升机会，或者嫖娼时被抓捕而感受到压力，却很少会遭遇被老虎追赶的压力情境。因此，很自然地，在现代社会，个体的生存主要依赖于社会接纳和社会地位，当这些因素遭受威胁时，个体便会感受到极大的压力。

在人类社会中，存在着一种情感的"股市交易"，皮质醇似乎只是这个过程中的一个副产品。你的社会股票涨幅越高，你的皮质醇分泌量就越少。反过来，当你的社会股票开始贬值时，你的皮质醇分泌量就相应上升。人脉的好坏也许能使你的皮质醇分泌成为副产品。你人脉越好，分泌的皮质醇就会越少。反之，你人脉越差，皮质醇的分泌量就会越大。罗伯特·萨波尔斯基（Robert Sapolsky）对狒狒的研究显示，个体的社会权力越大，皮质醇分泌量就越低。狒狒首领体内的皮质醇含量通常较低，而地位较低的狒狒体内的皮质醇含量则往往较高。（Sapolsky, 1995）在人类社会，从小学生变幻无常的情感体验中可以非常清晰地看到上述现象。当你年幼的儿子或女儿与朋友出现摩擦时通常会情绪低落，怒气冲冲地说："他对我好凶啊，我好恨他！"一个星期之后，孩子又会兴高采烈地跑回家，大声喊："他才是我最好的朋友！"可过了段时间，又开始和朋友发生别扭，如此反复。作为成人，我们可能更善于隐藏这些感情，也能够更好地控制这些情绪起伏。但是，当孩子也面对类似成人世界的社会不公时，他们的羞辱体验会更强烈，这会激发体内皮质醇的释放。（Dickerson and Kemeny，2004）

危险的压力

生活之中处处都有压力。但是，那些持续几小时或几天的压力并不会对你的身心健康造成伤害，真正能对个体身心状况产生伤害的是那些持续存在的无助感和负重感，即所谓的慢性压力。当危机过去之后，短期的压力也会随之消失，从而使个体的内部系统恢复到正常状态，不会对个体的身心状况产生真正伤害。事实上，人们经常会觉得少量的压力具有一定的激励作用。但是，当你成年累月地担忧你的养老金问题，或者为邻居家的吵闹声所困扰，或者因为不能得到自己心仪的工作或伴侣而苦恼，这时的你，内心充满了焦虑和无助感，却无能为力，长此以往，你的身心健康就会受到损伤。

在很大程度上，压力是由那些个体无法预测和控制的事件所激发的。如果你没有能力避免这些事件的不良后果，或者无法得到自己所需的东西，就会产生很高的压力。例如，患者如果得不到自己所需要的治疗，就会处于压力极大的状态中。另一方面，那些已经生命垂危的个体，体内的皮质醇含量却非常低。或许是因为在这一阶段，个体已经能够接受生理上的日趋衰弱，也就不再进行身心层面的抵制与应激反应。而压力的本质特征，则是那些无法预测、出其不意、个体想要抵抗却无力改变的情境。从这一角度出发，就可以非常清晰地看到，如果没有父母的精心呵护与支持，婴儿便会承受很大压力。

如果有足够的资源来应对挑战，那么，许多压力源便会得到控制。如果你很富有，能够请到一帮律师和顾问，那么，与那些经济窘迫、学历不高的人相比，你就能够更好地应对养老金中的欺诈行为。内部资源也具有同样的功效——如果有足够的自信，你就能够应对许多情境。证据也同样表明，如果个体周围有安全的社会支持系统，那么情况就会大大不同。不管在婴儿期还是成年期，有了社会支持系统，压力都能够被个体所掌控。最近的研究者发现，在压力情境下，"安全型依恋"的儿童的皮质醇分泌量并不高，"非安全型依恋"的儿童却会显示出高水平的皮质醇分泌。（Gunnar and Nelson, 1994；Gunnar et al., 1996；Nachmias et al., 1996；Essex et al., 2002）情感方面的安全感和皮质醇的分泌失调之间，存在着非常紧密的联系。因此，真正起决定作用的并不一定是压力本身，而在于个体能否获得社会支持系统，以及个体经受压力时的内部资源状况。

个体的这些内部资源，通常在外部难以观察出来。研究者原本假设，在压力情境下，那些有着胆怯、恐惧气质类型的儿童会表现出高水平的皮质醇分泌，但研究结果并非如此。结果显示，除非这些儿童与父母之间表现出"非安全型依恋"，否则，在压力状态之下，他们的皮质醇分泌量也处于正常水平。与此相对，那些表面看起来冷静镇定、若无其事的孩子，在压力状态下却显示了高水平的皮质醇分泌量，结果发现他们也属于"非安全型依恋"。由此可见，在应激反应中，起决定作用的是依恋类型，而不是个体的人格类型，人格类型并不是个体内部情感资源多少的可靠指标。（Gunnar et al., 1996；Schieche and Spangler, 2005）到1岁时，那些有着"安全型依恋"关系的儿童，照料者可以满足他们的需求，并且可以很好地调控他们的情绪，因此，即使在压力状态下，他们也很难表现出高水平的皮质醇分泌量。(Gunnar and Donzella, 2002)那些"非安全型依恋"的儿童却会表现出皮质醇分泌失衡。"非安全型依恋"的本质特征在于，对来自他人的情感慰藉与支持缺乏信心。

亲人分离和情绪失调

对婴儿来说，最严重的压力事件便是与母亲或照料者分离，因为婴儿的生存需要依赖他们。年幼婴儿与母亲的分离，会使其杏仁核中的促肾上腺皮质激素释放因子（CRF）的含量提升。有些人认为这便是恐惧的生化反应，并且对任何哺乳动物的幼崽（也包括人类）而言，即使与食物源和保护源短期分离也会令他们非常恐惧。

有足够的证据表明，与生活中所依赖的人分离时，个体的皮质醇分泌会增加。对猴子和老鼠的实验都发现，幼年时期和母亲的分离与高水平的皮质醇分泌之间，存在着密切的关系。每当小松鼠猴与母亲分离时，它的皮质醇含量就会增加。如果这种情况反复发生，即使一周加起来只有5个小时，小松鼠猴体内皮质醇的反应敏感度也会上升。并且小猴子会变得非常依赖，容易沮丧，也不太爱玩耍。(Plotsky and Meaney, 1993; Dettling et al., 2002)

此外，社会冲突以及来自对手的威胁都会提高皮质醇含量。对灵长类动物的研究发现，当个体受到群体中其他成员威胁、与其他成员发生冲突、在某些方面受到群体排斥，或者在幼年时期有着与母亲分离的经历时，体内的皮质醇含量都会增加。因此，概括而言，皮质醇应该是个体对自身安全、生存以及人际关系等感到焦虑时的副产品。

近期研究把这些结果直接应用到了人类身上。在现代社会，由于女性内心对不同角色的渴望，想要继续跻身职场，越来越多的婴儿不得不经历同母亲的分离。但是，有关这一社会现象对儿童可能产生的影响的争论也持续了几十年。美国研究者安德里亚·达特林（Andrea Dettling）从皮质醇的分泌情况入手，测量了母婴分离对孩子压力反应所产生的影响。她在一所全托中心对一群三四岁的儿童进行了测量，这些孩子全天都与自己的父母分离。研究结果证实了一些母亲的担忧：他们的孩子的确处于压力状态之下。当然，从外表和行为来看，这些孩子似乎并没有经受压力，但是，在一天之中，随着时光的推移，他们的压力反应系统开始变得活跃，皮质醇分泌水平也开始提高，尤其是那些社交能力差的儿童，这种趋势表现得更为明显。每到下午，这些孩子体内的皮质醇含量就特别高——而这正是其他孩子皮质醇含量开始下降，与父母一起享受愉悦家庭生活的时段。（Dettling et al., 1999）类似结果被不断重复，最近的研究显示，日托机构的保育人员如果采用干预式、过度控制的照料方式，孩子体内的皮质醇分泌水平受到的影响会最大。

然而，在对托儿所护理的影响轻易下结论之前，达特林对这种托管性的幼儿照料进行了更深一步的研究。她发现，皮质醇的高水平分泌不是不可避免的。在第二阶段的研究中，她重点研究那些整日与父母分离，但有照料者陪伴的孩子，结果发现，真正起作用的，是替代照料者的看护质量，以及是否有人真正关注孩子。那些在托儿所受到精心照顾的孩子，皮质醇的分泌通常也属于正常水平。（Dettling et al., 2000）丽莎·巴达内斯（Lisa Badanes）最近的研究也肯定了这一点。她在托儿所里的研究发现，即使是"安全型依恋"的孩子，也会经历当父母不在身边时所产生的压力。然而，如果他们与一个可以替代父母的人之间建立了稳固关系，比如，托儿所的主要照料者，就会如同与精心呵护孩子的父母建立的关系一样，对压力起到同样的缓冲作用。（Badanes et al., 2012）

这些研究结果非常有力地支持了情感调控的重要性。对小婴儿来说，有人时刻守护在周围，关注他的感受，并帮助他调控这些感受，是非常必要的。达特林的研究也指出，这个成人不一定非得是母亲或父亲，但是，至少在孩子3岁以前，这个人一定要能够在情感上给孩子提供帮助和支持。另一方面，她的研究也明确指出，正是由于这种持续关注与保护的缺失，才造成了婴儿的压力。

受压的父母，受压的孩子

当然，有些时候，孩子出现问题并不是因为父母不在身边，而是由于父母不称职的照料质量。即使孩子与自己的亲生父母待在一起，他也仍然可能在情感上得不到良好调控。例如，父母酗酒的孩子通常皮质醇分泌水平较高，这很可能是因为虽然父母在身边，但在情感上无法为孩子提供和谐一致的调控。（Wand et al., 2001；Uhart et al., 2006）

那些自身正处于压力之下的母亲，在调控孩子的情绪方面也会存在更多困难。对灵长类动物猴子的研究充分支持了这一结论。在实验中，猴子被放置在一个不知道是否能吃到下一顿饭的环境中，即所谓"无法预测的粮草"。对母亲和她的孩子而言，与每次只能得到一点儿食物的情境相比，这种情况下的压力要大得多。（Rosenblum et al., 1994）母亲的压力状态会对幼猴产生很大的影响，这些小猴子自身也显示了高水平的皮质类醇和去甲肾上腺素含量。我们可以想象，一个正为如何得到下一顿饭而发愁的母亲是很难专注于调控自己孩子情绪的。因此，婴儿自身也难以放松，他们只能处于警觉和焦虑之中。最终，这些猴子便普遍出现了抑郁的行为表现。由此，我们不难想象在人类社会，如果处于一种无法预测未来的生活状态中，尤其是那些社会经济地位处于底层的父母，他们将会经历与母猴类似的反应。最近的研究结果显示确实如此。一项最近的研究探讨了2007—2009年"大萧条"的影响,结果发现,相对于真实的逆境,人们对经济形势的不确定性和对未来的担忧导致了更大的压力以及更严厉的教养方式。失业率剧增之时,就是那些脆弱的家庭面临压力最大的时刻。(Lee et al., 2013)

讽刺的是,我们当今的生活方式本身就会把婴儿的主要照料者置于压力极大的情境之中。蕾切尔·卡斯克非常形象地描述了这种情形:

要当好一名母亲,我必须不接电话,不干工作,不去理睬已有的安排。而要做回我自己,我就必须任凭孩子哭闹,必须事先把孩子喂饱,或者整个晚上离开孩子,必须忘掉孩子,这样我才有可能考虑其他事情。鱼和熊掌不能兼得,在某一方面的成功,往往意味着在另一个领域的失败。(Cusk, 2001: 57)

在这种情境之下,最痛苦的似乎是同外界相隔离的孤立状态,但同时却又肩负着很重的责任——照料小婴儿。她感觉自己就像是"一个荒无人烟的社区,一幢被弃之不用的建筑,里面陈腐的木材不时断裂,坍塌在地板之上"。这幅图像,与人们通常所幻想的人类之母的形象相去甚远,在人们的幻想中,圣母丰满的乳房和慈祥的母爱会缓解孩子的所有压力。而事实上,母亲和孩子会陷入同样的困境,双方都缺乏可以用来应对压力的力量支持。

同时,动物方面的研究文献充分论述了早期压力(比如,与母亲经常短暂分离)对年幼动物产生的影响——高强度的应激反应以及终生的焦虑、抑郁和忧愁倾向(Francis et al., 1997; Sanchez et al., 2001)——是否可以把动物研究的这些结果都推论到人类还需要进一步的研究来证实。最近的一项研究则提供了第一手的直接证据，表明人类和其他动物一样，都容易受到早期压力环境的影响。这项研究由威斯康星州立大学的玛丽莲·埃塞克斯（Marilyn Essex）和她的同事合作展开（Essex et al., 2002），是一项令人信服、严谨且有前瞻性的研究，研究对象是570个家庭的大样本，采取纵向设计，从母亲怀孕开始一直追踪到孩子5岁时。大量翔实的研究材料清晰地表明，根据婴儿时期的经历确实可以预测个体之后的压力反应。

在这项研究中，当孩子4岁半时，压力水平测试结果显示，那些母亲正处于压力状态中的孩子，体内的皮质醇浓度也较高，但这种情况只发生在那些在婴儿时期母亲曾处于压力或抑郁状态的孩子身上。换句话说，如果婴儿时期的压力经历曾经影响到他们正在形成的应激反应或HPA轴，儿童的压力应激系统就会变得更脆弱。与那些轻松度过婴儿期的孩子相比，在压力情境下这些孩子的体内很容易产生更多皮质醇。在度过童年期后，早期紧张的母婴关系已经在他们身上产生烙印——一种对于生活中的挑战容易反应过激的倾向。（这些脆弱孩子的体内并不总是表现出高水平的皮质醇含量，当不处于压力情境下时，他们的皮质醇通常也维持在正常水平）

一项更近的研究追踪了一组从出生到青春期阶段，身体健康但家庭贫困的儿童，发现他们在青春期阶段的皮质醇活跃程度依然与其幼年时父母所给予的温暖和关注之间存在紧密联系。（Hackman et al., 2013）

对罗马尼亚孤儿的研究显示，在HPA压力反应系统的建立过程中甚至可能存在一个关键期。这些生活在孤儿院中的婴儿，如果在4个月之后被收养，他们体内通常表现出高水平的皮质醇含量，甚至在收养之后也是如此，但那些在4个月之内被收养的儿童却往往可以恢复到正常的压力反应水平。（Chisholm et al., 1995; Gunnar et al., 2001）虽然在某种程度上这与母亲同小婴儿之间建立关系的能力强弱有关，但其他方面的证据显示，婴儿6个月时，HPA系统正处于建立其反应"设定值"的关键期。在此之前的几个月内，儿童体内的皮质醇反应水平是可变的，但过了6个月之后，婴儿皮质醇反应水平就开始变得相对稳定和一致了。（Lewis and Ramsay，1995）

最近10年，很多研究证实了早期经历在HPA轴发育中的重要性。不过，最新关于表观遗传学的研究也认可了这样一种可能性，即在子宫中的胎儿也会从母体继承这种发生了改变的应激反应。环境的影响会作用到母亲的基因和她的HPA轴，进而传递给她的胎儿；更加不可思议的是，这种改变了的应激方式还会通过胎儿传递到他的下一代。（Matthews and Phillips，2010；Tarullo and Gunnar，2006）一些关于大白鼠的最新研究进一步证实了这种可能性，那些遭遇过创伤性应激经历的父亲会将他们已经发生改变的基因通过精子传递给后代。（Gapp et al.，2014）

依恋关系影响着皮质醇的高低

从受精卵到幼儿期后期，这一阶段是建立个体贯穿一生的情感控制能力的最重要阶段。怀孕阶段胎儿体内神经生物学上的缺陷，可以通过出生后婴儿同照料者之间的高质量关系来改善。个体的心理应对策略通常与其生理应对策略之间存在着明显联系，两者都是在个体幼年时期建立并通常会延续一生，而且两者都是由早期的关系模式所塑造。正如我在前面所描述的，安全型关系的基本特征表现在：照料者对孩子的需求及时进行回应，帮助孩子顺利进行自我管理，在需要时孩子能够利用他人帮助自己应对压力，并在这一过程中皮质醇的分泌维持在正常水平。然而，非安全型关系的表现则各有不同。这些表现大致可以分为两大类：过高的情感反应或过低的情感反应。那些在情感方面没有得到良好调控的儿童，通常处于唤起和应激状态，体内会分泌出皮质醇之类的压力激素。但是，正如我在后面部分将会简要介绍的，如果婴儿长期处于慢性的压力状态之中，他们体内的"反唤起"（anti-arousal）机制将会发挥效用。

高皮质醇的危害

在依恋行为的研究文献中，那些被称作"反抗型依恋"的个体，通常会戏剧化地表现自己的情绪。他们之所以有这种表现，是由于父母在情感支持方面的变化无常——在照顾孩子时，他们或者心神不宁、漫不经心、手忙脚乱，或者不时地离开孩子。于是，孩子便希望通过夸张的情绪表现来获取父母的注意。但是，孩子永远无法确切地知道父母是否会关注自己，或者当自己需要帮助时是否会得到这些帮助。在高浓度皮质醇的分泌过程中，不可预测性是一个重要的因素，因此儿童皮质醇含量过高也很有可能源于这一因素。一项研究也的确发现，在婴幼儿时期，这种类型孩子的恐惧感也最强（Kochanska 2001），而皮质醇和CRF正是恐惧感的激素。然而，目前还没有可靠的证据表明，在这一阶段，这些孩子的皮质醇分泌也明显处于高水平。要确切地知道两者之间是否真正存在联系，还需要进一步的研究和探讨。

高皮质醇含量和大脑右额叶的相对活跃性之间，存在着一定的联系，大脑这一区域负责着恐惧感、兴奋性以及人际交往中的退缩行为（Davidson and Fox, 1992；Kalin et al., 1998b）大脑右额叶专门负责处理那些新奇和令人分心的刺激，这一区域活跃的孩子似乎总是处于警觉状态。这些孩子的照顾者很有可能行为变化无常、难以信赖，为了生存，孩子被迫在情感方面保持高度警觉，因为他们要努力读取照顾者身上的非言语信号。

我们知道，许多情绪失调问题，如成人期的抑郁、焦虑、自杀倾向，以及饮食障碍、酗酒、肥胖、性虐待等，都与高水平的皮质醇含量之间存在着密切联系。在以后的章节中，我将会对其中的一些联系进行较为详细的介绍。但是，高水平的皮质醇含量并不仅仅影响心理问题，还会损害个体的生理系统。正如舒尔金（Schulkin）和罗森（Rosen）所指出的，过多的恐惧会消耗过多的新陈代谢。（Rosen and Schulkin，1998）高浓度皮质醇会损伤大脑的海马体以及信息的提取能力（可能会导致一个漫不经心、能力低下的孩子），影响前额叶思维和管理行为的能力。（Lyons et al.，2000b）高浓度皮质醇还会威胁到免疫系统的安全，导致个体容易受到感染；阻碍伤口愈合，甚至在某些情况下导致肌肉群萎缩和骨质疏松症；会升高血糖和胰岛素水平，导致糖尿病和高血压（也会使个体超重和腹部肥胖）。在机体应对环境的过程中，压力反应的影响如此重大，以至于它可以导致一系列出人意料的身心紊乱。当压力反应出问题时，不管在生理还是心理上，我们都变得异常脆弱。

低皮质醇的奥秘

正如我们能够对高皮质醇含量进行测量，并对其后果进行描述一样，我还必须介绍低皮质醇的情况。在某些人身上，发现其皮质醇的基线水平远远低于正常人，这也会导致各种类型的失调症状。到目前为止，这种低皮质醇现象还有许多未解之谜，其发生率也远比研究者预想的更普遍。我们已经非常清楚，在压力情境下儿童体内会表现出高水平的皮质醇含量，那么，为何在有些人的体内，却始终表现出过低的皮质醇分泌基线值呢？

一种解释认为，如果机体的皮质醇含量维持在较高水平并持续到一定时间，最终将导致皮质醇感受器关闭，这就是所谓的"向下调节"（down regulation）。直到今天，对于这种现象所涉及的生理机制，人们还没有完全理解，但研究者推测，这可能是机体应对皮质醇长期暴露的一条途径，是一种自我保护机制。长期暴露于高水平的皮质醇浓度与一些潜在的、威胁生命的疾病有关。然而，调节到低皮质醇水平的模式会使身体更容易出现另一些症状——例如，疼痛或疲劳。(Fries et al., 2005; Heim et al., 2000a)

　　此外，这种低浓度皮质醇模式的转换，似乎也是一种防御机制。通过对痛苦经历的躲避、退缩和否认，个体试图让自己摆脱这种痛苦的感受 (Mason et al., 2001); 感受更少总好过不间断地应付持续的压力。但是，这种（无意识的）策略会导致个体情绪上的麻痹甚至是分裂状态 (Flack et al., 2000)，使个体感觉空虚以及与人疏离。处于这种状态的一些儿童，其实是在采取一种消极的应对策略,因此，当真正需要回应时他们往往也更难以形成压力应激反应。例如，一项对幼儿园孩子的研究发现，那些皮质醇分泌基线很低的儿童，当某一天的生活中出现高压力事件时，往往不能通过分泌皮质醇形成应激反应。(Dettling et al., 1999) 这类孩子通过某种方式设法否认痛苦或压力事件对自己的影响，甚至是切断自己的压力反应。然而不幸的是，这种做法通常会切断所有感受。他们对快乐刺激也会较少做出反应,即使他们可能常常有一张"过于灿烂动情"的喜悦面孔。(Ciccetti, 1994)

　　低皮质醇含量与较低地位等级、频繁的情绪（有时是生理方面）虐待和忽视之间存在着关联。然而，时机可能很重要，在造成低皮质醇分泌的过程中，这些经历发生的年龄是一个至关重要的因素。安德里亚·达特林最近一项对绒猴（一种灵长类动物）的研究发现，只有那些很小的时候就同妈妈分离（每天分离时间最多2小时）的小猴子才会形成很低的皮质醇基线水平。而这些猴子的孪生同胞没有同母亲相分离的经历，也没有表现出过低的皮质醇基线。在另一项研究（Dettling et al., 2002）中，那些年龄稍大一些，能够半独立的小猴子，同母亲分离后也不会形成皮质醇的低基线水平。另一种可能是，需要一段时间累积，应激反应才会变得迟钝，起到决定性作用的是暴露在压力情境下的时间长度。（Ruttle et al., 2011）现在，研究者仍在继续探索产生低皮质醇水平的环境和时间因素，但是，在生命早期，个体所遭受的某种忽视或剥夺确实有了一定的影响力。

虽然目前还没有明显的证据支持，但"回避型依恋"的确也与低皮质醇水平之间存在着某种联系。当儿童体验到照料者对自己的负面态度，如敌意、批评，或强迫式的严厉型养育方式时，他们会形成一种回避型的情感依恋方式。在这样的抚养氛围中，儿童会感到愤怒，然而他们所生活的家庭文化又不能容忍孩子自由表达情绪，于是孩子只能被迫压抑他们的情感。不幸的是，这种压抑并不能使儿童的愤怒情绪得到缓解，事实上，这可能反而提升了儿童的情绪唤醒水平。（Gross and Levenson, 1993）可能正是出于这种原因，这些情绪最终难以抑制，毫无预兆地爆发。那些被压抑的攻击性会被暂时储存，直至发现一个相对安全的出口时才彻底释放。对孩子而言，他们通常会对自己的同伴发泄这种愤怒情绪，而不是对自己的父母，虽然正是父母导致了他们心中的愤怒之情。

那些最具破坏力的儿童，常常是尽力压抑自己情感的孩子，虽然这听起来似乎有些荒谬。但是，学校里那些最具攻击性的男孩，往往不是体内具有高浓度压力激素的，而是体内压力激素水平较低的个体。越来越多的证据表明，低皮质醇水平与冲动型攻击（Feilhauer et al., 2013）以及泛化的反社会行为（Shirtcliff, 2005）有关。在他们的外表之下是翻腾汹涌的愤怒之情，虽然他们自己也很有可能意识不到。这些愤怒之情，或许来源于他们非常年幼时所遭受的忽视、欺辱和长期的敌意。随着时间的流逝，这些男孩的身体适应了这种处于持续高皮质醇水平的状态，并从高皮质醇水平转换到了低皮质醇水平。（Ouellet-Morin et al.，2011）一项重要的研究（McBurnett et al.，2000）发现，男孩身上的反社会行为出现得越早，越有可能和低皮质醇水平之间存在着联系。这就表明，那些在幼儿园或小学就惹人讨厌的儿童，之所以有这些行为表现，可能是为了应对家庭中的情感虐待或忽视，于是被迫发展出这样一种生存策略。虽然表面看来他们坚强无畏，对他人的言行无动于衷、不易焦虑，但事实上他们并不是缺乏情感，而是把自己的情感反应压抑起来了。

幼年时就表现出攻击倾向的孩子，和在十几岁时才变得有攻击性的孩子在生理方面是不同的。后一种孩子在幼年时并没有攻击倾向，只是到了青春期才开始表现出攻击行为，他们的行为表现通常源于自己脆弱的情感体验，并且他们也会表达自己的焦虑。他们体内的高皮质醇含量显示，他们的攻击行为只是对青春期所面临压力的一种反应（可能是暂时性的），而不是源于幼年时期负面的情绪体验。

然而，在幼年时期，前一种孩子体内的应激系统已经适应了周围的压力环境，并形成低水平的皮质醇来作为防御，这些孩子会表现出一系列失调症状。尤其需要指出的是，低皮质醇含量与创伤后应激障碍（post-traumatic stress disorder，PTSD）之间存在着密切的联系，在后面的章节我们会详细讨论这一问题。并且这些孩子也更容易出现心身疾病，如慢性疲劳、慢性疼痛、哮喘、过敏、关节炎，以及季节性的情绪失调。（Miller et al.，2011；Fries，2005；Heim et al.，2000a）低皮质醇含量也和缺乏积极体验之间存在着一定联系。虽然这与主动的感觉糟糕（如抑郁）并不相同，但这种心理状态可以使个体的情感生活变得暗淡苍白。这种情况会让人联想到"述情障碍"（alexithymia）患者——他们在用言语表达情感时存在着障碍。事实上，一名研究者已经发现，述情障碍患者体内的皮质醇含量通

常较低。(Henry et al., 1992; Henry, 1993)

上述情形最初是在一些病人身上发现的，这些病人都是典型的"心身疾病"患者，如哮喘、关节炎或溃疡性结肠炎（Nemiah and Sifneos, 1970），但其应用已被扩展到更广泛的疾病中。用言语表达情感出现困难，可能源自幼年时期母婴之间的沟通和交流。如果母亲不教孩子如何用言语表达自己的实际感受，那么，孩子就难以对自己的感受加以组织，也无法通过有意识的心理过程相对独立地表达出来。在对身心失调患者的治疗过程中，人们的确发现这些患者在生活中通常极其依赖某个或某几个人，一旦这些关系有所丧失或出现问题，他们便很容易生病。(Taylor et al., 1997) 在本书的第二部分，将会对这一问题展开详细介绍。

不过，这种把个体的皮质醇基线水平严格划分为"高"或"低"的做法也遭到一些质疑，因为我们不应该将其看作固定的状态，而应该持这种观点——高皮质醇含量显示个体当前正在积极应对压力，而低皮质醇含量则显示个体内部"唤醒和反唤醒心理机制"之间的平衡状态（Mason et al., 2001），在个体对压力引起的恐慌进行防御的过程中出现了倾斜。从这种观点出发，我们就可以解释研究文献中那些相互矛盾的结论。例如，有证据显示，在受到性虐待的儿童中，有些显示了高水平的皮质醇含量，有些体内的皮质醇含量却很低。如果这个结论正确的话，就说明不同的皮质醇含量，与儿童在适应当前独特而复杂的环境时所采取的不同应对方式之间有着更为密切的关系。

皮质醇调控的社会本质

很明显，压力反应是我们情感构成中的一个关键部分。我们调控自己的情绪状态，其实也是在调节我们的激素和神经递质水平。

然而，我们有效完成这一过程的能力，在很大程度上受我们父母——对孩子哭闹和需求的容忍程度及回应方式——的影响。心理治疗师可能更喜欢从父母"无意识防御"的角度去思考，父母通过处理婴儿的各种情绪和需求，把自己的"无意识防御"方式传递给孩子。

一个强劲的压力应对反应，更像是一个强健的免疫系统；事实上，正如坎迪斯·珀特所指出的，两者在内部相互连接。压力反应为婴儿在未来童年和成年生活中的压力提供了"寄主抗性"（host resistance）。但是，与"社会大脑"一样，它也是由父母和婴儿之间的关系质量所塑造。良好的情绪免疫性源自婴儿时期，被父母拥抱、抚摸、凝视，以及被帮助克服压力时的安全感体验；而压力反应则来自分离、不确定性以及在抚摸和情绪调控方面的匮乏。

最重要的地方在于，要在恰当的时候及时关闭皮质醇的分泌，由此避免被皮质醇淹没，或者被迫去抑制皮质醇，这一点非常重要。在我看来，这基本上与管理情绪同等重要：不管何种情绪来临，都可以容忍和接纳，当情绪开始泛滥时，知道采用何种方式应对——或者通过分散注意力，或者通过他人的帮助让自己的情绪得以释放。在依恋行为的研究中，这些被称作安全型策略。但是，非安全型策略则存在许多问题：面对强烈的情绪，"反抗型依恋"的个体会感到手足无措，皮质醇也会大量分泌；而"回避型依恋"个体的反应则类似于低皮质醇人群，他们会切断皮质醇分泌。这两种情况都会导致我们的情感生活麻烦不断。

在这一领域，现在已经出现一个引人注目的很有分量的证据。这个证据非常有力地指出，通过早期社会经验，HPA压力反应性能够被塑造成过于敏感或过于迟钝，此外，皮质醇能够对正在发育中的婴儿中枢神经系统产生永久性影响。这些影响发挥作用的方式，有赖于婴儿压力经历的开始年龄，挑战的持续和发展进程，以及其强度如何。这一领域的研究仍在继续,并且很有希望发现更多关于人类各种变量之间的特殊联系。然而,在人类习得的各种情绪调控方式中,压力反应毫无疑问是其中一个重要指标。

5

至关重要的婴儿期

在情绪的发展过程中,婴儿阶段是一个关键时期,本书的第一部分介绍了婴儿期之所以如此重要的科学基础。管理情绪的基本系统——压力反应系统、神经递质的回应性以及对亲密关系运作模式的内隐式理解进行编码的神经通路——都不是个体一出生就设定好的。脑部重要的前额叶区域也不是天生就发育好的。然而,所有这些系统,在生命的前两年中都会迅速发育,形成我们一生中进行情绪调控的基础。虽然以后的经验还会使我们的反应进一步精细化,我们的各种能力也会进一步发展,但婴儿时期的经历为我们未来的发展奠定了方向。我们在某条特定道路上停留的时间越长,就越难以选择其他道路,也更难以改换步伐的方向。

现在,已经有足够的研究证据显示,在情绪控制过程中,能够发挥作用的生物系统都会受到社会的影响,尤其是在系统发育的最迅速阶段,其所受到的影响效果最为明显。依据早期社会经验的不同性质,这些系统将会发育或运行得更好或更糟。我已经指出,社会经验之所以会对个体的生物反应产生巨大影响,是为了让个体更好地适应周围赖以生存的环境。如果生活在一个高度危险的环境中,拥有一个敏感的压力反应系统非常重要;如果有一位充满敌意的母亲，你很自然就学会了对人敬而远之。然而，这些在婴儿时期形成的行为模式，随着之后生活环境的改变，却会成为某种缺陷和不足，甚至会成为成年之后各种精神疾病的最初起因。在第二部分，我将对这些问题展开论述。

PART

2

不稳定的基础
及其后果

> 我们在寻找人类精神的根源，那些根源犹如房屋基石般重要，在一切安好时，他们却不见踪影。
>
> ——H. 克里斯特（H. Krystal）

在第二部分，我将会更加详细地探讨成年期的各种身心失调与婴儿阶段经历之间的联系。幼时经历痛苦的婴儿身上究竟发生了什么？那些经历会对他们的成年生活产生何种影响？

我将会探讨过于敏感的压力反应系统、情绪调控中的困难以及与他人之间的"非安全型依恋"是如何导致个体更容易出现精神疾病的。当然，这并不是认为在两者的关系中一个是"因"，另一个是"果"，而是仅仅指出，个体出现功能失调或情绪障碍的可能性会随之上升。导致人生陷入悲剧的道路有许多种：个体可以选择暴饮暴食，也可以节食少吃，可以酗酒，可以言行冲动草率，可以对他人缺乏怜悯之心，可以患病，可以对他人提出无理要求，可以变得抑郁，也可以对他人使用暴力，等等。这些行为的起因，很大程度上都是体内发育不良的情绪系统致使他们的情绪调控能力遭到破坏。

虽然几乎没有人会表现出以上任何一种的纯粹症状，有些人还会毫发无损般不具备上述任何一种症状，但是我相信，在某种程度上，每一种症状其实都是个体在适应其独特环境时的无奈选择，或者说是面对周围困境所采取的部分解决策略。情绪行为是人对环境和他人的一种回应。即使那些看起来拥有相当强大的内部资源，足以达到情绪平衡的个体，或者那些有成熟的"情绪智力"的人，其实也都是在特定的人际关系交往中发展出这些能力的。因为智力其实也是在与他人的交流及对他人的观察中获得的。

但是，我们很难依据成人的情绪状况，按照不同的行为模式对其进行确切分类，因为这些不同的行为模式之间也是相互交叉、相互重叠的。那些反社会的青年往往也会表现出抑郁的倾向，那些心身疾病的易感人群通常也会突然爆发怒火。他们的共同之处就是内心缺乏自尊，并以不同的形式表现出来。虽然从事护理工作的人士认为这是一个显而易见的观点，但另外一些领域的人对身心失调源自低自尊水平的观点仍是嗤之以鼻。有这样一种看法，认为自尊之类的说法都是不切实际、没有科学依据的，这给放纵行为提供了一个借口。因此，我有必要为这些观点进行一些辩护。

那些在应对周围环境或与人交往中有自信的人，通常认为别人的感受也同自己一致，但不幸的是，事实远非如此。对许多人来说，童年经历并没有给他们提供这种自信的源泉。一项对"非安全型依恋"的儿童的研究结果支持了这一观点。在对不同文化的研究中，这项研究得出了一致性的结论，最保守估计超过35%的儿童属于"非安全型依恋"。（Van Ijzendoorn and Bakermans-Kranenburg, 2009; Goldberg et al., 1995: 11）在人群中这是一个相当高的比例。然而，"非安全型依恋"本身并非一种病态。这只是表明，这些人在控制自己的情绪方面存在一定障碍。

正如我在前面所指出的,"非安全型依恋"的形成,通常是因为父母出于各种原因,难以对婴儿的需求进行充分回应。在多数情况下,这是由于他们自身在情感调控中存在问题,并把这些问题传递给了孩子。这些父母在自己的婴儿时期,各种需求都难以得到满足,因此身为父母之后,他们也难以满足自己孩子的需求。这种情况就像一个多棱镜,我们可以从多个角度看同一个问题。无论你的关注点是父母、婴儿,还是有心理疾病的成人,问题的核心都相同:那个内在的非安全婴儿。

许多关于"内在小孩"(inner child)之类的玩笑都说明,一旦提及自己的"内在婴儿"(inner baby),多数成人都会感到难以接受。我们通常会对自己在社交、工作与学业方面的能力感到自豪,也会为自己的独立与一步步获取的社会地位感到骄傲。但是,那些由于工作或家庭原因接触到抑郁、心理疾病患者或者犯罪群体的人就会意识到,对有些人而言,要保持情绪上的平衡是一件非常艰难的事情。在他们的内心,有种无形的障碍在操控着他们的心理和生理。过去,这种障碍通常被看作人格缺陷或基因所致,但是今天,我们应该更为慎重地考虑早期经验在其中造成的影响。

在第一部分中我已经介绍过,早期经验是如何影响个体的生理反应——包括扭曲的压力反应、神经网络和生化物质的运行——以及幼年形成的对他人的心理期待如何表现并影响着我们的日常生活。这些早期经验为个体的情感生活定下了框架。如果这个框架是安全的,它就会给个体以信心,当需要时,能够在他人的帮助下调控情绪的起起落落。这不仅是一种生理能力,也是一种心理能力。但如果这个框架摇摇欲坠,是不安全的,那个体就会觉得难以有效地应对压力,不管是独自应对,还是依靠他人的帮助,个体都会感到缺乏信心。这种对自我和他人的信心,确实是自尊的另一种表现形式。

自尊并不只是抽象意义上的自我感觉良好，它也是一种应对生活挑战的能力。

要求苛刻的成人

那些缺乏自尊和自我调控能力的孩子，长大之后往往成为以自我为中心的成人。由于缺乏有效且资源充沛的情绪系统，他们无法灵活地调整自己的行为或者对别人的行为进行回应。他们可能会行为僵化，要么争取完全不需要别人的帮助，要么就过分地依赖别人。因为幼年时没有过被他人充分关注、帮助自己调控好情绪的积极体验，因此在他们的体内仍然活跃着原始的婴儿期的需求。到了成年期，在某些时候，这些需求会表现为带有几分强迫性质的让别人满足自己的倾向。不断恋爱又失恋的人、对某些食物或毒品上瘾的人、工作狂、无休止地需要医疗或社会救助的人，从本质上来看，都是时时刻刻在寻求某些物品或某些人来帮助自己进行情绪调控。事实上，他们是在寻求自己未曾有过的幸福的婴儿时光。从私生活混乱的娱乐明星到逃避社会责任的人，这些人常常会激怒那些希望他们"长大"的人。即使心理治疗师对这些人也会持同样的态度，称他们不成熟："在我负责的治疗小组中，那些中年人的思想和行为如同青少年一般。如果只是闭着眼睛聆听他们的陈述，你根本无法猜出他们的实际年龄。有许多人虽然年龄长大了，心理却并未随之成熟。"（Garland，2001）

矛盾之处在于，在个体变得真正独立，基本上能够自我调控之前，他们需要有过一种完全依赖他人的满足体验。然而，对许多成年人来说，这有悖于他们的直觉，因为他们对这种不安全感持一种惩罚的态度，似乎变得成熟和能够自我调控，只是一个意志力的问题。有许多治疗师面对患者缓慢的改变进程会有种挫败的感觉，于是尽力唤起患者的意志力。例如，内维尔·赛明顿（Neville Symington）就提出"选择成为生活的奉献者"以及"对生活说'是'"的口号，并把这些口号看作患者能够主动进行的选择。（Symington，1993:53）当治疗无法取得进展，患者似乎不能做出积极的选择时，治疗师通常会感到很气馁。在成人身上表现出的依赖和自我中心行为，确实让人难以容忍，因为身为成人，应该能够认识到自己行为与年龄的不一致。

但这并不只是简单的意志力的问题，即使患者的意志力被唤起并且行为表现有所改善，也往往只是表面现象。患者可能只是为了满足别人的期望而尽力表现得成熟，人们所看到的，也仅仅是患者"非真实自我"的一种外在表现。不幸的是，仅凭意志力，个体无法对他人产生真正的共情，也无法发自内心地关注自我感受。仅仅对这些行为进行模仿，和源自真实体验的自我流露是完全不同的。这其实是一种能力，通过个人切实的生活体验，这种能力已经内化为个体心理的一部分。这种体验就是同他人之间的良好关系，即在婴儿时期，你的需求能得到积极回应、有人协助你调控自己的感受、不被提出过分要求、在力不从心时能获得帮助。

如同在喜剧中一样，在对孩子的教养中，准确把握时机也很重要。例如，判断孩子何时能进行更多自我控制、何时能考虑到他人、何时能独立，这些不是儿童发展类的专业书籍能够提供的。在鲜活关系中判断个体发生变化的时间点是一门艺术，而不是一门科学。这些判断都是一种能力。在实际生活的亲子关系中，对孩子变化时机的判断也是一门艺术，而不是一门科学。父母对孩子已经展示的能力的敏感性，经常会因为自己对孩子依赖性的不耐烦而受到阻碍。一方面是受文化的影响，另一方面则是父母自身的早期经验所致。黏人的依赖性可以激起强烈反应。人们经常会厌恶和拒绝儿童的黏人表现，而不是把这种依赖性看作一段短暂且愉悦的人生体验。人们甚至认为，依赖性有着磁铁般的引力，成人自身也唯恐被其缠住；或者是父母无法容忍把自己曾经幻想但未得到的满足体验给予孩子。就如伊恩·萨蒂（Ian Suttie）所指出的："我们没有得到的放纵和享受，也绝对不能允许他人拥有。"（Suttie, 1935: 71）很多时候，父母总是急于让孩子变得独立，为了达到这一目的，他们会让孩子长时间地等待食物或抚慰，或者让孩子同妈妈长时间分离。祖辈也经常不断地这样提醒，你一定不能向孩子妥协，千万不要"宠坏"孩子。

不幸的是，任由婴儿哭闹、对其不予理睬的情况，即使只持续稍长一点儿时间，也会产生负面后果：破坏孩子对父母、对周围世界的信心，反而使孩子变得更加依赖。在没有人疏导自己情绪的情况下，除了大声哭闹，或者进行心理回避之外，婴儿几乎没有其他办法来进行自我调控。在这种情境下，无助和无能的痛苦，会形成个体最初的心理防御方式。

下面将要讨论的成人的心理防御方式，其实都是在婴儿期原始防御方式的基础上更进一步的精细化表现。防御系统的两面性特征，似乎是依据我们的基因程序建立的：要么战斗，要么逃避。婴儿的情况，就是大声哭泣或退缩。夸大感受或压缩感受、高度唤起或压抑唤起，这两种基本策略也体现在"非安全型依恋"模式中——"回避型依恋"或"抗拒型依恋"。无论采取哪种方式，对个体而言，都是找到了解决困境的途径（这些策略可能被个体反复或偶尔使用），但是个体并没有掌握自我调控的基本方法，他们要么容易要求过高，要么容易要求过低。

1

尽量不去感受
——早期情绪调控与免疫系统之间的关系

> 逃避的反应蔓延开来……这种反应甚至可以达到这种程度,个体不仅对他人的求助和痛苦无动于衷,而且事实上,他也害怕向他们乞求同情,于是,他可能,譬如说,把自己的病痛掩盖起来,以防引起别人的忙乱,成为别人的看点。
>
> ——伊恩·萨蒂(Ian Suttie),《爱与恨的起源》
> (*The Origins of Love and Hate*)(1935)

隐藏情绪的坏处

在西方文化中,退缩、宽容的行为表现更为普遍。英国人因"坚定沉着"而出名。而北美人被赋予"独立"之称,他们会从孩子年幼时开始培养其独立性,尽管他们的这种自我独立采取一种外向和友善的形式。这种宽容或回避的行为风格,成功地隐藏了孩子那些需要父母满足但父母似乎不愿理睬的需求。如果这些婴儿可以讲话,他们将会对父母说:"别担心,我不会给你添麻烦。"他们知道,自己的依赖性和有需求是不受欢迎的,于是就学着去隐藏自己的情绪。

事实上，长大之后，他们可能会无意识地相信自己不应该真正拥有什么情感，或者只能拥有可以得到积极回应的"好的"情感。由于幼年时缺乏一位时刻对自己回应、接受自己所有情感的母亲，他们学会了压抑自己的许多情绪。如此发展，便会导致个体在认识自己的情感方面出现困难。毕竟，如果照料者都对自己的情绪无动于衷，孩子又怎能对其产生兴趣呢？如果母亲都不曾辨别和命名孩子的感受，孩子又怎能辨别和品味自己的感受呢？孩子将会停留在一种懵懵懂懂的生理感觉状态，只有愉快和不愉快，这是一种没有细化的感觉，并且没有在高级大脑中进行过定位。

在这种状态下成长的个体，有时被称作"述情障碍"，意思是，这些个体没有学会用言语表达自己的情绪。他们经常意识不到自己当前是什么感受。虽然他们和其他人一样有多种情感和感受，但他们通常会忽视自己的这些感受，正如幼年时他们的感受被照料者忽视一样。在他们的心理层面，各种感受并没有被精细地加以分辨，也没有被看作有关身体状态的有用信息。正如英国研究者皮特·冯纳吉所指出的那样，这些人没有习得"心智化"（mentalise）。他的理论很重要，因为"心智化"包含了广泛的能力，比如，同理心、情感意识和情感表达。人类把握情绪的潜在能力是激发人类行为的动机。然而，述情障碍者忽视情绪的重要性，他们大脑中激发"心智化"的区域很少被激活（特别是内侧前额叶皮层）。（Moriguchi et al.，2006；Moriguchi and Komaki，2013）

这类人中，有些可能会变成务实型的人，他们关注外部的客观世界，不管是自己的还是别人的内心世界，他们都尽力不予理睬。很多时候，他们也会发展顺利，并且在某一领域表现非常出色。他们也可能是乐于奉献的父母，为自己的孩子提供非常充裕的物质资源，并鼓励孩子有所成就，不过，他们不会敏锐地洞察孩子的内心世界。表面看来，他们可能显得非常正常，身心状态也非常平衡。但是，他们经常过于依赖生活中的伴侣——一个不得不时时陪伴他的人。他们所期望的亲密关系并不是相互交流思想和感受，而是高度依赖对方的存在，对他们而言这是一个安全的对象，这种安全感可以让他们进行基本的自我情感调控。当这个安全对象受到威胁时——配偶离去或死亡——他们将会面临很大的情绪困扰，并且不知该如何面对。

情绪会影响免疫系统

当生活中失去可依赖的、使自己得以进行自我情感调控的对象时，他们会变得异常脆弱。从这个角度来看，以这种方式生活的个体更容易患上心身疾病，因为他们自身的调控能力并没有发展完善。尤其是他们缺乏用来表达自己情感的内部言语。他们无法用言辞表达自己的痛苦，于是只能以前象征（pre-symbolic）的层次、以身体反应作为展示自己痛苦的信号。他们无法找到合适的词汇同他人进行情感交流，从而使自己的痛苦情感得到缓解和控制。尤其是当遭遇分离或丧失亲人之痛时，他们的身体系统包括免疫系统可能会出现问题。

我首次意识到情感生活与身体疾病存在关联，是我母亲 49 岁患癌症的时候。那时的她正处于人生黄金期，性格坚强、魅力四射，外貌如同电影明星般动人。45 岁之后的她身上散发出更富内涵、更加成熟的女性魅力。我很想知道，一个看起来如此"强大"的人，在疾病面前为何显得如此脆弱、不堪一击？于是，我开始阅读关于"癌症人格"的书籍。书中的描述看上去与我母亲非常一致。癌症患者的人格特征被认为过于和善。他们善于合作、富有思想、体谅他人，并且从不发怒和沮丧。我母亲也是如此，她性格乐观，积极向上，患病期间对别人给予她的照顾和关心心存感激。大家都称赞她"勇敢"。

劳伦斯·莱尚（Lawrence LeShan）是我当时所读书籍中的一位作者，他提出了癌症患者的一个共同行为模式。他发现，在他研究的人群中,有相当一部分（72%）至少与其双亲中的一个关系非常糟糕，这使他们在情感上产生一种隔离感。这些患者中的许多人在青年时代会对某些人或某些事物表现出强烈的情感付出，但是，当那些人或事物从他们的生活中消失时，他们便会患病。但在对照组中仅有10%属于这种模式。（LeShan,1997）这个模式也同样适用于我的母亲。为了逃避与自己母亲之间的糟糕关系，她在16岁时就离开了家，非常年轻就结了婚，结婚将近30年之后我的父亲离开了她。两年之后，她被确诊为癌症。

这时，我开始困惑于这样一个问题：情绪是如何杀死个体的呢？我能够看到的是锻炼和营养对健康的体魄非常重要。但我母亲是一个喜欢运动的人，她打网球、唱歌、注意饮食，直到40岁时仍保持着不错的身材。她看上去绝对不像是疾病的"候选人"。然而,很显然,健康的体魄仍然会遭到致命疾病的打击。那么，究竟是什么破坏了她的免疫系统呢？

炎症和免疫系统

研究者开始意识到，免疫系统与情绪之间存在着一定联系。那些不表达愤怒或负面情绪的人尤其容易受到疾病的攻击。例如，莉迪亚·特莫肖克（Lydia Temoshok）发现，一个癌症患者越是能够表达自己的愤怒和消极情绪，就会有越多的淋巴细胞聚集在其肿瘤部位，攻击肿瘤细胞。（Temoshok, 1992）对这一现象的一种解释是，当愤怒情绪被表达出来时，交感神经被唤醒，这一过程在短期内有助于产生淋巴细胞和激发免疫反应。但是，当愤怒或痛苦的情绪没有被表达出来或加以化解的话，压力会转化为慢性存在，由此产生的压力激素——皮质醇可能仍然保留在反应系统之内。正如我们所知道的，最终会以皮质醇"向下调节"而告终。由此导致的衰退或者迟缓的应激反应系统将无法承担正常的工作，即调节身体的炎症反应。

炎症反应是免疫系统的一部分，通常被调动起来用以处理身体上的问题，例如传染病。不过，如果皮质醇水平不足以消灭炎症，一种慢性炎症就会发生，为更多致命性疾病的发生提供温床，例如心脏病、癌症。（Miller et al., 2011; Danese et al., 2007）

最新研究指出，情绪能够更加直接地影响免疫系统。心理疾病本身能够引发促炎性细胞因子的释放。（Berk et al., 2013; Fleshner, 2013）乔治·斯拉维奇（George Slavich）和他的同事在美国加利福尼亚州考辛斯心理神经免疫学中心（Cousins Centre for Psychoneuroimmunology）研究了被排斥在游戏之外对个体的影响。他们发现，被社会排斥的痛苦感受不但激活了大脑中的前扣带回和脑岛，同时也增加了身体中炎症的活跃度。（Slavich et al., 2010）

显然，我的母亲在发病之前遭受了重大的被排斥事件。她一般不会直接表达自己的愤怒和糟糕情绪。现在，有一些幼时的画面出现在我的脑海：下午三四点时母亲会躺在一间阴暗的房间里睡觉，似乎她表现出的善于社交、乐观主义以及其他所有的成功之举，都让她感到疲惫不堪。这使我猛然意识到，她正试图通过睡眠来缓解自己的压力。（睡眠对于降低皮质醇水平具有轻微的效果）但我也开始意识到，正是由于她对某些情绪的恐惧，脆弱和失败、沮丧与愤怒——在我看来，她一生都把这些情绪压抑在体内——最终夺去了她的生命。由于长期遭受忽视，这些情绪开始在她的体内发泄怒火和怨气，引发一系列无法控制的破坏行为。

作为一个具有外向回避型人格特征的人、一名好"演员",无论何时母亲都展现出一副愉悦和生机勃勃的形象,这其实往往是身心失调疾病的典型"候选人"。就像许多有述情障碍倾向的个体一样,在她的亲密关系中,她只需要对方留在身边、陪伴着她。生病期间,她向我讲述,在她的婚姻里她几乎不曾期待两人在感情上的亲密感,只是把我父亲看作她生活的背景,而不是主角。这种在亲密关系中的疏远和逃避,很可能来源于她婴儿时期在同父母互动中所形成的自我情感调控方式。虽然她能言善辩,表达能力很强,但她有一个习惯,那就是不对别人谈论自己的感受,在我看来这源自她婴儿时期同我外祖母的交往经验。

我的外祖母是一个具有维多利亚时代人物性格特点的人,她对人期望很多却付出很少,对人挑剔,喜欢惩罚,让人不敢接近。她将孩子放在婴儿车里任凭孩子哭闹,就像当时的许多父母那样,她相信这样做能够使孩子的肺更加强壮。在这样的环境中,我母亲从非常年幼时就形成了她引以为豪的"独立性",并尽力使自己变得像外祖母所期望的那样坚强。但是在我看来,婴儿时期的母亲很可能处于压力之中,因为她的母亲不喜欢与人亲近,不喜欢抚摸孩子,也不希望孩子黏着她。

我们知道,婴儿时期的高皮质醇含量能够影响正在发育中的免疫系统,尤其是胸腺和淋巴结。不过正如应激反应被早期经历所塑造,免疫系统也是如此。心理暴露在社会压力之下的时间越早,个体未来的炎症反应就越严重。这两个系统是相辅相成的。(Miller et al., 2011)

对大猩猩的研究显示,充满压力的早期分离不但影响了应激反应,也会对免疫系统造成不良后果,减弱淋巴细胞的活性,加快个体病死的速度。(Laudenslager et al., 1985; Capitanio et al., 1998)现有证据进一步显示，早期应激反应对于人类也有相同影响。尤其值得注意的是，严厉或者充满压力的早期抚养方式塑造了个体免疫系统的运行方式。

当然，严厉的父母在各个社会阶层都会存在。那些低自尊的成人最有可能贬低他们的孩子，或动手打，或用言语辱骂。无论物质生活条件如何，严厉的教养行为根植于不安全感和压力之中。(Katz et al., 2007)然而，贫穷本身也是压力的一个来源。居住在拥挤吵闹的环境中，遭受到暴力行为，或者挣扎于没有收入带来的无助感，这些都会增强父母的攻击性。

不管在什么样的社会情境下，这些经历都会给孩子留下深刻印记。一项关于不良童年经历（Adverse Childhood Experiences，ACE）的研究评估了17000个成年人，结果发现，早期暴露在不良情境之中，比如，家庭暴力、虐待和无稳定收入，对孩子未来的健康状况会产生累积式的影响。个体描述的不利经历越多，他将来在健康方面出现问题的危险性越高。(Felitti et al., 1998)最近的研究发现，这一后果与缺乏免疫力有更强的联系。当有这些经历的孩子长大之后，他们在应对当前压力时更可能释放超过正常人两倍的促炎性白细胞介素-6因子（IL-6）。(Gouin et al., 2012; Miller and Chen, 2010; Danese et al., 2008)这些孩子成年后也更容易患上各种疾病。(Miller and Chen, 2010; Miller et al., 2011; Ziol-Guest et al., 2012)

与前者相反，那些受到关爱和支持性教养的婴儿不但能够更好地缓解自身面临的压力，同时也有更强的免疫系统。充满爱意的抚摸和拥抱会在淋巴系统中释放后叶催产素，从而对抗炎症。(Miller et al., 2011)尤其是母乳喂养时，母亲释放的后叶催产素和抗体可以传递给婴儿，这也有益于提高婴儿的免疫能力。（Schore，1994）母乳喂养还传递了多不饱和脂肪酸（PUFAs），例如，欧米伽-3脂肪酸，这种不饱和脂肪酸会通过阻碍促炎性细胞因子来抵抗压力。（Das，2001）因此，压力和分离能够破坏免疫系统的发育，但亲密良好的早期人际关系则可能有助于促进一个强健的免疫系统的生成。（Chen et al.，2011；Carroll et al.，2013）

情感健康和身体健康之间的关系源于婴儿期的经历、压力水平和应对压力时的被支持程度。正如我已经指出的，早期经验能把孩子塑造成压力的"低反应者"或"高反应者"。低反应者通常来自专制型教养模式的家庭，比如，父母可能经常对孩子进行言语批评和体罚。在这种环境下，孩子的身心俱受打击，他们似乎发展出坚硬的皮肤，以及一套斯多葛哲学（stoicism），似乎对一切伤痛都能无动于衷。我的外祖母有一根特别的木棍，专门用来打她的孩子们，因为她崇尚体罚。从我童年时与她一起生活的经验来看，她对人也是一贯挑剔。我推测我母亲是一个"低反应者"，在面对外婆的严厉管教时表现出低水平皮质醇，同时伴有应对压力时过于强烈的炎症反应。这样就刚好可以解释她的过敏症倾向，尤其是花粉热以及关节炎。低皮质醇会与某些症状群之间存在联系——尤其是涉及自动免疫情况的疾病，如哮喘症、关节炎、过敏症、溃疡性结肠炎、疲劳症以及肌痛性脑脊髓炎。（Heim et al.，2000a）所谓"癌症型人格"，换句话说，就是用韧性和沉默来承受充满压力的环境，大致上也可以归为上述症状群。很明显，这种压抑情感的策略及其导致的低皮质醇含量，对个体都是非常危险的，会使得个体的生理状况产生一系列危险的连锁反应。

压抑情绪是疾病的潜在根源

今天,"癌症型人格"的理论已经不再流行,人们更多讨论的是一种称作"疾病易感人格"的理论。这主要是由于,形形色色的疾病似乎都有类似的潜在根源,即对情绪的压抑,而与这种模式相关的疾病的种类则令人震惊。

20 世纪 40—50 年代,精神分析学派中那些见多识广的医生首先提出了经典的"心身疾病",并对其展开了研究。(Taylor et al., 1997)他们认为,心身疾病是由令人窒息的、相互冲突的情绪所致,这些情绪需要加以释放。这其实是基于精神分析的一种观点:神经症是由被压抑的、与社会道德相冲突的性驱力和攻击驱力所引发。治愈的手段就是将这些驱力提取到意识层面。

情感调控的新兴研究范式提供了这样一种观点,在将个体推向疾病的过程中,与其说是个体对原始的性欲求和攻击欲望进行压抑的后果,不如说是个体在体验和容忍自己的所有感受时无法保持机体平衡状态所致。一种更新的观点认为,人类是自我调控的机体,调控失败将导致个体的病理性变化。

一旦你开始将自身看作一个有机体——在这个有机体内部,有许多相互连接的系统,这些系统相互反馈、相互调控——你就能意识到在身体疾病中情绪所扮演的重要角色。情绪是自我调控的中心,是机体对他人或周围情境的一种生物反应,为行为的反思和指导提供了有用的基础。但是当情绪反应被压抑的时候,信息的流动就会受到干扰,于是个体开始感到更加难以灵活调整自己的行为。对周围人和情境的适应也不再依靠内部信息的提取,而是依赖外部信息引导或抽象概念,从而导致个体行为的僵化。此外,对情绪的压抑也会阻碍信息在内部各系统之间的流通,使内部系统难以自动调节生化物质的分泌水平以维持机体的内在平衡。

情绪总是同时具有生物性和社会性。当一种情绪发生时，个体的神经系统、内分泌系统以及其他系统会产生相应的生理变化，同时大脑中也会产生相应的思维。如果这些思维被撇开，个体将失去调控反馈的一个重要信息来源。例如，当压抑愤怒时，你的身体以及体内的各个系统仍然保持唤醒状态，并且生化物质也处于激活状态。但是，如果你拒绝承认自己的愤怒，并且不愿向激怒你的人表达这种情绪，你就失去了调整机体状态的机会，并会使已经被激发的生化、肌肉和自主反应停留在原有状态。（Carroll，2001）这时，机体要重新恢复平衡，并使那些唤起恢复到正常水平就变得相当困难。

在各个不同的系统内部所产生的唤起状态，其实就是对当前情境所产生的、被描述为"感受"的内部基础。但是，诸如"我感到嫉妒（或悲伤、欣喜、不舒服）"之类的想法，其实是我们在把身体系统的这些复杂激活过程有意识地用社会词汇表达出来。当我们表达自己的感受时，我们通常意识不到的是，那些发生在机体内部、意识层面之外的内部信息输送。

情绪的生化反应发生在身体的各个角落

坎迪斯·珀特在这一领域进行了突破性研究，揭示了情绪是如何影响免疫系统的。她是一个性情古怪又富有热情的人，她把没有感情的、理性的实验科学同新世纪对情绪的观念联系起来，并指出，我们的内分泌系统和神经递质系统中的生化"信息物质"其实是我们的情绪分子。当产生情绪的时候，我们其实正在品尝某些由激活的荷尔蒙神经肽和神经递质组成的、独特的鸡尾酒。

珀特的发现的独特之处在于，这一过程发生在身体的各个角落，而不仅仅在大脑中。虽然大脑以及它的情绪系统是神经递质活动的中心场所，但同样的生化反应也发生在身体的其他部位。在心脏、内脏和脊柱中，存在着血清素、阿片类活性肽、生化多巴胺的受体。这就意味着我们并不仅仅用大脑进行情绪感受，同时也在用身体进行感受。甚至我们的免疫系统也可以产生情感，因为免疫系统同样可以接受这些生化物质并且可以释放它们。正如珀特的一位追随者狄巴克·乔布拉（Deepak Chopra）所声称的："如果快乐、悲恸、沉思、激动等情绪都需要神经肽（以及我们脑细胞中的神经递质）的产生，那么，免疫细胞一定也会感受到快乐、悲恸、沉思、激动等情绪。"（Chopra，1989: 67）

珀特指出，通过人类机体的不同系统，这些情绪分子之间进行着沟通和交流。机体的交流系统沿着许多相互连接的线路进行运转：血液系统、淋巴系统或神经系统。例如，那些战斗或逃避的生化分子由交感神经携带，使机体加速运转或更加警觉。这些免疫信号在血液中流淌，在我们的身体中有许多免疫信号站会关注这些"呼救信号"，比如感染时被激活的生化物质信号。然而，免疫系统通过迷走神经和大脑建立联系，让我们可以注意到身体里正在发生的各种活动。

不久以前，免疫系统被看作与机体其他系统相分离的、独立的防御系统。但20世纪70年代中期，罗伯特·阿德（Robert Ader）在对免疫系统进行的研究中得到了令人震惊的发现。他发现免疫系统会从过去的经验中进行学习。在一个重要实验中，阿德和科恩（Cohen）证明了免疫系统具有记忆功能。以大白鼠为实验对象，他们在感觉不愉快的药物和感觉愉快的糖水之间建立了心理联系。这些药物会让大白鼠觉得恶心，并且会抑制它们的免疫系统。但是，每次让大白鼠服药后，都会给它们糖水。通过这种方式，糖水、感觉恶心以及内部免疫系统功能被抑制，这三者在大白鼠的头脑中建立了联系。过了一段时间之后，他们对同一批大白鼠做了另一个实验，结果发现，他们只需要给大白鼠糖水，甚至不需要给抑制免疫系统药物的任何成分，这些大白鼠的免疫系统就被抑制了。实际上，是大白鼠的期望引发了这种反应，因为免疫系统已经记住了糖水的味道，它就自己抑制了免疫功能。（Ader and Cohen，1981）

免疫系统既有历史又有记忆，就像自我的其他方面那样。免疫系统曾被称作"身体的大脑"（Goleman，1996）。这项令人震惊的研究公布不久，埃德·布莱洛克（Ed Blalock）又有了一个重大发现：大脑间接和直接释放的激素和神经递质可以对免疫系统产生影响。（Blalock，1984）这就意味着，大脑能够运用神经递质如血清素、激素如皮质醇来和免疫系统直接进行交流。个体心理正在进行的任何活动——当前的思维和感受——都能够通过极端心理状态，如在应激和抑郁情境中激发的生物化学物质，去潜在地引发免疫系统产生反应。在机体内部，不同的调控系统都含有人体的生化物质，这些生化物质会对我们的免疫系统产生影响。我们的自主神经系统及其递质，以及生化物质如前列腺素和肾上腺素，也都会对免疫系统造成影响。但是，能对免疫系统产生最大影响的激素，应该是皮质醇。

皮质醇对免疫系统的影响已经得到了充分研究。（Cohen and Crnic，1982；Sternberg，2001）从本质上讲，皮质醇会让免疫细胞暂时放缓免疫反应，从而使个体的能量集中指向当前的危机事件。作为一种临时的应对措施，这种做法还可以被容忍。然而当压力持续存在并且不能被快速解决时，比如，严重的人际冲突或者长时间悲痛，皮质醇的持续释放就会对免疫系统产生严重后果。过高的皮质醇含量可以使白细胞无法在体内自由移动，同时还会杀死淋巴细胞，包括自然杀伤细胞（natural killer cells），并阻止新细胞的产生。另外，它还会抑制正常吞噬细胞的产生以及细胞分裂，这些都是免疫进程中的重要构成成分。同其他大白鼠相比，那些长期处于压力状态下的大白鼠患恶性肿瘤的机会大幅度提高。（Riley，1975；Visintainer et al.，1982）近期研究表明，压力对人类有同样的作用。伦敦大学学院的千田洋一（Yoichi Chida）和她的同事通过元分析发现，与压力相关的心理因素同癌症的高发生率、个体的低存活率之间存在关联。（Chida et al.，2008）

我母亲在生病之前也承受了这样的压力（她先失去了丈夫和家庭，不久后她的情人也突然死亡），毫无疑问，她的体内也经历了压力激素分泌上升的过程。但是，由于她没有向别人寻求安慰的习惯，所以没有获得有效的途径来调控这些足以使她崩溃的压力。恰恰相反，当她感到过于痛苦的时候，她会躺在床上，有意躲避别人。

人们通常认为，免疫系统应对肿瘤细胞的能力主要依靠自然杀伤细胞得以实现。它们是免疫系统中的杀手。但是，那些缺乏社会支持或处于严重精神压力之下的个体，其体内的自然杀伤细胞含量也比较低。（Martin，1997: 238）这就表明，与那些喜欢向人倾诉、能够在他人帮助下调控压力的个体相比，喜欢压抑自己情感的个体通常免疫功能也更差。正如我已经描述的那样，对良好的健康状态而言，对他人的信任是一个非常重要的影响因素，然而，有着"非安全型依恋"历史的个体往往缺乏对他人的信任，尤其是"回避型依恋"的个体更是如此，他们总是非常关注情感的自我满足，而不愿意向外界求助。

从这个意义上看，婴儿时期所建立的调控模式不仅会影响个体的心理健康，影响到大脑前额叶皮层部位情绪系统的发育，也会影响到"身体大脑"——免疫系统和压力反应，后者也是由情感经验所塑造的。那些在婴儿时期没有得到良好照顾的人，在之后的生活中患生理疾病的概率也更高,这确实是一个悲惨的事实。

丹尼斯·波特的案例:忽略感受的危害

面对一个情感压抑的婴儿,我们当然不可能知道,这个孩子今后更容易患何种疾病。个体有许多种发展的可能,主要取决于他们的遗传基因、所接触的病毒,以及个体调控情感的方式。丹尼斯·波特(Dennis Potter)是一位作家,曾经写过一系列富有创意的作品——《唱歌神探》(The Singing Detective)以及其他一些颇具影响力的电视剧剧本。他常常压抑自己的情感,这导致他的身体出现了某些特别的症状。

虽然我们不可能通过回溯的方式重建婴儿生活对他的确切影响,但是,波特童年时期的生活环境还是能够给我们提供一些线索和启示。根据波特的传记作者——汉弗莱·卡彭特(Humphrey Carpenter)(1999)介绍,在波特出生时他的父亲已经病得非常严重。由此我们推测,当时他的母亲一定处在压力之下,并将体内的皮质醇传给了尚在子宫中的波特。于是,皮质醇和某种遗传基因一起决定了他生来就是一个敏感的婴儿。另外,由于母亲当时正忙于照料他病重的父亲,因此,不难想象母亲会经常疏于照料刚出生的波特。无论真实情况到底如何,一个事实是,在波特4个月大的时候,他的母亲又一次怀孕了。在波特几乎还不能独立行走时,母亲又开始去照顾另一个新生儿。

我们无法准确得知在波特幼年时期,他与母亲的关系究竟如何。但是,从他儿童晚期的行为迹象可以看出,年龄稍大的波特在向他人寻求情感支持方面缺乏信心。10岁的时候,母亲将波特寄养在伦敦的一个亲戚家里,使他从此开始与父亲分离。在亲戚那里,他不得不与叔叔同睡一张床,并时常受到他的性虐待。据说,波特并没有把自己的这段恐怖经历告诉母亲。在与传记作者的交流中，波特承认了当时自己对此事的沉默，他害怕一旦说出来，就如同"在所有那些使我感到安全的中心地带投下一枚炸弹"。换句话说，在波特的心目中，母亲并不能够帮助他应对这种处境，并不能帮助他分析自己的情感、缓解他的痛苦。在波特的心中，他认为自己必须保护母亲，以免让她因为此事受到刺激，而不是期望从母亲那里得到保护和帮助。他也依赖母亲，但这种依赖就如同述情障碍者那样，只需要母亲"待在那里"就可以了。只要母亲待在身边，他就有安全感。正是由于这种原因，他竭力靠自己调控这种受虐的痛苦。他把这种痛苦引向心灵深处，责备自己，并且感到"被这种痛苦情绪打倒了、冲垮了甚至扭曲了"。他吃不下饭，却不愿向母亲吐露实情，反而解释说是因为自己太想家了。

那些在婴儿时期学会通过忽略的方式来控制自己感受的个体，在重大的情感打击之下通常会陷入危机。波特所面临的另一个危机是在工作后发现不喜欢自己的工作，但为了支撑自己的小家庭，他又不得不忍受长时间工作，这就使他处于压力情境中。为了缓解心中的压力，他如同上瘾一般地经常嫖娼，无论是通过肉体的快感还是通过对他人的征服，都产生生化反应的效果。这让他又一次体验到了对自己"肮脏"性行为的厌恶，但他无法利用身边的人来帮助自己找到这种复杂情感的有效解决途径。相反，长期对压力的高度敏感对他的免疫系统产生了一定影响，并且这种影响开始在他的生理上表现出来。他开始患上牛皮性关节炎，一种在他的基因中潜在的疾病。波特相信，这些皮肤脱落的症状以及关节的炎症都与他的精神状态有密切联系。最终，他将这些想法通过马洛（Marlow）（《唱歌神探》中的人物）之口说了出来："所谓诱惑，就是相信心灵或人格上的疾病和毒素，最终神秘地从皮肤上喷薄而出。"

在他的病确诊之后，波特从新闻业退出，开始以居家为主的生活模式，从此他发现一条更为满意的生活道路。他开始为电视写剧本，在写作过程中以自己的生活经历为素材，对一系列复杂矛盾的情感展开探讨。尤其是通过充满感性和热情的作品来表达自己在生活中所不能表达的愤怒情绪，尽管这种表达被别人称作一种"强烈的、扭曲的愤怒"。波特自己也认识到，这种没有被表达出来的愤怒与他的身体健康之间存在着某种联系："我认为是我们自己选择了这些疾病。我总是生气，而且我有种感觉，这些愤怒在我的体内造成了破坏。"

成瘾和自我治疗

逃避情感可以采取多种方式。波特还沉溺于烟酒，在缺乏调控能力的人群中，成瘾行为也非常普遍。这种无视自身健康状况的行为模式也在一定程度上导致了他的过早死亡，他在59岁时死于癌症。

由于非安全依恋关系模式所导致的阻碍，这些人无法从他人那里获得慰藉，也无法同他人一起共同解决问题，于是他们中的许多人会转向一些替代资源以获得暂时的心理满足，从而成为瘾君子。他们对于上瘾物品的选择，可能会受到父母偏好的影响。如果有一个酒鬼父亲，个体便会在酒精的陪伴下成长，理所当然也会选择酒精来缓解精神上的痛苦。在成瘾的进程中，基因因素也起到了一定的促进作用。如果在一个家庭中，甜点被看作一种生活享受的话，那么，在感到内心空虚或发生内在情感冲突时，暴吃巧克力或点心很可能成为个体的一种自然反应。

人们所选择的成瘾物，其实是某种可以缓解并且有效治疗那些源自情感痛苦的生理紊乱的物品。譬如说，抑郁通常伴随着低水平的血清素含量，这可能就是当有些人感到难以控制自己的情感时便十分渴望得到碳水化合物和甜品的原因，因为这些食物可以帮助脑中血清素的释放。此外，糖类还具有刺激 β-内啡肽分泌的效果，可以在生理和心理上同时减轻痛苦。在老鼠身上进行的实验发现，当把幼鼠同母亲分开后，如果给予一些糖水，小老鼠哭叫的次数就会减少。同样，当老鼠被置于烧烫的铁盘上时，得到糖水的老鼠对身体疼痛的反应水平也较低。（Blass et al., 1986）

当感到痛苦时，那些选择自我治疗的个体，其实是在尽力恢复内心的某种平衡。但是，当用某种物品，如食物或药物来缓解痛苦时，往往会导致个体上瘾。当你一贯过量食用甜食时，你的 β-内啡肽感受器就会关闭，于是，为了达到同样的效果，你需要食用更多的甜品。酒精成瘾也与此情形类似。酒精也可以释放 β-内啡肽，为了让痛苦得到同等程度的缓解，酗酒者便需要饮用越来越多的酒精。

神经性厌食症

令人惊讶的是，如同吸毒和过量饮食一样，不吃食物同样也会使人上瘾。与其他种类的成瘾一样，不吃食物的上瘾也会对个体的生命造成威胁。饮食紊乱患者中试图自杀的比率更高（大约17%）（Butik et al., 2008），死亡率高达约5%（Crow et al., 2009）。通常而言，这种症状往往开始于青春期或成年早期，以女性居多，那时的个体开始通过节食进行减肥。在节食的进程中，身体会发出极度需要碳水化合物的信号，如果置之不理，大脑便开始不断分泌阿片类物质（一种安慰剂），使人感到非常兴奋。在节食的这一阶段，即使饥饿已经让患者的生理机能表现出非常低的活动水平，并且切断了其与他人之间的联系，使之处于隔离状态，但此人仍旧会对这种饥饿体验的本身感到上瘾。

在神经性厌食阶段，患者会从那些自己不知该如何控制的体验中感到某些解脱。这是阿片类物质的麻痹效果。一个厌食治疗中心的病人在给父母的信中写道：

真相是，我们如此关注食物和体重，以至于无法体会到任何不舒服的感觉，如愤怒、悲伤、焦虑或者内疚。由于各种各样的原因，比如，淑女不应该表达这些情绪，或者没有人喜欢同那些一脸愁苦的人来往，从童年时期开始，我们就被塑造得善于压抑自己的情感。（Abraham and Llewellyn-Jones，2001）

尼娜的案例："无法拥有自己灵魂"的女儿

尼娜（Nina）是我的一个病人，对通过某种成瘾行为来解决自己情绪调控困难的个体而言，她婴儿时期的经历非常具有代表性。她的母亲是一个非常注重健康的人，非常注意自己的饮食，并努力保持身材。作为家里的独生女，尼娜从小就是父母关注的焦点，非常受父母喜欢，并被寄予很高的期望，但亲子关系并不融洽。尼娜经常迫于压力去满足父母的各种要求，尤其是去满足她母亲的心理需求。尼娜努力成为一个出色的女孩，在她母亲喜爱的体育活动方面总是力求出众。她经常害怕自己会让母亲痛苦、失望，或者让母亲产生被抛弃的感觉。孩提时代，母亲无法接受她像其他孩子那样偶尔在朋友家里过夜，尼娜便担心这一行为会让母亲感到被冷落——因此，尼娜无法接受那些自己感觉很好，但母亲不喜欢的事情。一次又一次，为了博取父母的欢心，她竭力按照他们的意愿行事，还要努力避免流露出任何不快，因为在这个家庭里消极情绪是不能容忍的。

在这个过程中，尼娜失去了属于自己的愿望和感受——也可以说，她的愿望和感受都被"吞没"了。这种家庭氛围的确是充满了爱，甚至是浓烈的爱，然而其中的每个成员都无法明确地表达自己的感受。父亲表达的是母亲的感受，母亲表达尼娜的感受，而尼娜又为父亲代言，以此类推。这种家庭对外人则心怀疑虑。人们将这种家庭称为"羁绊型"（enmeshed）。尼娜的人格融合了母亲的一部分。幼年时期，作为父母生活的关注焦点，这对她确实具有一定益处，但当尼娜将要步入成年的时候，这种关系便会引发一些问题。尼娜无法同父母分离，真正长成一个大人，因为父母太需要她了。没有尼娜，父母怎么能够生活下去？

同样，没有了父母，尼娜又将如何生活？她对外面的世界感到恐惧，或许这是因为她几乎没有调控自己的能力。步入青春期时，调控自我感受、同家庭之外的人交往的压力变得越发沉重。这种厌食症患者家庭在个人体验方面的特点就是，孩子在应对自己的感受时通常依赖母亲，或者处于母亲的心理控制之下，而不是独立控制自己的感受。作为一名少女，尼娜发现，通过拒绝食物这种方式可以防止自己日益强烈的情绪浮出水面。这种压抑情感的方式，其实就是让个体产生一种情感上的麻木和距离感，是一种扭曲的情感调控方式。然而，就在我们对尼娜的问题进行治疗时，她又开始暴饮暴食，并告诉我，当再次更加清晰地意识到自己的感受时，她感到非常不舒服。

问题的一个原因就在于，尼娜的母亲无法控制自己的感受，导致她无法帮助尼娜调整情绪状态。就像丹尼斯·波特一样，尼娜也无法将自己的问题告诉母亲，因为她知道这会使母亲感到恐慌，并出现过激反应；简单而言，她的母亲无法应对或者"包容"消极体验。有时候，母亲会简单地否定尼娜的消极感受。如果尼娜告诉母亲，她感到很孤独,因为她最要好的两个朋友都搬到另一个小镇了,母亲就会告诉她:"你并不孤独,你有你的家人啊。"母亲总是难以了解尼娜的真实心理状态,她会将自己的感受强加给尼娜。如果母亲感到这个房间太热了,她会认为尼娜一定也有相同的感觉。

一些研究表明,神经性厌食症可能是由基因先天决定的。具有这些基因的人容易表现出压抑情感的倾向,以及其他一些在神经性厌食症患者中常见的气质特征,如顺从、完美主义和忧虑。(Woodside et al., 2002)但是,这些气质特征也同样可以被看作情绪调控中的问题。当个体不知道如何控制复杂的情感时,他就会采取逃避的态度。在情感方面缺乏信心的人,为了努力在其他方面找到自尊,通常会表现出野心勃勃和完美主义。为了不让自己所依赖的人感到生气或难过,就要处处都表现完美。然而,具有讽刺意味的是,当厌食行为得到控制,厌食症患者能够控制自己的上瘾行为时,反而会引发父母的巨大痛苦,并激起他们内心强烈的冲突和不安。

调控的根源在于婴儿时期,如我们所知,压力反应是情绪调控的关键所在。对厌食症患者而言,他们的压力反应属于过度敏感型。他们体内的 CRF 和皮质醇含量水平较高,并且肾上腺会对 ACTH 产生过度反应。即使在病症治愈之后,这些特点依然存在,因此,不能把这些特点简单归因于饥饿的效果,虽然饥饿本身确实可以提升皮质醇的浓度。(Hoek et al., 1998)在厌食症患者中,常见的抑郁感受可能源自上升的 CRF 水平。在那些同照料者分离的婴儿以及成年抑郁症患者的身上,都发现了同样高水平的 CRF。这种高水平的 CRF 可能代表,当父母不能给自己提供安全感时,婴儿所产生的对于生存的一种基本恐惧。虽然母亲一直陪伴在身边,但母亲的照料不一定让孩子感到安全。

像尼娜这样的婴儿,从小就不被允许拥有自己的真实情感。他们会逐渐相信，如果他们产生父母不喜欢的需求和感受时，父母就会感到伤心。他们的父母所需要的孩子，只是父母自身的一个延续，或者是父母慰藉的源泉。这就给类似尼娜的孩子一个暗示：他们绝不可以成为一个拥有自己需求和感受的独立个体。正如亨利·克里斯塔尔（Henry Krystal）所说，像尼娜这样的女儿，是无法拥有自己的灵魂的。（Krystal, 1988）这句话的潜台词就是，她自身的感受无关紧要，不会受到别人的重视。事实上，她的情感经常被误解，这也使尼娜难以了解自身的感受，或者相信这些感受。她只拥有别人期望她拥有的情感。这些情感，并没有得到辨认和区分，从而成为可以用言语表达的不同含义，而只是停留在一种相当模糊的、身体的感觉状态。

德鲁·韦斯顿（Drew Westen）曾经概括了一组关于神经性厌食症的研究，这些研究所采用的测试和量表各不相同。在所有的研究中，最为有力和明确的结论是，饮食障碍患者的主要缺陷在于难以对自己的情感状态和特定的内脏感觉进行辨认和准确回应。那些严重的厌食症患者通常具有一种过度控制的人格特点，尤其在认识或表达愤怒，或者在表达自己的愿望时存在困难。（Westen and Harnden-Fischer, 2001；Westen, 2000）

这种对疾病和成瘾行为的易感性，植根于个体对自己身体的隔阂以及由此造成的情绪调控困难。尤其是躲避情感的企图，则源自婴儿时期的感受没有得到及时的辨认和回应。处于这种情境中的婴儿当然不可能进行自我情感调控，他们小小年龄便要过早地面对自己的原始需要，却缺乏自我满足的能力。这一阶段的经历，似乎给婴儿留下了一项未曾完成的任务。当个体长大后，他仍旧期望得到适当的照顾，期望不必开口就可以被人理解，期望自己所有的愿望都能得到实现，期望不用开口自己的所有需求就能够得到满足。处于这种状态的个体，从根本上来讲，是在寻求一种童年时的体验，一种同母亲之间和谐一致的完美的融合感。

作为成年人，他们倾向于高度依赖他人，希望那个具有魔力的人能让自己感觉完美。有些个体会主动寻找完美的伴侣，在寻找伴侣的过程中，他们会一个接一个地变换交往对象，在多次婚姻中无休止地进行寻觅。那些具有"回避型"人格特征的人，由于担心自己所依赖的人会抛弃自己，会选择一段低调的、通常不太令人满意的关系，为了避免被对方抛弃，他们几乎不对对方做任何要求。

当个体在婴儿时期没有足够的依赖他人的积极体验时，便会出现上述扭曲行为。由于没有经历过主动关注、细腻的照料模式，婴儿就无法确认父母的态度并将其应用到自己身上。如果没有他人首先关注你的感受，你就不可能产生自我关注的态度，也不可能意识到自己的感受（这就是那些教人自助之类的书籍为何无用的原因所在）。你需要首先在与他人的互动中产生某种体验，然后自己才能再造这种体验。

如果在婴儿阶段的亲子关系中没有经历对所有情感的接纳，包括消极的情绪，如愤怒和悲伤，那么个体就难以完全容忍和体验这些情感。如果父母不能传达控制这些情感的信心，那他们的后代也非常有可能缺乏控制这些情感的能力。但是，回避这些情感的关系模式通常脆弱且缺乏弹性，人们无法依据情感的变化进行灵活应对，也无法提供一种核心的感受，即关系会被破坏但也会被修复，人际间的和谐会丧失但也能恢复。

想让自己过于"友善"或过于"强大"的企图都是危险的。这会切断情感的流通，这种流通对生理和心理健康都非常关键。正如坎迪斯·珀特所说，为了让系统运转良好，我们需要一种流通。不管是在个体的身体内部，还是在与他人的交流之中，我们的情感都是一个重要的信号系统。情感是我们应该关注的、有用的信息资源，运用这些生化信号，可以让我们更有意识地与他人进行沟通。如此，情感才不会被阻塞、被忽视或变得麻木，才能作为自我的核心，占据适当的位置，能够用言语来详细描述。

2

抑郁的婴儿
——早期经验如何改变脑内的化学物质，
从而导致成年期抑郁

> 即便如此，你是否从人生中得到了你想要的东西？
> 我得到了。
> 你想要的到底是什么呢？
> 成为被爱之人，感受到自己在这个地球上受人爱戴。
>
> ——雷蒙德·卡佛（Raymond Carver），
> 《迟来的断片》（*Late Fragment*）

抑郁症（depression）是所有精神健康问题中最为人熟知的一个。从丘吉尔（Winston Churchill）的"黑狗"到威廉·斯泰隆（William Styron）的"黑暗"，即使从未体验过严重抑郁症的全部症状，我们也得以了解抑郁意味着什么。我的一位来访者——卡里斯（Carys）向我描述了抑郁症的典型症状。每天凌晨是她感到最痛苦的时刻。当她醒来时，胃部会产生一种恶心的感觉，肌肉开始变得僵硬，她不愿意起床面对新的一天。问题到底出在哪里呢？她看什么都不顺眼，心生反感。她感到身上有一种非常剧烈的不舒服，像是疼痛，但又说不出确切的位置。还有一种腹部空荡荡的感觉，像是饥饿，但她却没有吃早餐或其他东西的胃口。她只想蜷在床上，让整个世界都消失掉，尤其是那些无休止循环在她脑海里的失败和受屈辱的画面。比如，当她犯了一个严重的错误无奈地向老板汇报时，老板那张阴沉的脸；以及前任情人那张不耐烦的面孔，还有当时讲的话："这样是不行的，卡里斯！你的要求太多了。"她感到自己生活中的一切都不对劲儿，她只是一个无用的、糟糕的女人，对任何人而言她都是一个毫无价值的人。

抑郁症的一个显著症状就是躯体方面的感受。或许是因为这个原因，人们通常把抑郁症描述为一种生物化学物质的失衡，这就暗示着抑郁症可能是一种不明原因的脑功能障碍，也可能是由个别基因导致的结果。在治疗抑郁症患者的过程中，皮特·冯纳吉教授曾连续问问 20 位患者的父母这样一个问题，在他们看来，究竟是什么因素导致自己的孩子产生抑郁？答案基本在预料之中，这些父母都把大脑化学物质看作导致孩子抑郁的首要原因，排名第二的因素是"坏的基因"。（Fonagy，2003）科学研究已经证实，抑郁症确实与大脑神经递质中的生化物质变化有关。在抑郁症患者的脑部，确实同时存在血清素和去甲肾上腺素含量较低的现象。然而在实验中，当研究者努力按照抑郁症患者体内的构成比例给受试者注射相应剂量的上述神经化学物质后，发现这些物质本身并不会使他们产生抑郁。即使通过控制个体的饮食，使其体内的血清素含量缺乏，一个正常的人也不会因此而产生抑郁的体验。（Duman et al.，1997）由此可见，抑郁症的产生并不仅仅是由于某种生化物质的存在或缺失。事实上，这些生化物质的匮乏和不足，很可能恰恰是应对压力情境时，个体所产生的过度应激反应的一种副产品。

如果卡里斯向医学专业人员求助，医生十有八九会给她一些药物，用来调整所谓的脑内生化物质的失衡。有些抗抑郁症药物，如家喻户晓的百忧解（Prozac），基本上已成为治疗抑郁的首选药物。在某些情况下，这些药物能够帮助患者体内的生化物质恢复平衡状态。不过，药物的实际疗效并不像表面上那样乐观。药物治疗只对部分抑郁症患者有效果，有 1/3 患者的抑郁症状完全消失，另有 1/3 患者的抑郁状况有所改善但症状依然存在，其余 1/3 患者则对药物没有任何反应。（Tranter et al., 2002；Kirsch, 2008）制药公司试图通过不发表这些疗效不理想的研究来隐瞒此类证据。（Turner et al., 2007；Davies, 2013）

另一方面，当卡里斯知道抑郁症的成因可能还有基因倾向时，她还会产生些许宿命式的安慰。对双生子的研究表明，与异卵双生子相比，同卵双生子同时患抑郁症的可能性更大（Andreasen, 2001: 240），但至今人们还不清楚在此过程中基因到底传递了何种信息，从而导致了个体的抑郁。在威尔纳（Willner）看来，这就如同人们无法确定为何在某些情境下内向的个体更容易患抑郁症一样。（Willner, 1985）当然，无论基因的预先构成形式如何，如果要使基因性状显现出来，必须依赖于环境因素的激发。没有特定的环境，相关基因不会自动导致个体的抑郁发作。因此，到底是哪些环境因素导致了个体的抑郁呢？这是一个至关重要的问题。

面对抑郁症的不断蔓延，并且不久将成为全球"疾病负担"（burden of disease）的第二大常见原因（Mathers and Loncar, 2005），研究者正在努力寻找其诱因。抑郁症的起因可以涉及多种因素，如维生素 B 和欧米伽-3 脂肪酸的缺乏，幼年丧父或丧母，或者是生活中的压力事件（如亲人的离去、搬家等）。显然，抑郁症既有生理的基础，也有心理的原因。至于卡里斯患抑郁症的起因，一方面可能是她脑内特定化学物质含量较低，导致大脑前额叶部分皮层的活动受抑制，从而使她的情绪低落。另一方面，她头脑中反复出现的不愉快的画面和想法，最终也引发了抑郁症。尤其是她被别人拒绝和抛弃的想法，这是最常见的引发抑郁的因素。

我认为抑郁症的核心在于脆弱的自我意识，这是内心深处的一种无助感。每当柔弱个体的积极念头消耗殆尽时，无助感就会周期性地冒出，无论这种积极念头耗尽的原因是缺乏必要的营养物质、人际关系破裂、被羞辱的体验、身体疾病还是被人盗窃等。一个有趣的事实是，在痛失亲人或遭受重大损失时，很少有人会变得严重抑郁。虽然在这些事件中大家都同样体验到了悲伤和痛苦，但多数人并没有被此压垮。然而，对那些抑郁的"易感人群"而言，这些压力事件通常会成为其抑郁爆发的导火索。（Brown and Harris，1978；Carr et al., 2000）

那么，这些脆弱的自我意识又是从何而来的呢？和多数抑郁症来访者一样，卡里斯向我讲述了她记忆中的童年往事。其中的一些事件和话语片段至今仍深深地印刻在她的脑海中，如"你真自私""继续改正自己吧"。在我的无数个来访者中，我都听到了诸如此类的话，"你知道，那样做是不行的""我就知道，你会把它弄得一团糟""你可真可怜""难怪她不喜欢你""你兄弟的人缘多好啊，你却一点儿都不讨人喜欢""你永远都不可能把这件事做好，最好还是让我来做吧""你简直是个傻瓜"。表面看来，这些话似乎也称不上恶毒，却营造了一种特定的负面气氛，而那些抑郁症患者就是在这种氛围中长大的。日积月累，这种氛围会给像卡里斯一样的个体传达这样的信息：他们是无能的，他们做不好自己的事情。

这让卡里斯一方面非常渴望从父母那里得到赞同，即所谓的"社会强化"，从而满足自己"爱和归属感"的需要，同时又对自己能否获得父母的认可毫无信心。那么，成年后的她能否很好地安排自己的生活呢？真实情况是，卡里斯已经50多岁了。她结过婚，生过孩子，后来又离婚，也曾有过几段恋爱史。现在她从事着一份兼职工作，做一名接待员——这是一份低于她实际能力的工作。但是，她仍然不能与别人建立满意的关系模式，从而使自己得到情感上的满足。虽然表面看来，她现在的生活基本正常，但在无意识中，她其实一直生活在童年时期所接受的负面评价的阴影之下，即在某些方面她自觉低别人一等。在童年经历中，她已经建立了一个关于自我的内在"运作模式"，她认为自己不是个好孩子，甚至可以说是"坏孩子"，因为她总是不能达到父母的期望，难以获得父母的注意。

卡里斯内心这种无意识的运作模式，很容易被生活中新出现的事件激发。每当她的人际关系出现问题时——如邻居因为她的收音机音量太大而抱怨她，或是情人与她分手——她都会被击垮。这时，她就会想到自杀，因为这些事情都让她感到绝望和无助，她会认为自己是一个坏女人，从来没有人真正喜欢自己。就像托尔斯泰小说里的女主人公安娜·卡列尼娜一样，她是如此没有安全感，于是把别人的一时误解无限放大，并且感到自己正在被抛弃。在小说里，只要弗隆斯基伯爵对安娜的想法表示不赞同，安娜就会认为他讨厌自己。她把对方的每一个细微变化都放大为戏剧性的抛弃，头脑中总是出现最糟的念头："我终于看得更清楚了，他已经爱上了另一个女人。"当她走进自己的房间时，总是自言自语："我需要爱情，可它正在离我而去。因此，所有的一切都将结束！"她不断重复着自己的话，"这一切一定会结束的"。（Tolstoy，1995）不久以后，安娜确实自杀了，正如大约15%的严重抑郁症患者所采取的行动一样。

为什么抑郁症在蔓延

由于抑郁症患者众多并且会严重影响人们的生活，因此这一病症也得到了许多研究者的关注。美国最新的统计数据显示，在美国成年人群中，大约有19%的人在生命的不同时段遭受着不同程度的抑郁症困扰。（Kessler and Ustun，2011）从20世纪50年代开始，抑郁症患者的比例开始迅速增长，并且从那时起就一直保持着稳定的增长势头。（Andreasen，2001）不过巧合的是，抗抑郁症的药物也出现于20世纪50年代。这就引发了一个问题：是否由于有效治疗途径的出现，更多求助个体接受被诊断为"抑郁"，最终使抑郁症患者的统计数字增加呢？

在文学作品中，对抑郁症的介绍仅仅局限于症状的描述。在医学领域，研究的焦点则是成人脑内的生化物质以及个体的认知体系，这也是治疗的中心目标。事实上，抑郁症的起因可以追溯到个体处于母体子宫内的阶段，此时个体的大脑已经开始逐步发育，这一时期的母体环境以及胎儿的发育情况也会为日后患抑郁症的概率埋下伏笔。但迄今为止，这一观点还很少被人们认识。有大量证据显示，在适应环境的过程中，大脑的过度应激反应以及婴儿时期形成的其他脑系统结构都可能导致日后的慢性抑郁症。还有证据表明，在情感上对自我的怀疑以及不良的内部运作模式都形成于生命早期。在下面的部分，我将介绍在讨论抑郁症成因时，这个一向被人们忽视的角落。

圣母玛利亚和她的婴儿

在庆祝耶稣诞生的著名绘画作品中，母亲和孩子被一片祥和欢愉的氛围包围，母亲怀抱着吃奶的孩子，母子俩沉浸在平静和幸福之中。事实上，母乳喂养本身确实可以降低母亲的应激反应。母亲的杏仁核会减少CRF的释放量，从而可能会减少焦虑和恐惧的感觉。母乳喂养时产生的后叶催产素提供了一种平静的感觉。此外，母亲脑海中呈现的母乳喂养情景，可以使她更有能力来安抚孩子、缓解孩子的压力。母子之间的这种关系一旦建立（但实现起来通常也并不容易），母乳喂养便能成为母亲和孩子生命中一个强有力的巨大"生存源"。

在这样的关系模式下，母亲就更有可能抑制孩子的应激反应，并确保婴儿的皮质醇保持在低水平，这些效果可以通过母亲守护在孩子身边、喂养和抚摸孩子得以实现。在这种状态下婴儿便被保护起来，免受压力和不适情绪的困扰，他的大量脑细胞会发育出更多皮质醇受体来应对所处的环境。大脑通过早期经验而储备的这些皮质醇接收器，能够很好地吸收掉将来体内释放的应激激素（皮质醇）。大脑的这种结构仿佛是一个抗压装置，在面对压力源时婴儿便有能力调整皮质醇的分泌，当压力情境过去时又及时关掉应激反应系统。

但是，如果婴儿没有这种被母亲双臂保护的经历（不管是奶粉喂养还是母乳喂养），或者母亲与孩子长时间没有互动或分离，孩子的应激反应就会过早挣脱束缚，在还没成熟时就被激活。此时，婴儿体内就会产生过量的皮质醇，最终皮质醇接收器将会关闭。这就意味着婴儿长大后只会有少量的皮质醇接收器，因此在应激状态下释放的皮质醇就无法被充分吸收，尤其在脑部的海马体和下丘脑里这种情况更为严重。于是，多余的皮质醇就会继续刺激大脑，过高的皮质醇含量使得个体无休止地处于应激状态，最终个体便会形成这种特定的应激反应系统。事实上，有许多研究都把抑郁症和这种过度的应激反应联系在一起。

不管是卡里斯还是安娜·卡列尼娜，都不是天生的悲剧女主角，也不是天生就容易被内心的自我卷入痛苦之中。造成她们命运的主要原因，可能都是源于婴儿时期的不良体验，这些体验导致她们的应激反应系统遭受损伤，神经递质被损失耗尽。幼年时期，她们的母亲可能处于压力或抑郁状态之下，或者她们曾被保姆、保育员抚养，这些照顾者可能缺乏小婴儿健康成长所必需的注意力，这种注意力被精神分析学家唐纳德·温尼科特（Donald Winnicott）称为"原初母性关注"（primary maternal preoccupation）（1992）。

人与人之间的联结等同于大脑中的连接

正如前面所述，如果在婴儿早期缺乏母亲的安全庇护，不仅会影响个体将来的应激反应，还会损伤个体调整脑内皮质醇释放的能力。此外，如果母婴之间缺乏积极友好的互动交流，还会对婴儿脑内的生化物质产生负面作用，会损坏在1岁之内建立起来的后叶催产素系统，并且具有长久的持续后效。（Feldman et al., 2013）尤其是母亲忽视孩子或者经常不在婴儿身边，会导致婴儿脑内去甲肾上腺素含量降低，使得婴儿将来难以维持较长久的注意力，无法专注于某件事情。在抑郁的成人中，这种生化物质的含量通常很低，这会阻碍个体的适应能力，使个体表现出过多的刻板和重复行为，即使这种行为对他是有害的，个体也难以改变。另外，婴儿时期消极的亲子关系模式，还会抑制孩子成年后从生活中获得快乐并强化的能力。造成这一能力缺乏的原因，是婴儿脑内多巴胺受体和阿片类物质受体数量太少，尤其是在前额叶皮层区，它们通常非常密集。研究表明，婴儿时期的社会交往剥夺或压力情境，会导致脑内的多巴胺神经元数量永久性减少（Rodrigues et al., 2011；Martin, 1997；Lagercrantz and Herlenius, 2001），从而影响个体将来对积极情绪的感受能力（Depue et al., 1994）。

另一方面，一个有着许多积极交流体验的孩子，或者一个基因组合更好的孩子将会有更多的多巴胺突触（Collins and Depue, 1992），这将直接影响个体的生活模式。当脑内的多巴胺维持足够的活动水平时，个体就会产生许多积极体验。那些流经眶额叶区的多巴胺可以帮助这一脑区对生活中发生的事情进行评估，使个体快速适应环境。多巴胺还可以帮助孩子延迟满足，适时地停下来思考和选择下一步行动。那些大脑内多巴胺细胞含量较少的孩子很少能够意识到有可能得到的积极奖励，他们很难适应环境，也很少去动脑子思考。他们可能身体发育迟缓，更容易出现抑郁症状，也更容易放弃某件事。

人类感知觉经验的形成有赖于神经通路中神经递质之间的相互连接，以及大脑对这些传导信息的编码。不同的感觉经验，其实质是"皮质突触的神经化学传导的变化"（Collins and Depue, 1992）。需要特别注意的是，这些神经递质的减少会直接影响大脑内部不同皮层之间的相互联系，有可能导致前额叶皮层和次级皮层之间重要的调控性联系减弱。

在当今社会，母乳喂养的时间不断减少，只有少数母亲能坚持母乳喂养孩子数月。事实上，母乳喂养可能对婴儿的大脑发育起着重要作用，因为母乳提供的脂肪酸中含有个体良好发育所必需的一些元素。与奶粉喂养的婴儿相比，母乳喂养的婴儿体内所含的多不饱和脂肪酸的水平更高。现在有些配方奶制品中包含多不饱和脂肪酸，在一定程度上提供了母乳喂养的一些益处，但不是全部。母乳喂养的另一个好处是母乳能够为婴儿提供量身定制的抗生素。母亲和婴儿的身体亲密依偎在一起，仿佛在给婴儿皮肤上的病菌进行"取样"，从而激发专门针对这些细菌的记忆 B 细胞。根据免疫学家劳伦·松帕拉克（Lauren Sompayrac）的研究，"接下来，这些记忆 B 细胞被运输到母亲的乳房，在这里产生婴儿所需要的抗体"。（Sompayrac, 2012）

在人体制造神经递质（如多巴胺和血清素）的过程中，尤其在前额叶皮层的部位，这种多不饱和脂肪酸也发挥着一定的作用。

(Wainwright，2002)对动物的研究表明，如果幼年时期体内缺乏这种多不饱和脂肪酸，动物今后的发育就可能会受到不可逆转的永久性负面影响。如果动物幼崽在断奶之前，大脑没能得到它所需的营养素，即使以后再加以补充，大脑发育因此而受到的损伤也不能得到完全修复。(Kodas et al.，2002)如果这些研究结果同样适用于人类婴儿的话，就有助于解释神经递质的平衡建立于生命早期这一观点，包括与抑郁症有关的血清素和去甲肾上腺素通道。一个有趣的现象是，体内多不饱和脂肪酸缺乏和人类抑郁症间的关系已经被发现。(Golding et al.，2009；Maes et al.，1999；Peet et al.，1998；Bruinsma and Taren，2000)在大脑里，低欧米伽-3脂肪酸也与前额叶皮层和前扣带回的活动缺乏联系在一起。(Sublette et al.，2009)反过来说，多不饱和脂肪酸补充剂或富含油性鱼类的饮食有助于抑郁症患者的康复。(Lin and Su，2007；Peet and Horrobin，2002)

力量博弈

如果一个婴儿没有得到成人的充分关注，或者在处于困境时没有得到成人的及时保护，那么婴儿便会意识到自己的无助和脆弱。但对婴儿来说，这种对自己无助和脆弱的意识还远不成熟，因为年幼的婴儿并没有能力按照自己的需要来控制自己的情绪和行动。如果成人对婴儿的反抗和哭喊无动于衷，婴儿将无计可施，除非他让自己学会对成人的反应也不予理睬，或者"装死"——事实上，比起令照看者感到厌烦，这可能是最安全的行为方式。

这种消极的行为模式，和20世纪80年代马丁·塞利格曼（Martin Seligman）研究中的老鼠的行为很相似。当老鼠被放置在无法逃避的不愉快情境中，它们无力做出改变，最终只得屈服，退缩到一种绝望的无助状态。不过，塞利格曼研究中的一个重要启示在于，即使条件已经改变，老鼠已经可以自己控制情境时，它们依然保持着绝望的无助状态。当不愉快的情境已经结束时，老鼠仍无动于衷，不会再试图逃跑。塞利格曼称老鼠的这种状态为"习得性无助"(learned helplessness)。(Seligman and Beagley, 1975)

在这种绝望和压力的状态下，个体体内会产生高水平的皮质醇。正如萨波尔斯基对狒狒的研究所显示，在有着强弱老幼等级的动物群体中，处在生存底层的个体往往处于压力的状态之下。对婴儿来说，如果父母或者照看者无法给予他们足够的关注，或者不能满足他们的需要，婴儿也会感受到同样的压力。不管是对狒狒还是对婴儿而言，它们面临的首要任务都是生存。作为群居的社会性动物，它们无法单独生存。因此，被他人忽视、羞辱、威胁或陷害都是很可怕的，会让个体产生不安全感。相反地，拥有社会力量的人（或动物）会有更多的安全感，更愿意展示自我，并且会更多地期望自己的需要得到满足。但如果没有这些社会力量，个体唯一能够感到安全的方式就是退缩和向他人屈服。

安德鲁·所罗门（Andrew Solomon）在他关于抑郁症的经典著作《正午之魔》（*The Noonday Demon*）中提出一个颇为有趣的观点，认为退缩和抑郁有进化方面的原因。(Solomon, 2001)当遭受到群体中更为强大的成员的攻击却难以取胜时，失败者会形成退缩行为。这种退缩行为预示着个体已经承认自己低人一等的社会地位，这样做是为了逃避更为糟糕的结局——死亡。与此类似，在家庭群体中，为了存活，一个不受重视、常被指责的孩子也会接受自己在家中低人一等的地位，形成退缩或抑郁行为。与我们的祖先相比，现代人类的冲突更多发生在心理层面，但所有这些冲突，其本质都相同，都是生存所必需的防御手段。

当个体感到力量丧失或对某件事情失控时，尤其是当这种无力或失控感的出现难以预测时，皮质醇的分泌水平就会变得最高。如果个体可以预期某种不愉快经验的出现并在精神上做好一定准备，那就可以提供一些抵抗应激的保护作用，而且会减少皮质醇的分泌。由此可以推定，心理上的准备可以提供一定程度的控制感。布莱尔（Brier）的研究发现，即使是抑郁症患者，如果对应激源有一定的控制力，在面临应激情境时，他们所分泌的皮质醇水平仍处在正常水平。但如果面对不可控的应激源时，他们的皮质醇分泌水平便会骤然上升。（Brier et al., 1987）这就可以解释，为什么一些抑郁症患者会表现出这样的倾向，即他们总是对低风险的人际关系或工作情有独钟，因为这些情境都是可以被预测的，都是个体所熟悉的。诚然，对他人或困难发起挑战可以提高一个人的地位，但是也可能会以自取其辱而告终，与其冒这样的风险，抑郁症患者更愿意接受自我的弱势地位。毕竟，如果全力以赴地去争取他人的欣赏和接纳，最后却以失败收场，这种经历是相当痛苦的。

左脑和右脑

高皮质醇水平也和高度活跃的右脑以及不太活跃的左脑之间存在一定的联系，这样的构造不同于常人。从托马克（Tomarken）和戴维森（Davidson）的研究可以知道，大部分人的左脑比右脑更活跃。他们发现，大脑的两个半球功能上的这种不对称是人脑的一个固定特征——是一种稳定的"特质"，而不是一种暂时的"状态"。（Tomarken et al., 1992; Kalin et al., 1998b）左脑更为活跃的个体通常表现出许多积极的个性特征，他们会有更多的积极感情体验，情绪更为愉悦，性格外向，喜欢与人交往，通常也喜欢看一些逗人发笑的娱乐短片。然而，不是所有人的大脑都是一样的。也有很大一部分人的右脑更为活跃，他们往往不喜欢看娱乐短片，却对那些描写消极事件的、灾难性的短片表现出强烈的兴趣。（Tomarken et al.，1990）抑郁人群就是这样，因此，抑郁人群并不仅仅是一时的抑郁，而总是以一种消极的态度对待周围事物。

抑郁人群的左脑往往反应迟缓，当一连串消极感受在右脑爆发时，左脑对此却无能为力。特别是处在抑郁状态中时，在他们的左背外侧和左侧角的脑回中，大脑血流量也会变少——这种情况是与个体的冷漠和"言语贫乏"相关联的。（Lichter and Cummings，2001）此外，抑郁人群也存在一些认知方面的损伤，这些损伤通常与左侧前额叶皮层部分的血流量减少相关。（Bench et al.，1993；Drevets et al.，1997）一些用老鼠进行的研究显示，压力事件最初激活的是左侧前额叶皮层，但只有在压力持续存在并且开始失去控制时，才会激活右侧前额叶皮层。因此，左侧前额叶皮层的功能就好像一个缓冲器，可以阻止微弱压力演变成大幅压力，而这恰恰就是抑郁人群所缺少的压力缓冲装置。（Sullivan and Gratton，2002）

那么，抑郁人群大脑的这种不同的运动方式又是如何产生的呢？现在，人们还无法回答婴儿是否在出生时大脑就已经具有某种倾向。当然，确实可以发现一些婴儿，他们的右脑极度活跃，左脑反应却相对迟缓。但目前还没有研究可以证明，婴儿大脑的这种反应模式究竟是先天就有的，还是后天经验的结果。不过，个体左脑与右脑在功能上的这种不同活跃状态的确是一种永久性的、稳定存在的状态，由此可以推知在其中一定发生了某种生理结构上的改变。对这一现象的一种解释是，早期的生活经历会影响到大脑的结构。这种影响最有可能发生的时期便是婴儿阶段，因为婴儿期是大脑发育的黄金时期。有关抑郁的母亲和她们孩子之间互动状况的研究，在一定程度上揭示了这一问题。

我们知道，如果母亲是抑郁症患者，她们的孩子往往会表现出这种大脑两半球的功能失调。这些婴儿没有其他婴儿所拥有的左脑优势，即使在他们兴高采烈地玩耍时也是如此。这些左脑活跃程度较低的婴儿通常被描述为冷漠无情的，他们在玩耍时也不太情愿与母亲亲近。这可能是由于母亲的左脑本身就不活跃，她无法刺激孩子的左脑活跃，也无法教会孩子如何调整自己的左脑。

步入成年之后，与普通家庭的孩子相比，母亲为抑郁症患者的孩子自身也更可能患抑郁症。这些孩子中约有40%在16岁之前经历了抑郁症，特别是那些没有和母亲建立起安全依恋关系的孩子（图2.1）。（Murray et al., 2011）

图2.1 她正在遭受抑郁的痛苦，因为她的母亲就是抑郁症患者

其实，即使在婴儿时期，也可以从孩子身上看到抑郁的苗头。他们通常性格孤僻，避免和他人进行目光交流。当然，这可能是因为他们从幼年开始就不再期望从抑郁的母亲那里得到关注和正面反馈。已有研究指出：许多患有抑郁症的母亲不能积极应对婴儿的哭闹。功能性磁共振成像（fMRI scan）显示，与非抑郁症的母亲相比，抑郁症母亲的前额叶皮层相对不活跃。（Laurent and Ablow，2012）

毫无疑问，缺乏积极的亲子互动会对孩子的大脑发育产生明显的消极影响。一项新的研究发现，那些母亲持续具有抑郁症状的孩子，在10岁时他们的杏仁核体积明显大于对照组。（Lupien et al.，2011）但是，即使母亲的抑郁症只发生在孩子的婴儿期，也会在孩子发育的过程中留下烙印。一项研究显示，当这些婴儿时期母亲患抑郁症的孩子长到13岁时，其中的一部分孩子会表现出异常的应激反应，并且他们体内的皮质醇水平会更高。（Murray et al.，2010）

患有抑郁症的母亲与正常母亲的举止是不同的。一项由杰弗里·科恩（Jeffrey Cohn）和他的同事们进行的研究发现，正常母亲和孩子之间的游戏互动是在积极和中性之间来回波动，两者大约对半开。但是，抑郁的母亲与孩子之间几乎没有积极互动。在与孩子的相处中，大约有40%的时间，母亲都对孩子的行为没有任何反应，或者干脆袖手旁观。在其余的时间内，她们对待孩子的态度绝大多数都是怒气冲冲、粗暴干扰或者蛮不讲理。当母亲发怒时，不管是暴躁失态还是面有愠色，孩子们大都会转过脸去，不再理会母亲。显而易见，虽然孩子可能非常希望离开母亲所在的房间，却无能为力。对一个孩子来说，最为痛苦的经历似乎就是无法得到母亲的关注。当母亲的注意力转移到其他地方时，婴儿会尽其所能地进行反抗，在他们看来，被母亲忽视似乎比受虐待更难以承受。总而言之，对那些母亲为抑郁症患者的孩子而言，他们所经历的消极体验要多于

积极体验。(Cohn et al., 1990)

大多数正常母亲的孩子很少经历这种消极体验。这就对克莱因精神分析理论(Kleinian psychoanalytic theory)提出了疑问,该理论认为,婴儿最初就是充满嫉妒与贪婪的(Klein 1988)。这更像是说,婴儿本身过多的消极情绪体验造成了不良的母婴关系。显而易见,克莱因的理论和很多人的感受产生了共鸣,也许这些人幼年时期都曾有过不愉快的经历,他们将这些经历归咎于婴儿自身的嫉妒和贪婪。在我看来,在分析母婴之间的关系时,更应该强调抑郁的母亲对自己的孩子——而不是孩子对母亲——的敌意和嫉妒,这样的做法才更为恰当。

贫穷和抑郁

"抑郁"这个词似乎总是和贫穷、社会排斥等联系在一起。乔治·布朗(George Brown)和蒂里尔·哈里斯(Tirril Harris)的研究发现,那些没有经济来源的人确实在生活中会碰到更多的羞辱、阻挠等消极事件,这些都会成为引发抑郁的导火索。与此类似,卡伦·莱昂斯-露丝(Karlen Lyons-Ruth)也指出,虽然低收入和各种问题事件、抑郁之间存在联系,但这些因素本身并不会直接导致抑郁。

莱昂斯-露丝分析了一群生活环境贫困并且在抚养孩子方面存在问题的女性。在谈及这些贫困的母亲时,研究者形容她们是怠慢的、冷漠的或者愤怒的,却没有人认为她们是抑郁的。然而,最终的结果显示,这些母亲确实具有明显的抑郁症状,她们常常处于一种初级的、慢性的抑郁状态中,处理问题的能力似乎已经耗到了某种极限。这种状态被莱昂斯-露丝描述为"精神倦怠"。这些贫困的人中也有一些妇女可以很好地胜任抚养孩子的职责,她们在其他方面都与前一组妇女相匹配,虽然两组母亲在经济上同样贫困,但这一组妇女的抑郁症状明显少得多。

莱昂斯-露丝指出，这些女性在养育子女方面所经历的困难，不能简单地归咎于贫穷或遇到的困境，而是应当对她们的成长历程进行回溯性分析，从童年时期的经历来理解她们现在的行为。最关键的是，一定要关注这些女性在童年时期与自己母亲的关系质量如何，这对成年之后是否会出现抑郁症状以及能否胜任母亲角色具有很好的预测作用。（Lyons-Ruth，1992）

在我对亲子关系进行分析和治疗的工作中，接触最多的便是抑郁的母亲。这些女性通常非常渴求来自他人的关注，在对自己成长经历的介绍中，她们中的大部分人都描述了自己和母亲之间的不良关系。例如，贝妮塔（Benita）有一个残疾的母亲，所以她觉得无法让母亲满足自己的许多需求；莎莉（Sally）有一个情绪多变、喜欢酗酒的母亲；吉尔（Jill）的母亲是一个职业女性，但工作的繁忙使她无暇理会和照料孩子。在这些来访的母亲中，也有一些人认为自己曾有一个称职的母亲，自己与母亲之间的关系也很好，但她们无法列举相应的事例来证明母亲曾经对自己的细心呵护。在这些来访的抑郁母亲中，有很多人在童年时期没能得到她们所需要的关注，现在她们发现自己也很难把这样的关注给予孩子。面对孩子，她们常常感到无能为力，不知道该为孩子做些什么，不知道如何才能让孩子停止哭泣，也不知道如何才能让孩子晚上睡个安稳觉。她们只是希望孩子能够快点儿长大，这样的话就不需要那么多的关注了。

不管出于何种原因，与一个无法提供情感支持的母亲生活在一起对孩子大脑的影响，和更明显的剥夺行为比如完全隔离，效果是一样的。作为社会性生物，婴儿天生需要与他人建立社会交往，这样才能促使大脑发育完善。如果在幼年时期孩子没有得到足够的关注和呵护，或者说，如果孩子没有称职的父母来照顾自己，那么，在他们的成长过程中，大脑的某些重要区域的正常发育将受到影响。

在大脑的这些区域中，大脑前额叶皮层，即所谓的社会性大脑（social brain），会尤其明显地受到早期亲子关系的影响。大脑前额叶皮层与抑郁症之间有着密切关系，抑郁人群的大脑前额叶皮层通常较小，尤其是在左脑，这一特征更明显。大脑前额叶皮层与抑郁症之间的这种联系已经被一系列研究支持，在对青少年抑郁症患者的研究中也再次印证了这一结果。（Steingard et al., 2002; Frodl et al., 2010）除非在今后的研究中，人们可以进一步证明较小的前额叶皮层是由遗传因素决定的，否则上述研究就可以有力地支持以下观点：抑郁症和婴儿时期社会大脑的发育不良之间存在着密切联系。尤其值得注意的是，抑郁症患者前额叶皮层的背外侧部分的神经元密度通常较低，这个部位是在幼儿期发展的，同个体用言语表达自我的功能相关。个体的抑郁程度越严重，其前额叶皮层的活跃程度就越低，前额叶皮层血流量就越少，并且神经递质（如血清素和去甲肾上腺素）的分泌量也会更少。尤其需要指出的是，重度抑郁症患者的前额叶皮层的眶额叶区也更不活跃，这就使得抑郁人群更难以客观地评判情境，从而更好地控制自身的反应。

抑郁症患者社会大脑的发育不良，可能与婴儿时期父母关爱行为的多少有直接关系。当婴儿处于困境，无法抑制自己的恐惧和悲伤时便会大声哭泣，这时，如果照顾者没有采取有效的措施来安抚婴儿情绪的话，持续的哭泣会使婴儿脑内分泌出大量皮质醇。不幸的是，婴儿被照顾的方式通常会产生持续影响。4个月大时经常哭泣的婴儿，在1岁时会表现出内向、退缩行为，由此可断言，这些孩子在4岁时会变得害羞。举一个简单的例子，罗马尼亚孤儿院的孩子由于从小失去母亲，与同龄的对照组孩子相比，他们大脑的眶额叶区、杏仁核、海马体以及颞叶的活跃程度都更低，而这些部位恰

恰担负着人体应对压力的职责。（Chugani et al., 2001）

关闭压力反应的开关

大量研究表明，多数重度抑郁症患者的皮质醇分泌水平较高，但是，如果让皮质醇的分泌水平恢复正常，那么抑郁症状就会减轻。正如安德鲁·所罗门所描述的，高水平的皮质醇分泌就好像整天给一个房间加热，即使房内空气已经热得难以忍受了，加热器还是无法停止工作。抑郁也是如此，即使周围没有明显的压力，个体的压力反应也会持续下去，生活中每个细小的事件都会成为压力的来源。问题在于，开关的"关"按键出了故障。

皮质醇分泌水平容易异常的人发现，当经历不愉快事件时，他们无法像正常人那样反应，也无法让自身的皮质醇含量恢复正常，因为他们的恢复机制出现了故障。再强调一次，这种情况同时发生在生理和心理两方面。在生理水平上，大脑中的消极反馈循环出现了问题。当皮质醇含量长时间维持在较高水平，海马体的功能就会逐渐受到影响。对正在发育中的大脑而言，这一问题尤其严重。最近用猴子进行的研究发现，过高的皮质醇含量可能对正在发育的海马体非常有害，对成人海马体的危害则相对较弱。研究者长时间持续给成年猴子注射皮质醇，却发现这对它们的海马体几乎没有产生影响。

如果海马体出现了问题，就无法通知下丘脑何时停止生产CRF。因此，下丘脑就无法使用它的关闭按键。下丘脑与大脑的许多部位之间都存在连接，包括产生恐惧情绪的杏仁核。如果无法关闭下丘脑的开关按钮，个体的应激反应就会一直持续下去。

最新理论对上述问题加入了其他影响途径。异常的压力应激反应也可能会对免疫系统产生作用。正常来说，皮质醇会在初始激发

（通常是感染或压力事件）后的几个星期内关闭炎症反应。当炎症反应无法关闭时就会失去控制，促炎性细胞因子（例如，IL-6）会翻倍生成。

令人好奇的是，这不仅会影响个体健康，还会诱发抑郁症。一些引人注目的追踪研究发现，那些具有高水平炎症或者促炎性细胞因子的成年人最有可能患抑郁症。一项对英国政府公职人员群体的11年追踪研究显示，是细胞因子（cytokines）激发了抑郁，而不是抑郁激发细胞因子。（Gimeno et al., 2009）

为什么这些强壮的中年人一开始体内就具有高水平的细胞因子呢？对一些人来说，这似乎是对当前压力的反应。研究发现，那些苦恼于职场中不公平事件的男性公务员体内的促炎性细胞因子水平更高。（Elovainio et al., 2010）不过对另外一些人来说，这可能源自幼年时期所经受的压力。遗憾的是，这个研究无法获知这些被试者的童年是否充满压力。然而，研究者都认同近年的研究成果——充满压力的童年也可能导致过度的炎症反应。（Danese et al., 2008；Miller et al., 2011；Pace, 2006；Bilbo and Schwartz, 2009）

在心理层面，高浓度的皮质醇会导致抑郁症患者陷于焦虑状态，而高炎症水平则会导致个体容易出现"病态行为"，比如嗜睡冲动或者退缩倾向。从这一状态来看，抑郁症患者很难摆脱消极的念头和感受，他们体内消极的内部工作模型很容易被激发。布朗和哈里斯发现，成年人的抑郁心结常常源于无法获取情感支持或是被人拒绝、自尊丧失的遭遇。（Brown and Harris, 1978）抑郁人群往往认为自己一无是处，对他人而言可有可无，这就导致了他们对自我产生诸多消极评价，如"我是一个白痴""我一点儿都不好""我不值得被别人关注""我真不幸"等。因此，他们内心深处渴望得到他人的积极反馈和关注，但当这些需要一时没有得到满足，他们内心又会产生一种羞耻感。

在 20 世纪 70 年代所做的经典研究中，布朗和哈里斯指出，有些人似乎更容易受到羞耻感的困扰。他们进一步的追踪分析发现，那些在 11 岁以前失去了母亲的人更容易受到羞耻感的侵袭，另外"非安全型依恋"的个体也是如此。他们提出，在这些人的身上出现了某些自尊成分的缺失，因此这类人很难相信"无论怎样，自己身上还有其他闪光之处"。那些容易受到抑郁侵袭的人，几乎无法修复由心理创伤所引起的自尊方面的裂痕。

现在我们可能会认为，个体如果无法从心理打击中恢复过来，那就可能是其自我调控方面出了问题。抑郁人群通常会有反刍思维，在他们的头脑中，总是痛苦地、不停地回味自己情感上的伤痛，他们几乎很少思考如何才能改善自己此刻的境遇，也无法在这个方向上向前迈进。抑郁症患者总是竭力避免别人对自己的否定和拒绝，然而对于如何赢得自己所需要的支持和认同，他们又会感到非常绝望和无能为力。他们处在自己编织的怪圈中，一方面无法放弃目标，另一方面又缺乏能够达成这些目标的信心。（Carver and Scheier, 1998）

人际关系的修复能力是后天习得的

抑郁症的一个典型特征便是绝望，艾伦·肖尔也对这个关键维度非常关注。在社会背景下，绝望是无法正确处理事情的结果，不仅仅指对自我的消极念头——抑郁症的一个关键要素在于，个体会绝望地认为自己无法改进自己，也无法赢得别人对自己的认同和欣赏。例如，卡里斯常常会放弃自己正在着手的事情或者交往中的人，因为在她看来，任何努力都无法改善她如今的处境。在一个偶然的情况下，有一个病人需要急诊，作为助手的她却忘记告诉医生了。这可是一个严重的疏忽，可能会对病人造成难以挽回的可怕后果。卡里斯为此忧心忡忡，她担心自己会因此丢掉工作，这样就再也无法找到这样一份好工作了。那位令人尊敬、待人和善的医生肯定会对她勃然大怒，再也不会理她了。但是，这能怪医生吗？只能怨自己的愚蠢和玩忽职守，是自己让别人失望了。于是，她终日被这种内疚的感觉所折磨，以至于无法振作起来重新工作。由于无法面对和接受所发生的一切，结果她的情况日益糟糕，最后变得无法收拾，医生最终也只得解雇了她。在整个事件的过程中，她完全没有换一种思维，没有想到自己可以向医生解释或者道歉，没有想到应该告诉医生那天她是多么疲惫，因为她的女儿在半夜流产把她叫醒了，这样的话医生也许会原谅和理解她，事情的发展也会截然不同。但是，除了一味地自我谴责和焦虑之外，她没有做任何努力去修复和弥补自己所犯的过失，即使她一定会因此丢掉工作，至少也应该努力去赢得他人的尊重和理解，可她什么也没做。

肖尔称这种情况为"破裂与修复"循环。人与人之间的冲突和压力是在所难免的，当这种情况发生时应该学会如何及时进行修复和弥补，努力重建积极和谐的关系，这一点非常重要。这是亲子之间依恋关系建立的关键，也是安全感和自信心的重要来源。这种对人际关系的修复能力建立于新生儿阶段，在1岁左右正式形成。安全型的儿童会形成这样一种认识：当自己不舒服或难受时，父母会及时出现对自己进行安抚和帮助，让自己平静下来，父母是自己安全的港湾，他们不会离开自己，也不会让自己遭受痛苦和焦虑。但是，如果婴儿认为，当自己难受时无法向父母寻求安慰，因为父母会忽视自己的需求，甚至会更加严厉地惩罚自己，那孩子就会陷入痛苦焦虑的状态之中，他的皮质醇含量会持续处于高水平，无法降低。孩子到底会产生何种认知模式，关键在于父母，因为婴儿还没有能力调控自己。

那些幼年有较多压力体验，又没有得到父母及时安抚的儿童就会像卡里斯一样长大，在人际关系产生冲突和压力时只是一味地处于压力情境中，认为自己没有能力处理这些问题，也无法修补和恢复人际关系中出现的裂痕。但是，这种人际关系的修复能力并不是一种天生就拥有的个人特质，而是一个自我调控的问题，是后天习得的。最近，研究者的关注重点发生了转移，人们开始关注抑郁症患者管理自身情绪的方式。朱迪·加伯（Judy Garber）做了一系列有趣的实验来研究抑郁人群及其调控策略。（Garber and Dodge，1991）研究发现，抑郁人群的调控模式相当不成熟，他们对自身的调控仅仅是以"战斗或是逃跑"这样的简单机制作为基础。他们似乎缺乏更为高级和复杂的、与前额叶发展有关的调节策略。他们不会积极地解决与他人之间的冲突，也不会从头至尾地详细分析情况，而且缺乏解决问题的信心。面对人际冲突，他们要么采取退缩、回避的态度，要么就气势汹汹地向他人发起攻击。

梅根·贡纳尔（Megan Gunnar）和安德里亚·达特林对高皮质醇水平的儿童进行了研究，他们的结论与上述相同。他们发现，高皮质醇水平的儿童认为，当自己与别人发生冲突时，他们不知道该如何有效地处理。老师对这些儿童的评价是：与其他孩子相比，高皮质醇水平的孩子在社交方面存在较多问题，这些问题基本都源于同样的原因——这些孩子在处理人际冲突和消极情绪时，或者退缩，或者采取攻击的方式。（Dettling et al.，1999、2000）

修复人际问题的困难同样也展现在抑郁症患者的大脑活动中，他们的大脑通常在修复和重新产生神经细胞的过程中存在问题。这似乎是高压力所导致的另一个不幸的副作用：过于活跃的促炎性细胞因子会对神经生成产生作用。这些细胞因子能够抑制脑源性神经营养因子（BDNF）的表达（Lin and Su，2007），并且阻碍神经细胞在压力事件后的重生能力（Bilbo et al.，2012）。然而，幼年时期母亲温暖、支持性的抚养方式会促进神经的生成。（Branchi et al.，2012；Luby et al.，2012；Lin and Su，2007）

支持型的父母会帮助孩子调整心理状态。加伯和道奇（Dodge，1991）发现，在对母亲的期望上，抑郁儿童也不同于其他正常儿童。抑郁儿童通常认为，与其让母亲帮助自己进行行为调控，还不如进行自我调整。当然，他们清楚自己也不能改变自身的消极情绪。可能正是部分源于这个原因，抑郁症患者非常容易陷入各种消极观念的包围中，诸如"我是愚蠢的"或"我是糟糕的"。当他们还是儿童时，他们也曾试图去解决自己所遇到的同伴冲突事件。但是，按照儿童的思维和视角，他们不可能意识到对方小伙伴的想法、行为和自己会有所不同，因此他们的努力也往往以失败告终，这时，他们便会产生自责，认为这是自身的无能和过错所导致的。这种进退两难的局面被称为"道德防御"（moral defense），是由苏格兰精神分析学者罗纳德·费尔贝恩（Ronald Fairbairn）在20世纪40年代提出的。他指出，在内心深处，儿童不情愿承认父母不称职，因为对儿童而言，父母是他们赖以生存的主要依靠，所以承认自己很糟糕，比承认父母很糟糕更让孩子有安全感。（Fairbairn，1952）

有证据表明，与其他家长相比，抑郁的家长给予孩子的恰当调控尤其少。他们对孩子的漠不关心，可能导致无法向孩子传授良好的调控策略。因此，在如何调整自己、与他人友好相处方面，他们的孩子也可能会缺乏信心。然而，那些非抑郁儿童（他们的父母也不是抑郁症患者）在应对消极事件时会表现得截然不同，他们会采取实际行动来应对这些压力情境，譬如，他们会主动去解决问题，会故意地暂时转移注意力。当出现问题时，他们或者告诫自己要加倍努力，或者放弃现有的策略，另辟蹊径。他们不会认为自己已经无路可走，也不会把问题一定归因于自己的无能。

抑郁症患者的被动与冷漠可能有其一定的生物化学基础，但在行为层面上，它们也是内部工作模型的运行结果，这种内部工作模型形成于婴儿时期。研究表明，在母亲为抑郁症患者的儿童中，有29%会出现情绪障碍，而在母亲有身体疾病的孩子中，出现情绪异常的比例仅为8%。（Hammen et al., 1990）这些母亲为抑郁症患者的儿童，不会期望得到他人的支持和帮助，不会期望从父母那里得到安慰和理解，也不知道如何调节他们的消极情绪。因为对裂痕的修复不抱希望，他们也不会向他人求助。因为没有人教导他们如何集中精力，一步步地解决问题，他们也想不出任何解决途径。他们深陷在自己的消极情绪中，除了逃避，不知道该如何缓解自己的压力。近期研究显示，那些患有抑郁症的父亲也会对他们的婴儿产生影响，会影响他们孩子幼年的行为和情感发展。（Ramchandani et al., 2005）

不幸的是，抑郁也具有累积效果。一个人感受到绝望的次数越多，这种思维模式就越容易被唤起。人们发现，一个人经历抑郁的次数越多，克服抑郁就变得越发困难。如果婴儿时期个体没有建立起足够的自信，那么在以后的生活中，一次次地经历失败情境时，个体的信心也会被日渐腐蚀。此外，神经递质的缺乏以及前额叶皮层的发育不良，导致大脑在应对压力时的动力不足，难以产生新的问题解决途径，也无法控制和缓解体内过度的应激反应。

显而易见，如果要防止抑郁的恶性累积效果，最好的办法就是防患于未然。如果人们能够认识到婴儿阶段是抑郁形成的关键期，那么，为了防止抑郁，最关键的任务便是尽可能早地帮助患有抑郁症的父母。当母亲成功接受治疗并在3个月内明显好转时，这一结果对孩子也是有益的。（Weissman et al., 2006；Pilowsky et al.,

2008）反过来说，充满压力的父母会抚养出内心充满压力的孩子。所以为早期抚养提供一个更具支持性的环境，并且帮助父母给予年幼的孩子连父母自己都缺乏的情感调控技巧和信心，是至关重要的。

3

主动的伤害
——童年期创伤和成年期创伤之间的联系

　　一架飞机猛然坠毁在一片空旷的乡间空地上,幸存者在一片烟雾中跟跟跄跄地蹚过一片一人高的玉米地。吱吱嘎嘎的脚步,伴随着吃力的呼吸,都让他们觉得仿佛又回到了失事现场——在飞机的残骸周围,一片混乱,到处都是火苗、尸体以及惊慌失措的喊叫……这是影片《无惧的爱》(*Fearless*)开始时的一幕。在影片中,由杰夫·布里吉斯(Jeff Bridges)成功塑造的男主人公,面无表情地经过一个正在哭喊着寻找自己婴儿的母亲和一个到处搜寻自己父母的孩子,他似乎视而不见地看着这混乱的场面:火焰肆虐,警笛鸣叫,人们哭喊。然后,他悄悄地找了一辆出租车,独自离开了失事现场。

　　影片中的这一幕,向人们揭示了一个有着创伤经历的人的内心,这次事故过去几个月后他才开始正视现实:他是幸存者,但他的朋友和商业伙伴都死了。这次创伤经历影响了他的人际关系:他再也无法和自己的妻子、儿子生活在一起,而是与那次事故中的另一位幸存者——一个失去年幼孩子的母亲生活在一起。他常常回忆那场灾难,回忆飞机坠毁前的那一刻。他经常投身于一些极其冒险的事情,比如若无其事地横穿川流不息的高速公路。他的生活仿佛已经与现实相脱离。

影片中的这些描述，就是当人们经历了严重的创伤性事件（如被强奸、被抢劫、车祸、战争等）之后表现出的症状。创伤经历能够最大限度地挑战人们处理压力事件的能力，在这种情况下，大部分人会感到惊慌失措，难以有效地应对这突如其来的打击。精神病学上对创伤的定义包括任何威胁到你生命或身体的经历，以及任何强加给你的恶意伤害。（APA，2013）专家还发现，创伤性事件的目击者（灾难中的受害者或看到灾难发生在其他人身上的人）也会受到同样的影响，这就意味着我们无法避免自身对他人所受伤害的感同身受。当受害者是与我们关系密切的人时，这种痛苦是非常沉重的，尤其当事故中失去的是自己的孩子时，这种痛苦更是难以承受。在 2002 年秋天的一个下午，10 岁的女孩尼基·弗洛斯（Nicky Fellows）在去朋友家的路上，被一个陌生人拖到附近的小树林中强暴并且杀害了。她的母亲苏珊·弗洛斯（Susan Fellows）事后描述那件事情是如何影响她的婚姻生活的："我们各自对待悲痛的方式是不同的，我们不断地责备对方当时没有在孩子身边。我不让丈夫靠近我……在此后很长一段时间里，我都不能容忍他碰我。我也试着告诉自己，变成这样不是因为他有什么过错，而是因为发生在尼基身上的悲剧——被性侵犯——不断地浮现在我脑海里。"（*Guardian*，25 November 2002）

从本质上讲，创伤是与生理和心理所受伤害的一种正面交锋。这种伤害可能是身体上的致残或者死亡，也可能是心理上的自我受到了伤害或毁灭。在任何一种情况下，其实质都是一个人的主观意愿被他人强暴式地否决。这种仇恨可能会把我们带到生命的边缘：正如《无惧的爱》中，杰夫·布里吉斯扮演的角色走在摩天大楼顶端一堵非常危险的小矮墙上，生命随时危在旦夕的情景一样。创伤是一种最原始的恐惧，是一种彻底绝望的恐惧，在这种状态下，你知道没有人可以挽救、保护你或你爱的人。你和其他人之间的联系被切断了，你的身心健康都被破坏了。你曾经拥有的、习以为常的世界，以及周围生活中的一切都在突然间坍塌。你的整个世界都变了，也不再安全了。

创伤后应激障碍（PTSD）

面对创伤经历，人们的正常反应是恐惧。当事件发生时，个体的杏仁核会让人产生战斗或逃跑的反应，并会使各种系统都参与这种应激反应。交感神经系统会释放肾上腺素，个体的心率会加快，血压也会上升。然后下丘脑将会产生连锁反应，导致皮质醇的分泌。通常在几小时内，机体的所有这些反应都会自行消失，恢复到正常状态。然而，如果创伤极其严重，或者延续时间很长，机体就难以在几小时之内恢复到正常水平，而可能花费一年或更长的时间来逐步恢复。

创伤后应激障碍（Post-Traumatic Stress Disorder，PTSD）鉴定，已经成为用来鉴别创伤反应是否异常的一个公认标准。所谓创伤反应异常，其实就是指恢复期超过了正常的期限。精神病学家认为，当人们遭遇可怕的事情时，确实难以把这些创伤经历同原来的正常自我整合在一起。这时，个体最常出现的症状便是对创伤经历无法遏制的回忆、噩梦、失眠、易怒、焦虑、自残以及为避免谈及创伤所做的挣扎。（Green，2003）受创伤者也可能会经历灾难重现、惊恐和抑郁。他们一遍一遍地回忆创伤性事件，对曾经的创伤非常敏感，同时又过分担心类似事件会再次发生。但是，情绪反应正常的人可以从这段经历中找到一些意义，他们至少可以因此从别人那里得到安慰，最终找到一种接受创伤的方式，并且在最大限度上让自己的生活恢复正常。就如同丧失亲人一样，随着时间的流逝，这种创伤经历所带来的痛苦也会逐渐变得可以控制，或者只是间歇性地发作。对大多数人而言，可以在一年左右的时间里从痛苦中恢复过来，而 PTSD 就是用来诊断那些几乎不能恢复正常的个体。

在对成年期创伤性事件的反应中，有 8%（Russo et al., 2012）的个体属于病理学反应，为了解释这种反应的起因，我们需要再次回溯到童年时期。事实上，很多难以从创伤经历中恢复过来的人，往往童年时期建立的情绪系统都比较脆弱。表观遗传学搞清楚了这一点，早年的逆境能够改变负责应激活动基因的功能。（Weaver, 2007）这些改变了的基因使人成年后对于创伤更加脆弱，更容易患 PTSD。（Seckl, 2008; Seckl and Meaney, 2006; Yehuda and LeDoux, 2007）

显然，曾经出现过情绪问题的人，倾向于用一种悲观的心态来看待当前正在发生的事情。他们通常会对压力产生过激反应，容易从消极的角度解释正在发生的事情。当他们在无意识中把所处情境评估为危险的或无法控制的时候，更有可能产生过度的应激反应。当然，面对压力时对周围环境的评估确实非常重要。当我们认为所处环境没那么危险时，应激反应也就不会发生。比如，贝塞尔·范·德·科尔克（Bessel van der Kolk）描述了一位妇女，这位妇女曾被人强暴，但她成功地克服了这一创伤经历，在事件过后的很长时间里她的状态一直维持得不错。然而，在一次偶然的机会中，这位妇女得知强暴她的那个歹徒曾经杀死过一名受害者，于是突然出现了 PTSD 的所有典型症状。其实，她之所以突然出现适应不良，只是因为她对环境的危险度评估发生了变化。（Van der Kolk and McFarlane, 1996）

另外，幸存者获取自己所需支持的能力，也会影响到他们经历创伤后的恢复力，而这种获取帮助的能力又会受过去经验的影响。那些幼年有着"非安全型依恋"关系，或者有着创伤经历的个体，由于缺乏赢取别人支持的信心，去寻求援助的可能性也更小，于是在创伤的恢复过程中，现有的社会支持力量扮演着重要角色。"安全型依恋"关系能够帮助我们调整情绪。只要握住你所信任的人的手，个体大脑中恐惧环路的活动就会减少。（Coan et al., 2006）当你认为他人不再能够让你有安全感时，创伤会变得更严重。当孩子被那些他们非常信任、认为能够保护自己的人进行身体或者性虐待时，他们的PTSD发病率非常高，他们步入成年后，面对创伤性经历也最有可能患PTSD。（Charuvastra and Choitre, 2008）

我们都需要在外部世界获得信任感，需要通过安全的依恋关系获得安全感，不过，我们也需要知道自己所生活的社会对他人而言也很重要。一些针对在伊拉克战争中患了PTSD的老兵的新研究发现，他们的创伤并非主要源于对自身安全的恐惧，而是源自他们内心对完美道德世界的归属感的坍塌。在侵略刚开始之际，这些士兵并不确定哪些人是敌人，最终杀害了一些平民，包括女人和小孩。一个叫作卢·洛贝罗（Lu Lobello）的士兵的头脑中无法磨灭这样一段记忆——一个女兵沿着地上的圆圈一边走一边自言自语地尖叫："我们杀了一个孩子！洛贝罗，我们开枪打死了一个孩子！"这些老兵承受着"道德上的创伤"，他们的内心被羞耻感、罪恶感和遗憾所占据。（Dokoupil, 2012; Maguen et al., 2009）

能否从严重的创伤经历中恢复，很大程度取决于在生命早期所建立的关键结构，从杏仁核的过度活跃以及异常的应激反应到海马体、前额叶皮层的情绪反应。所有这些，在很大程度上都会明显地受到婴儿期所形成的依恋类型的影响。（但是，非常严重的创伤经历也会打破个体幼年所建立的应激反应系统，即使这种应激系统曾经

运行得非常良好和有序。正如纳粹集中营中的幸存者所描述的那样，他们中的很多人在幼年时曾经拥有温馨、幸福的家庭）

对于发生在20世纪40年代的纳粹大屠杀，幸存者和研究者详细地描述了人们对那段经历的反应。维克多·弗兰克尔（Victor Frankl），一个曾在集中营里生活过的心理学家，深深地体会到，即使面对逆境，个体也能够选择不同的应对方式（Frankl, 1973），个体仍旧有能力去思考（当然，实际上是运用前额叶皮层思考），仍然可以坚持自己的信念，哪怕是如此绝境之下也不例外：

……（在那种氛围下）的确可以采取另外一种态度。可能在每一个集中营里，都有一些人能够克服敌人的冷漠无情，并且压制住自己的愤怒。这些人是自我克制和自我牺牲的榜样。他们不为自己寻求任何利益，只是在集中营的空地和营房里走动，给别人一个友善的问候，或者把手上仅有的面包送给他人。

维克多·弗兰克尔认为，这种行为可以被看作"精神上的胜利"。另外一些人却很难冲破逆境，以乐观的态度对待曾经的创伤。比如，罗玛·利高卡（Roma Ligocka）是史蒂文·斯皮尔伯格（Stephen Spielberg）所执导的电影《辛德勒名单》（*Schindler's List*）中，那个在波兰居住、穿红色衣服的犹太小女孩的原型。在最近的一次访谈中她指出，尽管自己现在已经是一名非常出色的戏剧导演，但当年那些灾难在她心灵上留下的创伤仍然没有愈合。她说她现在依然会经常感到恐惧、抑郁以及失眠——"时间不能治愈伤痛"。（*Guardian*, 16 October 2002）个体面对创伤的这些不同反应，一方面受自身选择的影响，但在更大程度上则是来源于他们幼年时期的经历。由于自身不良的早期体验或者通过父母传递给他们的创伤经历，这些人的内在系统的发育是不稳固的。表观遗传学的一些极端发现强调了这些事实,父母自身对生活的适应能力能够改变基因,并遗传给他们的孩子,使孩子在面对逆境时更加容易受到伤害。(Yehuda and Bierer, 2009)

大脑结构和PTSD的关系

很多研究都发现,杏仁核的反应是导致 PTSD 的关键因素。杏仁核是大脑中的一个基本结构,它的这种反应是幼年的惊恐经验所致。那些遭受过创伤的人,杏仁核通常处于过度活跃状态。(Shin, 2009;Etkin and Wager, 2007、2010;Liberzon et al., 1999)杏仁核的过度激活会使人处于警戒状态,并且会出现由交感神经兴奋所引起的呼吸加快、心悸、冒冷汗、紧张、失眠等症状,认为危险无处不在。处于这种状态下的个体会发现自己的整个生活都围绕着创伤性事件展开,通常会试图回避任何可能引发有关创伤经历的情境——尽管在有些情况下,受创者也可能会冲动地置身于极其危险的情境中,就如电影《无惧的爱》中的杰夫·布里吉斯那样。然而,绝大多数的受创者会有意识地采取各种手段,努力让自己摆脱曾经的创伤,比如远离人群,用酒精和毒品麻痹自己,尽量让自己忘掉一切,因为不管怎样,没有感觉总是要比感到痛苦好受很多。

但是,由于以下因素的影响,他们在关闭自己的恐惧系统时存在着一定困难。一方面,当还处在母体子宫内或者婴儿时期时,受创者的杏仁核可能已经对恐惧经验变得过度敏感。另一方面,早期儿童创伤或者压力影响到受创者的前扣带回和前额叶皮层的发育,正如我们在前面篇章所提到的那样,这一部位的发育会影响到杏仁核的功能。很多研究发现,那些经历童年创伤性事件或者压力的孩子,其前扣带回比较小。(Woodward et al., 2013;Cohen et al., 2006;

Bremner，2006）当大脑的这些部分反应迟钝或者反应过度（Etkin and Wager，2010）时，它们可能会动力不足，更加难以抑制杏仁核反应和控制恐惧感。这会增加个体未来在战争场景中患上 PTSD 的可能性（Shin et al.，2001；Woodward et al.，2013），也会增加成年生活中其他创伤性情况发展为 PTSD 的风险（Kasai et al.，2008）。

早期压力能够影响杏仁核及其周围的环路，当然还会产生其他后果。糟糕的幼年依恋经验会导致后叶催产素的缺乏，也会对压抑杏仁核的恐惧反应造成困难。（Fries，2005；Charuvastra and Cloitre，2008）

早年的压力也会减少血清素的数量，而血清素有助于杏仁核和前扣带回的发育以及两者之间的通路运作完好。孩子经历压力的时间越早，体内可用的血清素的数量就越少，他未来患上 PTSD 的风险就越高。（Murrough et al.，2011；Krystal and Neumeister，2009）

很多长期的 PTSD 患者【虽然不是全部，但似乎与童年早期的不良遭遇高度相关（Schmidt et al.，2011）】体内的皮质醇处于较低的基准水平。因为皮质醇可以终止个体应激反应，对修复不良遭遇的记忆重现和高唤起状态起到至关重要的作用。低水平的皮质醇可能会导致炎症反应难以遏制地活跃，个体难以走出早期压力的影响，导致自体免疫的疾病。最近的研究发现患有 PTSD 的个体的基因中会发生表观遗传学上的改变，从而影响到他们的炎症表现和免疫系统。（Beals，2010）

在纽约长期从事这方面研究的专家雷切尔·耶胡达（Rachel Yehuda）指出，在 PTSD 患者体内发现的低水平皮质醇，可能反映了一种增强的皮质醇负反馈。这些患者体内的葡萄糖受体会变得更加敏感，在对压力做出反应时所需的皮质醇含量也会更少。（Yehuda，1999、2001）当这些皮质醇处于低水平的人遭遇新的创伤性事件时，他们的应激反应强度要远高于那些皮质醇分泌旺盛的人。

耶胡达对那些在"9·11事件"发生时正处于孕期的纽约市民进行了研究,发现因此事件而患上PTSD的孕妇的体内皮质醇含量更低。(而那些没有患上PTSD的母亲体内的皮质醇含量则不低)并且,这个结果甚至可以适用到下一代:患上PTSD的母亲生下的婴儿体内的皮质醇含量也更低。这再次证明,婴儿的HPA轴压力系统早在子宫里就已经被设定好了程序。(Yehuda et al., 2005、2009)

海马体的作用

作为一种压力激素,皮质醇可以影响应激反应本身,同时还会影响涉及HPA轴的大脑其他部位。通过海马体,皮质醇可以影响到下丘脑(HPA中的H),而海马体能缓解应激反应。不幸的是,长期处于压力下的孩子大脑中有过多的皮质醇,这对海马体细胞是有毒性的,甚至更长时间的持续压力会导致海马体萎缩。(Moghaddam et al., 1994;McEwen, 2001、2010)。由于海马体在管理记忆中起着重要作用,萎缩的海马体会影响到我们把记忆整合到已有的个人历史中的能力,以及按照常识把各种记忆体验"按比例存放"的能力。

皮质醇的害处还体现在它会影响海马体的恢复能力,太多的皮质醇会减少血清素和BDNF的含量,血清素会影响海马体新生细胞的生长以及终生恢复的能力。(Karatsoreos and McEwen, 2011;Chalmers et al., 1993;Pitchot et al., 2001)

脑成像研究发现,长期处于PTSD状态的人,海马体会出现萎缩,比正常人小8%左右。在对一些长期处于紧张状态、经历持续性创伤事件的越战老兵的研究中,人们发现他们的海马体要比正常人小26%。(Bremner et al., 1997)这就初步表明,长时间经历战争之类的创伤性事件会破坏士兵的大脑,造成海马体萎缩。然而,也有一些研究对此项结论产生了疑问。最近的研究显示，那些老兵较小的海马体其实在越战之前就已经形成。（Gilbertson et al., 2002）

吉尔伯森（Gilbertson）和他在哈佛大学的同事研究了一对双胞胎，这对双胞胎中的一个曾经历过战争的创伤，而另外一个则在家中正常的环境下成长。结果发现，双胞胎中经历过战争创伤并且出现 PTSD 症状的人的海马体，比其他没有 PTSD 症状的老兵的要小，这就在某种程度上支持了已有结论：压力会使海马体萎缩，海马体越小，PTSD 症状越严重。然而吉尔伯森和他的同事还发现，双胞胎中的另外一个（待在家中）的海马体也比较小，这就表明，小的海马体应该是在战争之前就形成了。

现在看起来，似乎是较小的海马体本身造成了双胞胎中那个经历过战争创伤的孩子出现 PTSD 症状。可能是由于他们海马体的发育不良，因此在处理创伤性事件时，与海马体发育正常的人相比，这对双胞胎孩子存在着更多的困难。

最近的研究证实了这可能和他们的早期经历有关。脑成像研究指出，长期受到身体虐待或是性骚扰的孩子，他们的海马体的体积较小。（Bremner et al., 1997；Villareal and King, 2001）此外，那些曾患抑郁症的成人的海马体也比较小，这可能也是他们的早期经验所造成。（Cole et al., 2011；Teicher et al., 2012；Bremner et al., 2000b）

海马体的发育可能还存在着关键期，当个体遭受虐待或者被缺爱的父母教养时，海马体最容易受到影响。海马体发育的关键期被认为是在 3-5 岁之间。（Anderson, 2008；Rao et al., 2010；Teicher et al., 2012）然而，实际情况错综复杂。在童年早期，这种萎缩并不明显，到了成年早期之后才变得明显。上述发现仍需进一步探讨，研究者目前还不能完全理解现有结果。

这也可能涉及遗传倾向性。近期研究者发现了有关记忆的基因

（PKCa）和关于处理恐惧的基因（Oprl1）之间的联系，这两个基因都被认为会增加个体患PTSD的风险。然而，遗传倾向性的影响并不能和个体的实际经历区分开来，特别是早期经历。拥有这些基因的个体，如果生活在郊区一个安静、舒适的地方，可能相关症状永远都不会表现出来。正如加拿大医学教授迈克尔·米尼（Michael Meaney）所说的那样："神经递质和激素的活动受社会互动影响，社会互动导致了基因活动和表达的不同。基因组的运行无法独立于其所处的环境。"（Gonzalez-Pardo and Alvarez，2013: 10）

把创伤用言语表达出来

"情感热烈的"杏仁核可以在无意识层面储存那些强烈鲜明的记忆，并且这些记忆是无法改变的，然而"冷静的"海马体则在意识层面处理言语记忆，并且会不断更新。通过海马体的通知，眶额叶皮层可以对环境进行评估，从而预测其后果。这意味着海马体在帮助个体适应环境上起到重大作用。通过存储近期的重要经历，海马体不断更新着我们的记忆，使我们的个人陈述和自我意识也不断调整。但是，在PTSD患者身上，这些都不会发生，海马体不能有效运作的人，无法把他们的创伤经历整合到其言语记忆中。

劳赫（Rauch）和他的同事设计了一个实验，目的是探索有过创伤经历的人，看看当创伤性事件的记忆处于活跃状态时，他们的大脑会有何反应。（Rauch et al., 1996）劳赫用录音带记录了被试者自己描述的创伤经历，然后她一边重播录音，一边用PET扫描他们的大脑。结果发现，左脑的前半部分和布罗卡氏区（Broca's area）的血流量减少了，这两个区域负责组织言语。与此同时，负责激活情绪、味觉和视觉形象的右侧边缘系统和视觉皮层的血流量增加了。由此可见，对创伤性事件的回忆会使负责感知觉和情绪的右脑比较活跃，但会抑制负责言语功能的左脑，就仿佛这两个半脑之间不存在联系。当右脑处于高度唤醒状态时，左脑的前半部分不能对个体的经历进行加工，也不能把它转化为言语形式。这可以用来解释"瞠目结舌"的现象——在这种情况下，面对突如其来的事件或情境，你会顿时哑口无言或语无伦次。但是，如果没有左脑布罗卡氏区和海马体的言语功能，就很难正常地处理和评估情绪。一般来说，左脑可以把个体的体验整合到相应的时间和空间序列中。如果上述的脑区域中某个部位的功能出了问题，那么，个体便无法让自己的某种经历从脑海中滑走，成为回忆。于是，这些经历便会不停地在脑海中跳跃和闪现，仿佛这些经历正永无休止地、时时刻刻地在眼前发生。这就是"闪回状态"（flashback state），由于没有经过海马体以及其他区域的充分加工，一些碎片化的记忆会反复重现。

　　创伤的恢复可能有赖于把这些遭遇用言语表达出来，激活左脑的相应部位，从而把创伤经历放置到相应的情境中去。研究发现，在很多情况下，把压力转化为言语，是面对创伤性事件的一种有效方式。（Pennebaker，1993）当然，对小孩子来说，这种做法是不现实的。正如前文所指出的那样，大脑左半球和海马体在出生两三年之后才能发育完全。因此，3岁之前的创伤性事件无法被大脑的这些区域有效加工。在这种情况下，创伤经历很有可能被储存在杏仁核和大脑外皮层部位。然而，如果大脑前额叶皮层没有发育完善，孩子就几乎没有机会使用眶额叶区的皮层下系统，也就无法根据具体的情境来调整自我。（Van der Kolk and McFarlane，1996）与之相反，他可能会因为杏仁核的过度活跃以及异常的应激反应，而错误地认为危险会持续存在。

忽视与虐待间的连续体

　　一个应激反应系统健全、海马体结构正常的成年人，通常有能力应对创伤经历中的沉重悲伤和痛苦，虽然在克服困境的过程中，他们可能会心力交瘁，并且需要很多的社会支持。但是，对大脑和身体发育尚不成熟的儿童而言，他们在创伤性事件面前就要脆弱许多。他们的身心资源更少，另外，他们在事件中死亡的概率也更大。他们无法独立存活，他们的生存有赖于成年人提供的食物、庇护、关爱以及抚慰。离开成人的呵护，他们确实会无法生存。因此，对成年人而言根本构不成生命威胁的经历，对儿童而言却可能是生死攸关的考验。例如，如果妈妈或照料者经常不在身边，儿童就有可能遭受袭击或伤害。同样，如果母亲或照料者不愿意去保护孩子，孩子也会置身于危险之中。创伤，作为一种直面死亡的经历，在某种意义上可以认为在儿童时期更容易发生。尤其在今天物质极大丰富的社会，成年人很少经历饥饿、战争或瘟疫之类的威胁，遭遇创伤经历的概率也大大降低。但对儿童而言，他们所遭受的创伤则来源于更为宽泛甚至可能是看似安全的环境。

　　从成年人的角度来看，"虐待"似乎是指那些粗暴的、表现在外的行为，如殴打、伤害儿童或性暴力。我认为，成人的一些其他行为，如对孩子大喊"你真是个愚蠢的、没用的人"，或对孩子不予理睬，把孩子独自放在家中等，对柔弱无力的儿童而言都是一种创伤经历，因此，都属于虐待的范畴。也许有些成人会觉得这种观点难以理解。其实，创伤最深层的本质特点在于，它是对个体生存的挑战——这种挑战不仅仅针对肉体自我，同样也针对心理自我。就如一个幸存者所言："我不得不相信，我之所以被伤害、被憎恨，都是因为自己不好，所以这些年来我也一直在伤害、憎恨我自己。"（Chu，1998: 88）

　　儿童需要成人的很多保护和照料，但他们也用自己对照顾者的热爱来加以回报。对儿童而言，成人是他们世界的中心。在西方家庭里，除了母亲之外，几乎没有其他人可以为孩子提供保护和营养，孩子也几乎没有机会与社区里的其他成人建立亲密的感情纽带，因此孩子对母亲会极其依赖。在这种情况下，母亲便是孩子的世界，母亲的精神状态决定了她能否为孩子营造一个安全的世界。

不过，随着孩子对父母的依赖程度降低，父母为孩子所营造的精神世界对孩子的影响也会减弱。英格玛·伯格曼（Ingmar Bergman）执导的影片《芬妮与亚历山大》(Fanny and Alexander)就传达了成人所营造的这种心理氛围。影片的开始是瑞典的一幢大房子，装饰得流光溢彩、炫人眼目，祖孙几代正欢聚一堂，共度圣诞节。影片从一个孩子的视角出发，展示了孩子眼中复杂古怪的成人关系。童年时光以慢镜头的形式缓缓流逝，而在儿童的眼中，成人的每一个动作都被放大，显得非常重要。成人的情绪会引起儿童的剧烈反应，对于任何一个细微的表扬或赞许的暗示，儿童都非常敏感。虽然在影片中，孩子们可以非常兴奋地联合在一起对付成年人，但对多数生长在小家庭的孩子而言，被父母拒绝和忽视是最痛苦的。当然，现在人们已经意识到，对儿童实施的明显虐待会导致各种严重后果，如重度抑郁、边缘型人格障碍或者创伤后应激障碍。

那些界定清晰并且会对个体以后的心理发展产生明显影响的变量，通常是研究者喜欢探讨的主题，比如虐待。但在我看来，在忽视和情绪虐待之间，其实还存在一个连续体，其程度可以从轻微逐步过渡到非常严重。并且两者在本质上是相同的，都是指亲子关系中的情感调控问题。在所有的案例中，若情绪调控出现问题，那么亲子之间的纽带必然存在问题，正是幼年时期不良的亲子关系导致了成年后个体内心的不安全感。在不太极端的案例中，非安全型的依恋（如"回避型依恋"和"反抗型依恋"）会导致个体成年后的抑郁、焦虑、神经症或自恋人格。但是，在亲子关系问题非常严重的情况下，焦虑可能会演变为彻底的恐惧。这种类型的亲子关系被命名为"混乱型依恋"，属于这种依恋类型的个体不具有一致性的防御机制。（Main and Solomon，1990）

虐待和忽视对婴儿大脑的影响

那些属于"混乱型依恋"的幼儿与母亲之间没有稳定的关系模式。在判断他们依恋类型的"陌生情境"实验中，当与父母重逢时，他们会表现出混乱的行为方式——有时非常渴望，有时又非常冷漠。我看过一些关于这类孩子的录像带：他们在父母进来时用头撞墙，急切地扑向母亲，却又突然转身跑开；或者只是坐在地上，不看任何人，发出古怪的尖叫。他们可能有肌肉痉挛，这与右脑的功能障碍有关。（Schore，2003）这些孩子的行为都体现了他们内心的混乱，他们不知道父母那里是否安全。这些孩子处于被杰里米·福尔摩斯（Jeremy Holmes）称为"接近—逃避"的两难困境之中。（Holmes，2002）

大多被虐待的儿童最终会发展为"混乱型依恋"。（Schore，2003）这些孩子会不知所措、行为混乱，因为面对有时会伤害、恐吓自己的父母，他们不知道自己是否应该信任和依赖父母。这对儿童来说是一种异常痛苦的困境。一方面，亲子之间的依恋之情会促使你接近父母，但另一方面，经验又会告诉你这很危险。你害怕父母可能会攻击你，而不是安抚你。在这一点上，"混乱型依恋"和"反抗型依恋"有些相似，这两种类型孩子的父母的行为表现都具有不稳定的特点。但是，两者的区别仅仅在于，对"混乱型依恋"的儿童而言，他们的父母会不时地让他们感到非常害怕，这种感受源自父母的攻击性、脆弱性或焦虑感。在每一种情况中，都掺杂着爱与恐惧这两种情感。在成人期，从那些陷入虐恋关系的人身上，我们可以看到这种行为模式。

许多"混乱型依恋"的儿童,都会经历这种爱与伤害的双重情绪。由于在家庭中会感受到更多的压力,与其他"非安全型依恋"儿童相比,他们的皮质醇水平也要高得多。(Bernard and Dozier,2010;Hertsgaard et al.,1995)成年后这些儿童很有可能出现严重的精神病理学问题,如果情况再进一步严重,有些甚至会发展为边缘型人格障碍。

与其他形式的压力一样,早期虐待和忽视也会对儿童的大脑产生影响,如对压力过分敏感、CRF和皮质醇的分泌水平过高。童年的创伤经历,比如母爱剥夺,对婴儿而言是一个高压力事件(Hennessy,1997),还会影响到大脑的情绪系统,会切断下丘脑、眶额叶区、前扣带回和杏仁核之间快速发展的连接——这种连接用来抑制杏仁核的冲动(Schore,2003),还可以改变眶额叶区、前扣带回区域中血清素及多巴胺之间的平衡(Poeggel et al.,2003)。事实上,这在总体上缩小了脑容量,尤其是前额叶皮层的尺寸。儿童遭受虐待和忽视的时间越早,他们的脑容量就越小,尤其是前额叶皮层减小的效果更为明显,而它在控制和平息杏仁核所产生的过度恐惧中起着关键的作用。(De Bellis et al.,2002)

儿童大脑发育最快的时候,其应对压力的能力也最脆弱。尤其当大脑区域的新陈代谢变得活跃时,这表明大脑正在对个体行为进行调控。(Chugani et al.,2001)如此看来,当压力反应能力正处于发展期时,也就是3岁之前,创伤经历所产生的影响最大。此外,婴儿时期的高皮质醇水平也可能造成海马体损伤,因为皮质醇会提升谷氨酸盐的释放,而谷氨酸盐被认为对海马体有害。这些谷氨酸盐可能会破坏人体的反馈系统以及大脑的适应能力。不过,在个体建立皮质醇反应的基线水平时,时机也是一个重要因素。如果从孩子非常年幼时压力就一直持续存在，那皮质醇反应的基线很可能会达到顶峰，再跌至正常值之下。但是，过了这个年龄段之后再遇到的压力，就不会以这种形式来改变皮质醇反应的基线水平。（Lyons et al., 2000b; Dettling et al., 2002）总而言之，个体在婴儿时期所遭受的压力，会对他们将来应对压力能力的发展产生相当大的负面效果。

次要创伤的影响机制

创伤的发生并不只是在某些极端或者持续存在的困境中。孩子的依恋创伤也可能源于父母的周期性忽视或虐待。或者如乔恩·艾伦（Jon Allen）所言："当婴儿处于依恋建立时期，如果父母对孩子的需求周期性地置之不理，那么，这种错误将导致严重后果。"（Allen, 2001）

换言之，当婴儿感到恐惧，需要安抚、劝慰和保护时，其依恋系统就会被激活，如果没有得到这些支持，儿童就会产生创伤体验。那些经历过这样的依恋创伤的婴儿便会采取一些防御行为，如回避或抗拒，来应对这种创伤体验，成年后他们会更容易出现情绪方面的障碍，如自恋型人格障碍、焦虑、神经症或抑郁症。虽然在常人看来，他们的幼年经历好像并不属于明显的虐待，但在本质上，他们的这些经历和虐待是一回事儿，都处于同一个连续体，只是程度不同。此外，这些儿童所接受的教养方式往往也不理想，他们的父母本身就常在情绪调控上出问题。但是，因为这个连续体最后渐渐变为常态，并且许多称职的父母有时也难免力不从心或无法自控，因此"父母一贯的不良养育模式，到底是如何深刻影响婴儿发展的？"这一问题变得更加难以回答。通常来说，这些儿童并不会像问题更严重的儿童那样，对自己身体层面上的生存产生深层的恐惧。然而，在心理层面，他们仍然心存恐惧，无法确定自己的价值，甚至还会怀疑自己是否有权生活在这个世界。

有关依恋方面的文献研究明确指出，儿童会在自身生活经验的基础上发展出关于人际关系的工作模型。但这并不仅仅是关于他人如何表现的模型，而是关于自我和他人关系的模型，关于人与人之间互动的模型。所谓的"他人"，并不只是儿童内在静态的"母亲"或"父亲"形象。这就意味着，我们用以指导自己行为的内在行为图式，其实是我们自己想象出来的，是我们认为和他人相处时应该怎么样的一种自我感觉。如果其他人一直像对傻瓜一样对待你，你感觉自己像个傻瓜，你也会发展出像对待傻瓜一样对待他人的能力。如果你的父母对你的情绪漠不关心，你就会觉得别人也会对你的情绪漠不关心，并且很有可能你对别人的情绪也会漠不关心。当然，随着儿童的成长和交往范围扩大，他们的这种内在人际工作模型还会受到生活中其他人的影响，但在婴儿时期，这些工作模型的形成在很大程度上受到父母和家庭中排行靠前的孩子的影响。在之后的岁月里，个体只是以不同的方式来改进和修正这些早期形成的认知模型。

在过分忽视、指责孩子的家庭里，孩子便会从根本上无法确定自我的价值。这时，孩子的内在工作模型会认为自己一无是处、毫无价值，预期别人会以挑剔或忽视的态度对待自己。在这样的内在工作模型下，便会有相对应的行为表现，于是在很多情况下，又导致别人以预期的方式对待自己，这样就进一步验证了个体已有的内在工作模型。如此下去，便会形成恶性循环。要想打破这些恶性循环，并非易事。下面的章节中，会对这一问题加以详细介绍。

4

折磨
——人格障碍和童年经验间的联系

> 我把我自己看作垃圾、怪物、耻辱,更糟糕的是,我坚信自己之所以会不断出错,都是自己邪恶的本性所致。
>
> ——玛丽·卡迪纳尔(Marie Cardinal)(1984)

他人的指责和漠视,就如同酸性物质一样,会逐渐吞噬个体的自尊。正如我们前面所提到的,如果在人格形成的早期遭遇这种经历,个体就容易在未来发展为抑郁,应对压力的能力也会降低。但是,有一种更为严重的抑郁表现,与更加糟糕的童年经验有关,尤其是婴儿期的创伤经历。在精神病学领域,这种症状被称为"边缘型人格障碍",起初用来描述处于精神分裂边缘的患者。他们通常脱离现实,以自己的内部主观世界来代替现实。比如,担心别人对自己不怀好意的人,可能会认为别人确实正在设法毒害自己。现在,边缘型人格障碍通常被认为属于情绪管理障碍。

在人格障碍领域,人们已经将一系列不同的障碍进行了相应分类(按首字母缩写,例如,反社会型人格障碍 ASPD、边缘型人格障碍 BPD、自恋型人格障碍 NPD、强迫症 OCD 等），以便医生和精神健康工作者在碰到患者时可以进行明确的诊断和预测。然而在现实生活中情况却复杂得多，人们很难严格按照这些分类将患者准确地归为某种类别。这些术语确实可以方便和简化专业人士的交流和沟通，但在这里我还要明确一点：虽然我们在讨论人格障碍时常常把其归为心理疾病，仿佛这是一种病症，但事实上人格障碍并不属于疾病，这些患者只是在情绪管理方面出现了不同程度的问题。

另一个问题是，在描述人格障碍时所使用的一些术语，诸如"自恋""边缘人格"等，总是带有一些贬斥的意味。这些术语确实带有轻微的嘲讽和些许的轻蔑，从中难以捕捉到对患者的同情和怜悯。尽管这样，我还是会坚持使用这些术语，因为它们指向清晰，可以使问题的讨论简便很多。

在各种人格障碍中，处处可以看到抑郁的影子，就仿佛在不同的乐章中总会出现熟悉的旋律。在自恋型和边缘型人格障碍中，个体往往都有抑郁的症状。他们的自我都非常脆弱，那些在正常人眼里微不足道的小事，对他们而言都会形成情绪困扰。但边缘型人格障碍患者并不表现为情绪低落、意志消沉，他们的情绪更像可怕的过山车，狂暴而迅猛。在教科书中，这种患者的行为被描述为自我毁灭、冲动、分裂、敌意、羞愧、恐惧被抛弃、苦于不能维持稳定的关系。与正常人相比，边缘型人格障碍的患者明显在情绪调控方面存在问题，他们往往情绪狂暴，经常失去控制。

但是，如果我们把关注的焦点仅仅集中在边缘型人格障碍的"症状"上，难免会引起误解。事实上，患者的这些行为表现既不是天生的，也不是他们人格特征的全貌。这些症状源于他们童年时期某种特定的亲子关系，简单地讲，幼年时期的亲子关系越糟糕，个体成年后的上述症状表现就越严重。当然，实际情况要复杂得多，因为个体本身的性情、环境以及个体经历创伤性事件的时间都会影响到这些症状表现。但可以肯定的一点是，个体在情绪方面出现的障碍，来源于他们曾经的不良人际关系模式。（Carlson et al., 2009；Agrawal et al., 2004）

尤其应该注意的是，边缘型人格障碍可能植根于婴儿时期。艾伦·肖尔指出，边缘型人格障碍的个体几乎都有一个相似的特点：在他们成长的家庭中，没有人能够帮助孩子有效地处理自己的情绪。母亲可能整天都陪着孩子，而孩子的实际感受却是——"虽然妈妈在身边，但还是没有人关注我"。于是儿童在情绪上受到打击，同时交感神经系统被高度唤起，因为从某种程度上讲，父母在生理或心理上对孩子实施了忽视或虐待。近期的研究证实了父母情感上的忽视对婴儿的严重影响，事实上这也是预测边缘型人格障碍发展的重要因素，特别是与将来个体自我伤害的可能性有关。（Lyons-Ruth et al., 2013）父母对亲密关系的拒绝，很可能会剥夺孩子锻炼情绪调控能力的机会，而孩子需要从日常的情绪体验中进行学习，从而度过平静愉悦的一天。一些研究者指出，在边缘型人格障碍的家庭中，如同母亲一样，父亲也通常对孩子的需求视而不见，因此在这样的家庭中，儿童实际上处于一种情感上被遗弃的状态。

边缘型人格障碍者的父母

大多数情况下，这些父母自身的内在资源也非常匮乏，难以察觉孩子的需求，这通常是由于他们太过于关注自身的感受。例如，对着一个婴儿不停地摇动拨浪鼓，如果婴儿将脸转向了其他方向，这就表示孩子已经对这种声音厌倦。但迟钝的母亲，不管是有意识还是无意识，可能头脑中正在涌动着自己的焦虑和痛苦，哪里还会顾及孩子的反应？她可能会认为孩子只是对玩具暂时失去了兴趣，于是就更加猛烈地摇晃手中的拨浪鼓，完全不顾孩子希望得到抚慰或其他新鲜刺激的需求。母亲的这种行为，不仅不能使婴儿的情绪平静下来，还会使儿童更加烦躁。当然这只是父母抚养孩子的一个小插曲，如果亲子关系整体良好的话，这种偶尔的行为并不会产生什么后果。但是，如果类似的行为模式反复出现，孩子的情绪调控能力就会受到影响。更糟糕的是，如果母亲对孩子抱有一种矛盾、怨恨甚至敌意的话，她对孩子的管理能力就要大打折扣。

由于本身就缺乏自我抚慰的能力，对这种父母来说，抚养孩子简直就是一个挑战。孩子的哭闹会令他们神经紧张、手足无措，孩子把家里搞得一团乱，也让他们受不了。在这种情况下，如果缺少来自家庭其他成员的支持，父母就会对孩子产生强烈的厌烦，他们会辱骂、体罚孩子，或者撒手不管，任凭孩子哭闹。

那些具有边缘型人格障碍倾向的人的父母，通常对他人的拒绝非常敏感。如果孩子不笑，他们就会觉得是因为孩子不喜欢自己；如果孩子在4个月大时开始对周围世界产生兴趣，他们就会觉得自己已经没有用处，孩子已经拒绝了自己。对他们而言，这种感受十分痛苦，因为他们需要孩子的注意来满足自己强烈的精神需求。于是，他们可能会采取不闻不问的措施对子女进行报复。这里的问题在于，自身需求得不到满足的父母，首先考虑的往往是自己，他们很难将孩子的需要放在首位，尤其当他们不能从照顾孩子中获得需求满足时。因此，在心理层面上，他们就很难成为合格的父母。

通常而言，这类父母在自己幼年时也有过被忽视或虐待的经历，他们会像当年自己被拒绝那样去拒绝自己的孩子。一个让人有些费解的证据显示，那些虐待自己年幼孩子的母亲，与孩子相处时通常都会产生一种厌恶感。此外，还有研究发现，母亲对婴儿的虐待行为往往是由孩子的哭闹引起的。另一项研究更加出乎人们的意料：不仅在孩子哭闹时母亲显示了高水平的不快，即使在孩子微笑时，她们也感到十分不快。（Frodi and Lamb，1980）也许这是由于她们对自我调控能力以及自己调控婴儿的能力持有很强的怀疑态度，从而认为抚养孩子是一件力不从心的事情，因此对婴儿产生一定的敌意。

即使这类父母对孩子有着深深的爱意，但由于内心对自我的过分关注，他们也很难满足孩子情感上的需要，很容易成为行为反复无常的父母，经常无法很好地回应婴儿的痛苦，最终他们的孩子也会发展为"混乱型依恋"。有时候，这种情况也会出现在那些并没有忽视或虐待行为的家庭中，这些家庭往往都有过一段难以治愈的伤痛——或者是上一个孩子的夭折，或者是祖辈的过世——这些伤痛一直停留在母亲的脑海中，将她的注意力从现实和婴儿的身上转移了。不管在哪种情况下，一个显而易见的事实是，母亲往往不能给孩子足够的关爱，孩子在与母亲的互动过程中会发现自己的需求得不到满足。例如，母亲会神思恍惚，或者突然避开孩子，仿佛孩子要伤害她，或者突然贴近孩子的脸，等等。母亲的这些行为，更多是自己内心的念头所致，与孩子的行为之间并无多大的联系。这些做法不仅会让孩子感到惊恐，更会让孩子感到无所适从。（Solomon and George，1993: 13）

对"混乱型依恋"的孩子而言，恐惧是一种常有的体验。也许在一定程度上，这是因为在婴儿时期，母亲难以预测的行为模式本身就让孩子产生一种生存的威胁。那些有着类似童年经历的成人，经常将这种感觉描述成坠落或崩溃，这些词汇都暗示了情绪调控的彻底失败。

诺拉（Norah）是我的一个来访者，她有一个襁褓中的孩子叫瑞奇（Ricky），他们之间的关系很不稳定，正是这种不稳定常常使瑞奇感到恐惧。诺拉在心情好时对瑞奇很好，但是，当她的男友不理她或答应了却忘记来找她时，她就会感到十分失落和恼怒，并开始虐待瑞奇，比如，用粗鲁的方式喂瑞奇吃东西，野蛮地将调羹塞到瑞奇的嘴里，或者在和瑞奇玩的时候突然用力掐他的耳朵，让他放声大哭。尽管事后她会觉得后悔，但她似乎无法控制自己的情绪和行为。她也会担心瑞奇会因此不再爱她。但是，每当同样的情况发生，她都会对孩子产生深深的憎恨，仿佛瑞奇就是那个把她抛弃的世界。

事实上，父母如果不能控制自己内心的痛苦，就会使自己和孩子间的交流产生障碍。诺拉对孩子的虐待，使得瑞奇总是用一种小心翼翼、充满焦虑和恐惧的眼神望着母亲，这种眼神又让诺拉怀疑瑞奇是否爱自己。这是一种恶性循环，如果不及早调整，会让情况越来越糟。幸运的是，诺拉来向我寻求帮助，并开始用一种新的视角看待生活。她开始知道自己问题的真正起源，意识到现在的易怒其实是源于过去的痛苦体验，于是开始用一种不同的眼光看待瑞奇，开始明白瑞奇并不是她痛苦的根源。对这类家长来说，延长治疗周期是十分必要的，这能使他们学会如何调控自己、关注孩子。

"混乱型依恋"的儿童

但是，拥有这类父母的婴儿又将会怎样呢？由于母亲的行为变幻莫测，孩子便很难依靠母亲让自己的各方面协调发展。他们无法与自己的母亲之间发展出某种稳定的互动规则，他们不知道什么时候应该向母亲求助，或什么时候应该躲避母亲。他们需要母亲，但母亲可能会使情况变得更加糟糕。正如我在前一章《主动的伤害——童年期创伤和成年期创伤之间的联系》中所述，这就是"混乱型依恋"的儿童的特征。

"混乱型依恋"是情绪失调的极端表现，并会对大脑产生相应影响。由于没有人告诉这类孩子应该如何有效地调控自己的情绪，他们的大脑可能会缺乏使自己冷静下来、控制痛苦情绪的结构。于是，由于大脑皮层的眶额叶区无法抑制杏仁核和下丘脑分泌物的增加，那些微弱的痛苦就可能演变为剧烈的痛苦。这样的孩子会发现，当迫切需要做某件事时，他却难以控制自己的情绪，或者无法转移自己的注意力。实际上，这会使一个正在成长中的孩子陷入一种孤立无援的境地，他无法信任自己的感受，常常需要依赖他人的反应才能进行活动和感知。尽管随着时间的推移他会渐渐长大，但在内心深处，他依然像一个婴儿那样，等待着别人为他提供面对世界的重要能力。

如果没有一个值得信赖的向导，儿童就难以充分地认识和了解这个世界。但是，这类孩子的父母却沉浸于自己的感情世界而无法自拔，这不仅会导致孩子心生恐惧，父母自身也常常会感到害怕，因为他们也无法预料自己何时会感情失控，对孩子爆发难以自制的暴力和辱骂行为。

美国临床医学专家玛莎·莱恩汉（Marsha Linehan）对边缘型人格障碍的治疗有着较为深入的研究，她指出，在童年时期，边缘型人格障碍的人群曾经历过所谓的"无能环境"（invalidating environment）。（Linehan, 1993）她所说的"无能环境"，其实是指在家庭中，父母没有能力认识和尊重孩子的经历与感受。由于这种无能，父母往往会对孩子的行为横加指责，仿佛孩子是他们的累赘。他们会说："别再提那个蠢玩具了，我们不会回去找'吱吱先生'的。"母亲会因为自己内心的不悦而难以忍受孩子的小麻烦。当孩子遇到麻烦时，母亲不会承认真正的问题出在哪里，而是烦躁地大声呵斥哭泣的孩子："马上给我停下来！不准哭！"实际上，父母的这种教养方式是迫使孩子自己控制自己的感受，即使孩子因为年幼而犯的细小错误，父母也会对他们加以惩罚。然而，这在本质上并没有教会孩子如何控制自己的感受。

如果父母按照自己的喜好，限制孩子的真实感受，也有可能导致孩子患上一种被称为"虚假自我"（false self）的心理疾病。"虚假自我"患者的外表和内心是完全不同的两个人。法国女作家玛丽·卡迪纳尔（Marie Cardinal）描述了自己从这种心理疾病中慢慢康复的过程：

我被塑造成一个同真实的我完全不同的人。从出生开始，我就开始伪装自己，从手势、态度到言语。我的需要被压抑，我的欲望被湮没，我的活力被阻滞。但是，一旦压力被去除，我重获自由的时候，那些原本属于我的需要、欲望、动力就像洪水猛兽一般爆发了出来。（Cardinal，1984: 121）

自恋型人格障碍

帕蒂（Patti）是我的一个病人，她觉得自己太过于想入非非。她是一个活泼的女孩儿，喜欢散步和旅游，但是，她从没考虑过将自己的任何一种兴趣发展为职业。她总是三分钟热度，所以一事无成。尽管她没有直接说出来，但从她的描述中，我认为她的父母属于那种不能容忍孩子自身感受和需求的人。他们一点儿也不喜欢作为婴儿的小帕蒂，总是渴望帕蒂快点儿长大成人。帕蒂的母亲总是把自己的需求放在第一位，她从不用母乳喂养帕蒂，当帕蒂晚上哭闹时也置之不理。她似乎迫不及待地要摆脱小帕蒂，买漂亮衣服、找人幽会、享受假期，这些才是她想要的生活。她完全不是那种会为了孩子牺牲自己的人，她对孩子完全漠不关心。更糟糕的是，当帕蒂惹她不高兴，比如，打坏了她随意摆放的漂亮花瓶时，她就会疯狂地打骂帕蒂，所以帕蒂经常被体罚。在自己的成长过程中，帕蒂常常觉得自己是一个笨拙、愚蠢的人，她总是努力讨好别人以求获取他人的欢心。她也曾尝试着去做一个聪明、成熟的人，但在内心深处，她总觉得自己依旧是一个渴望长大的小女孩，就像《爱丽丝漫游仙境》中的爱丽丝一样，她觉得自己失落在一个难以捕捉的世界里。她总是努力让自己产生出"虚假的"感受，因为，这些感受都是她认为别人期待她拥有的，却无法找回真实的自我。她谈恋爱从来没有成功过，总是因为一个又一个的理由而失败。帕蒂的这些行为表现其实是一种典型的"自恋型人格障碍"，这种心理障碍往往会导致个体产生抑郁。

自恋型人格通常被描述为目中无人、忽视他人的存在。许多学者都曾尝试去定义自恋型人格，以下几项关于自恋型人格的特点，基本上得到了学界的认同：

- 自我意识和羞愧（受到批评时的极端反应）
- 自我膨胀（夸张）
- 不了解真实的自我，对外界刺激缺乏感知
- 对别人的嫉妒心存恐惧
- 虚幻的自我满足
- 有受虐或施虐倾向，隐藏自己的愤怒（Mollon，1993）

以上所描述的大部分人格特征都具有一个共同的特点——不稳定性。正是由于这种特点，患者难以很好地与他人相处，因此也无法借助别人的信息反馈来更好地调整自己的感受。由于在个人能力感知和情绪方面的波动，他们有时会趾高气扬，认为自己无所不能，有时却又担心别人会伤害甚至毁灭他们。

艾伦·肖尔指出，自恋型人格障碍形成于幼儿期。他认为，在婴

儿时期，与其他发育正常的孩子一样，这类患者很可能得到过父母足够的关爱，甚至在很多时候，他们与愉悦的婴儿一样，自我感觉会非常良好。但到了幼儿期，这些孩子的父母没能告诉他们该如何对待和处理自己的羞耻感。

事实上，在幼儿期，许多自恋型孩子的母亲都算是称职的家长，并不像前面介绍的边缘型人格障碍个体的父母那样虐待自己的孩子。她们喜欢自己的孩子，在保护和照顾孩子的过程中会产生一种满足感。在她们眼里，孩子是母亲生命的延续，她们能够完全掌控孩子的一举一动。然而，随着年龄的增长，孩子逐步能够独立行走、独立思考、独立支配自己的活动，这时母亲便开始产生一种失落感，抚养行为也不再像以前那样精心。因为那些母亲真正喜欢的是一个顺从自己、能够满足自己需要的孩子——或许是一个永远长不大、永远不与自己分开的孩子。从某种意义上讲，那些母亲其实是想控制自己的孩子（这就正如前面所述，成年的自恋型人格障碍患者害怕被控制一样）。

这类父母会对孩子产生一种不安全依恋。抚养行为也会变化不定，一会儿和孩子相处得亲密无间，一会儿又突然不再搭理孩子，变得烦躁而没耐心，甚至就像帕蒂的母亲一样，干脆就对孩子仇视、厌烦起来。

无论依恋模式如何，羞耻感可能都是自恋型人格的核心问题。艾伦·肖尔还认为，这些症状都来源于个体无法有效地调控自己的羞耻感，特别是在幼儿期，这段时期正是儿童各种社会能力发展的黄金阶段，其大脑也处于蓬勃发育的时期。正如前文在《构建一个大脑》这一章中所介绍的，正是在这段时期，前额叶的眶额叶区成熟并且运作起来。当眶额叶区开始同杏仁核建立联系，就可以反过来阻止杏仁核激活下丘脑以及其他自主结构。（Barbas，2007）这就使得孩子开始能够基于父母的反应来控制自己的行为，抑制自己的冲动反应。这是父母将他们的规则传递给孩子的关键时期。

父母们会通过强化或惩罚的手段来达到上述目的。随着前额叶的眶额叶区的发育，孩子识别面部表情和评估所处社会环境的能力也会随之提高，孩子开始能够识别父母脸上的反对和消极情绪。通过与自主神经系统的连接，看到这些表情就会激发不愉快的反应——羞耻感，同时血压下降，皮质醇升高。

虽然这一过程是学习社会规则时的必经流程，但需要注意的是，当孩子感到伤心和有压力时，父母一定要在孩子对亲子关系产生怀疑之前及时修补这种关系，这一点十分重要。当然，这里主要是依靠家长的判断力，可能在孩子年龄较大时，这种情况还会不断出现。但对那些年幼的孩子而言，亲子关系得到及时修补更为重要。从生理水平上看，只有同父母重建温馨和谐的关系，他们脑中皮质醇以及与压力相关的其他激素的浓度才能恢复到正常水平。

那些不善于管教年幼孩子的父母，可能会使孩子长时间处于悲伤之中。他们也许无法忍受孩子的消极情绪，因此，当孩子哭闹时会尽量躲避孩子，而不愿努力接近孩子、抚慰孩子。这些父母常常会奚落或嘲笑孩子，让孩子感到羞耻，比如，他们常常会说"我现在终于明白了，为什么大家总在操场上捉弄你"或"别总是哭哭啼啼的"之类的话。如果这时孩子非常生气，这些父母不仅不会去缓解孩子的愤怒，还会火上浇油："别用这样的口吻和我说话！"同样，当孩子兴高采烈、心情愉悦时，这些父母也不知道该如何回应孩子，如何与孩子一起分享快乐，当然，他们也不知道如何将这种情绪疏导到一个合适的水平。随着时间的推移，在这种环境下生活的孩子会逐渐对自己和父母之间的关系感到失望，并对这种关系的价值和作用失去信心。正如我们在前一章《主动的伤害——童年期创伤和成年期创伤之间的联系》中所看到的，这些孩子最后会变得容易抑郁——因为在幼年阶段对压力的过分敏感，他们很容易因为羞辱和失败而无法调节自己的情绪。

虐待的不同表现形式

虽然上面对于帕蒂幼儿时期的分析都是事实，但是，在帕蒂的经历中还有更深层的一些东西，这些东西难以捕捉，更难以用言语加以描述。种种迹象表明，帕蒂的问题不仅仅来源于幼儿期，而是可以追溯到更早，乃至她在襁褓之中。她的母亲发现，在对她进行母乳喂养时存在一定困难，她不会紧紧地抓住母亲。生活中的一些小插曲表明，从很早开始她母亲就对她怀有敌意。有一次，母亲说她是个丑陋的孩子，把她独自丢在婴儿车里待了很久，导致她体温过低。后来，在她青春期刚刚开始时，有一次他们一起出外野营，她被强迫当众清洗她母亲血迹斑斑的内裤，从这时起，她越来越清楚地意识到母亲对她的敌意。

虽然这样的记忆并不多，并且帕蒂也很难将这些经历都用言语表达出来，但在帕蒂与她的心理治疗师的沟通过程中，她却无声地传递了很多她早期生活的细节，尤其是她对女性的深刻的矛盾心理。她的肢体往往不能放松，表现出极度的紧张，她更愿意将治疗师视作一个在车站邂逅的熟人，大家只是随便聊聊本周的新鲜事，而不愿意将其看作一个值得信任的，可以理解她、帮助她解决心理问题的亲密合作者。她对治疗本身也十分挑剔，不过基本上会准时参加每次治疗，虽然有时也会由于假期而暂时中止。她经常故意说要试试其他疗法，或者以无力支付治疗费为由威胁要停止治疗。她的这些行为表现反映出她对被抛弃的恐惧，而这一感觉正是来自她的母亲。这些经历显示，在以往的生活中，帕蒂已经表现出了轻微的边缘型人格障碍的症状。对边缘型人格障碍患者而言，他们幼年所建立的亲子关系模式经常能够明显地体现在医患关系中，因为在他们的经历中，最痛苦的体验就是缺乏对他人的信任、缺乏对情绪调控的信心。

许多研究者会将边缘型人格障碍与性虐待相联系，当然，帕蒂没有经历过性虐待。尽管从表面上看，两者之间的确存在密切联系（莱恩汉指出，多达75%的边缘型人格障碍患者曾有过被性虐待的经历，而在其他研究中，这一比例要小许多），但性虐待并不是造成边缘型人格障碍的主要原因。特别是感情上受过虐待以及肉体虐待和忽视，都与边缘型人格障碍之间存在着联系。（Widom et al., 2009; Posner and Rothbart, 2000）

我同意莱恩汉的观点，性虐待绝不是导致个体边缘型人格障碍的唯一因素。性虐待可能只是功能失调、不健康的家庭的一个侧面表现，或者只是家庭功能失调严重性程度的一个标志。（Zanarini et al., 1997）正如费利西蒂·德·祖鲁埃塔（Felicity de Zulueta）所指出的，虐待是拒绝的一种特殊形式。（de Zulueta, 1993）这里的真正问题在于，没有人关注孩子的情感需求。但是，边缘型人格障碍的形成与两个因素有关：孩子在生活中所依赖的成人无法赢得孩子在情感上的信赖；并且，这个成人还会以某种形式虐待和拒绝孩子。这一点可以从美国诗人安妮·塞克斯顿（Anne Sexton）的案例中得到印证。

安妮出生在一个富裕的苏格兰家庭，家中姐妹三人，她是最小的一个。她的父亲是一名非常成功的商人，母亲喜欢写作与社交，家中经常高朋满座。而她的父母都是情绪极其善变、难以捉摸的人。正如安妮的一个姐姐简（Jane）所言："你永远无法知道父亲什么时候是清醒的，什么时候喝醉了；至于母亲，你永远不知道她什么时候怒不可遏，什么时候心平气和。有时候，你以为你了解她，实际上你却往往是错的。"安妮还记得，当父亲喝醉的时候是多么令人厌恶："他坐在那里，用一种恐怖的眼神看着你，仿佛你犯了什么不可饶恕的罪。"(Middlebrook, 1991)他总是喜欢发牢骚，奚落别人，包括厌恶正处于青春期的女儿脸上长的粉刺："看到她坐在对面，我简直恶心得吃不下饭。"而她的母亲总是非常蔑视她写的东西，她会把自己十几岁女儿写的诗寄给某个专家，让对方来检验这些诗是不是剽窃别人的。

从婴幼儿期开始，安妮和她的姐姐们就被一个严厉的、保守的保姆所管制。她负责教导三姐妹的装扮和举止。她们通常被装扮好后去参加父母的晚宴或者是聚会，但是，她们并不能经常见到母亲——那个令她们崇拜的人。长大以后，安妮变得害羞、孤僻，她形容自己就像一件蜷缩在衣橱角落，没有人会注意到的衣服。她发现，尽管赢取母亲的注意是一件很难的事，她却常常受到母亲的批评，甚至是羞辱。在她4岁的时候，她母亲时常观察她的生殖器官，然后告诫她要保持这里的卫生，并且绝对不能随便乱碰。同时，她母亲还坚持每天检查她的排便情况，在她12岁时，母亲曾威胁她，如果不按时排便的话，就给她进行结肠造口手术，最后她因为严重的便秘被送入医院。

在这个家庭中，安妮与一个人的关系有些特殊。从安妮的童年开始，安娜阿姨就与他们家的关系很密切，并且非常明显地表现出对安妮的喜欢。在安妮11岁的时候，安娜阿姨搬来和他们全家一起住。安妮大多数时间都和安娜阿姨在一起，一起吃午饭，一起在房间里打牌，一起做家庭作业，放学后还和安娜阿姨一起去看电影。当她们一起躺在床上时，安妮经常依偎在安娜阿姨的怀抱里，用安妮的话说，就是"整日与安娜阿姨拥抱在一起"。有证据显示，她们之间曾以这样的方式进行性接触。安妮成年之后，曾对她的一个女儿实施过性虐待。（Magai and Hunziker，1998: 384）安娜阿姨长期独自生活，没有性伙伴，因此，她非常有可能从安妮那里获取性的安慰，把安妮当作发泄欲望的工具。无论她的动机是什么，这些成年的施虐者总是把自己的需要放在首位，而忽略了孩子的感情需要。当然，类似安妮这样的孩子，由于情感需要得不到满足，父母又疏于保护他们，因此很容易遭受到性方面的虐待。

正如祖鲁埃塔所指出的那样，儿童遭受性虐待的后果之一便是会感到自己无处可以寻找安慰。由于性虐待发生在家庭内部，这就意味着孩子已经失去了父母的保护，并且以前能够给自己提供精神慰藉的人，如今也成为施虐者。这会在儿童的心理上激起极其强烈的震撼，同时，儿童也无法对这种强烈的情绪进行任何控制。在边缘型人格障碍的人群中，那些在童年时缺乏社会支持和调节的个体，通常会表现出过于强烈的压力反应。（Lyons-Ruth，2011；Rinne et al.，2002）

与安妮类似的孩子由于曾经遭受过肉体上和精神上的虐待，已经习惯于过多的消极感受，以及过度敏感的杏仁核。（Brendel et al.，2005）然而，他们大脑中控制这些情绪的部位，即眶额叶区和前扣带回同杏仁核之间的连接较为脆弱。相比那些情感更为活跃的个体，这些孩子大脑中的这些结构没有被充分激活，无法及时联手来应对消极情绪。（Silberswieg et al.，2007；New et al.，2007）另外，由于多巴胺受体不够敏感，他们的右脑也难以对情绪进行及时调控。（Schore，2003）因此，他们非常容易被强烈的情绪（如愤怒）所困扰。正如霍洛维茨（Horowitz）所描述的那样："没有思考，只有炙热的情感。他想去毁灭那些曾经伤害过他的人。他不知道什么是爱，哪怕是一点儿微弱的喜欢，他都不再会产生。他也不知道他的愤怒只是一时的，会随着时间的流逝渐渐消退。他只是坚信他会永远地

憎恨。"（Horowitz，1992；quoted in Schore，2003）

安妮·塞克斯顿一生都在情绪调控方面存在严重的问题。当她发现自己被某种强烈情绪所吞噬时，她要么选择酒精、安眠药来使自己镇静，要么就是独自待在一个空旷的地方，凝视前方长达数小时，希望以此来摆脱头脑中难以遏制的情绪。她的这种解离状态（dissociation）是人类用来应对精神痛苦的一种最原始的防御方式，个体企图通过这种原始的方式来忘掉那些导致自己痛苦的人。个体处于这种状态时，其脑干中的背侧迷走神经节会被激活，从而导致生理节律减缓、血压和心率降低，有些类似被天敌擒住时装死的动物。这是"混乱型依恋"的儿童经常采用的一种心理防御机制。当个体不知道该进攻还是逃避时，只能选择心理上的回避。（Schore，2003）

在心理治疗师的鼓舞与支持下，安妮·塞克斯顿开始尝试在心理治疗之外，再辅以写作诗歌来更有效地调整自己。她的诗歌精彩地表达出了她内心强烈和极端的情感，她成了一名出色的诗人，赢得了许多男性和女性的欣赏和追捧，安妮和他们中的许多人发生了性关系。这种埋藏在边缘型人格障碍个体内心的紧张情绪，往往可以爆发出巨大的创造性。但是，当心理治疗师突然中断对她的治疗时，安妮选择了自杀，年仅46岁。

那些与安妮经历类似的孩子，不仅仅在生理上受到过伤害，更会被父母在人际关系方面的错误信念所毒害。从这些经历的幸存者的身上可以看到，生理上的伤害并不是这些经历所带来的主要后果。正如一位女性所言："我可以接受自己被暴打、被强奸，但是，我无法接受自己被人憎恨。"（Chu, 1998: 12）那种被其他人所鄙视的感觉，会让个体感到自我的价值和意义都消失殆尽。如果连父母都不爱你，那你的存在还有什么价值？安妮的一首诗，展现了对这种仿佛昙花一现般短暂意义的感受：

我知道，自己的生命只是昙花一现。

想要做港湾中一艘鲜红的小帆船，这只是一个奢望。

我的头发迎风飞扬，像是从车窗上升起的烟雾。

如同小小的帘蛤，生命的季节即将过去。

安妮·塞克斯顿（2000）

黑洞一般的羞耻与恐惧

从一开始，边缘型人格障碍个体的核心问题就是非人化以及感情价值的缺失。他们的父母没有意识到，孩子是一个拥有自己的意识与感情的生命。皮特·冯纳吉曾经从依恋研究的角度到临床精神分析的角度，致力于边缘型人格障碍的研究。他非常强调一个被他称为"心智化"的概念，即理解他人心理的能力。他提出，在成长过程中，边缘型个体通常避免思考和心智化，因为如果这样的话，儿童就会意识到，在父母对自己的态度中包含着一种憎恨以及爱的缺失。于是，他们通常对自己所受的虐待一无所知，更不会去认真反省自己曾经的经历，这就使得这些人群无法从失调的状态中恢复过来。（Fonagy et al., 1997）

那些严重的边缘型人格障碍患者确实很难反思曾经的虐待经历，尤其是父母对自己的虐待。如果知道父母曾经无视自己的感受，并且可能在某些方面仇视自己，这对个体而言确实是难以忍受。这就使心理治疗的过程变得非常艰难。事实上，边缘型人格障碍患者必须知道他们曾经经历了哪些事情，必须正视童年时期的痛苦经历，并且能够以某种方式接受这些经历，只有这样才能获得内心的安全感。然而，在我看来，冯纳吉所强调的是对情感的认识以及用言语表达情感，这种观点似乎低估了婴儿早期的重要性。对于边缘型人格障碍患者在情绪调控方面普遍存在的困难，冯纳吉并没有给予充分的关注，而这一困难正源于幼年时期在情绪调控方面的失败经验，在这一点上我与艾伦·肖尔的观点不谋而合。

边缘型人格障碍患者幼年所体验的感受，会激起婴儿对无人帮助、无人照料的紧张和恐惧。在非常极端的情况下，婴儿会陷入一种被称为"羞耻黑洞"的状态，一种非言语的空白状态，没有尽头无限扩大的恐惧状态。如果这时没有母亲温暖的臂膀来提供保护和支撑，婴儿就有可能会陷入这种恐惧的真空状态。边缘型个体通常会被强烈的消极感受所压倒，并且倾向于以一种在别人看来有些夸张的方式进行反应。当情况变得糟糕时，他们会认为所有的一切都是糟糕的，并且这种糟糕的局面会没有尽头。他们会觉得自己是糟糕的，会憎恨自己。过去曾有的美好记忆已经不复存在、一去不返。正如帕蒂曾对我说："我无法留住美好的感受。"在他们眼中，所有美好的感觉就像指间的沙子，终会匆匆溜走，或许这正是因为在年幼时，父母曾经对他们反复无常。在他们的眼中，这世界上已经没有什么东西值得信任。无法从别人的建议和支持中获益，这就是边缘型人格障碍患者的最显著特征。

在边缘型人格障碍患者体内，似乎没有一个足够的"自我"来处理个体的体验，这里的"自我"是指负责内部调控的自我。毕竟，"自我"与个体的情绪管理之间有着非常密切的联系，它可以以一种协调一致的方式调控情绪，这种方式是别人可以了解并加以评价的。例如当别人说"你"总是冷静的、具有控制能力的、有毅力的、反应敏捷的、心不在焉的、坚忍不拔的等等，他们其实是在评论你的情绪调控风格。对"自我"的感觉，在很大程度上依赖于他人的这种反馈。我们需要知道别人是如何看待我们的，并且需要形成稳定一致的"人格"或情绪管理风格。但是，如果父母对我们的反应总是消极的，或者干脆心不在焉，我们就会感到自己的精神仿佛要崩溃，认为自己一无是处、非常糟糕。如果没有一个随时可获取的支持框架，个体对情感的认识会变得困难许多，并且对自我的知觉也会变得日益淡漠。

我的来访者迪利斯（Dilys）40多岁，生活状态可以说是一片混乱。当她来寻求帮助时，总会以极快的语速无穷无尽地质疑自己的行为："我不应该买车，我无力支付汽油费，我应该步行，我为什么要买那辆车呢？""我的女儿希望在她生日时给她买条裙子，但是我不知道应该选哪种，我下不了决心，我不能想这件事。我本来想给她买条粉红色的，但是，现在我又觉得粉红色不适合她。粉红色好看吗？她爸爸不喜欢粉红色。我昨天应该让她早点儿睡觉，不应该让她去看电影。我真笨。电影也并不是那么好看。她的老师看不起我，她觉得艾莉上课时总是很累。我知道我是个糟糕的妈妈。我今天早上忘了给艾莉洗澡，但是孩子并不是每天早上都需要洗澡，对吧？"诸如此类，她会不停地抱怨自己。迪利斯无法忍受生活中的种种现实，而这种感觉由来已久。她做事冲动，讲话冲动，她不会像正常人那样按照一定的逻辑来厘清自己的感受，再决定到底应该怎么做。但迪利斯不知道自己究竟在想什么，频繁的自我攻击使她离正常的生活轨道越来越远。她就像孩子一样无助，需要一个人来时刻照顾她，并把所有的事情都理清楚。她的父亲是个罪犯，母亲是个酒鬼，而当她还是个孩子的时候，她曾遭受过叔叔的性侵犯。

由于缺乏有效的调控机制，她很容易处于恐慌状态，尤其是当她觉得自己被别人抛弃时。拒绝和抛弃，对边缘型人格障碍患者而言通常是一种致命的恐惧。事实上，与迪利斯的情况类似，许多边缘型人格障碍的个体（20%~40%）在童年都遭遇过同父母中的一方或双方创伤性分离的事件。（Bradley and Westen，2005）但是，即使父母都在身边，如果他们对孩子不加关注或不予理会，孩子也同样有可能产生遭受抛弃和忽视的感受。在上述任何一种情况下，当孩子的重要关系受到了威胁，或者他们想象这种关系受到了威胁，就会感到仿佛整个世界正在崩溃。从这方面来看，为了避免彻底崩溃的局面，边缘型个体只得依赖于自己的调控方式，尽管这种方式往往非常简单甚至鲁莽。由于心理调控机制不够成熟，他们通常采用直接行动的方式来调控自己的感受，做事冲动且具破坏性。例如，为了缓解内心的紧张情绪，他们会以每小时100英里的速度疯狂驾驶，或者在和人通话时会因为生气而猛摔电话机。为了缓解内心的痛苦，他们可能进行自残，或者通过蒙头大睡、吸毒、酗酒等行为来麻痹自己。迪利斯的母亲突然去世时，她曾经日夜徘徊在当地的火车站，想以卧轨的方式来结束生命。

很多边缘型人格障碍患者都有自我毁灭的倾向，而不会去毁灭他人，尽管他们通常会给别人的生活带来负面影响。但是，在下一个章节将要介绍边缘型人格障碍患者的犯罪行为。在某些情境下，他们会采取截然不同的方式——攻击别人——来宣泄由于幼年受虐待而产生的愤怒情绪。

5

原罪
——为何遭受虐待的孩子难以产生同情心

今天的婴儿可能是明天的暴力儿童。

如果某天晚上你在街上遭遇一名十几岁的抢劫犯,你的脑海中思绪万千,但一定不会去思考他婴儿时的样子。事实上,你当时心中所激起的恐惧和愤怒,很可能和他心中的感受非常类似,并且这种感觉从幼年开始一直陪伴他至今。正是这种感觉,把他从一名天真无邪的婴儿变成如今的失足少年。他现在的行为,成功地把自己的恐惧和愤怒之情转嫁给了受害者。

作为受害者,或是可能的受害者,我们会通过处罚或监禁的方式来报复他们。我们会用言语的方式表达自己对他们的拒绝和厌恶,于是我们向他们传递了反对与憎恨,我们控诉他们是懒汉、流氓、小偷、强盗、恶棍、杀手、劫匪等。在我们的头脑中,他们通常是这样一副形象:满口脏话、唾沫乱飞、携带着凶器胁迫他人,他们直接威胁到我们的安全。我们通常抱有这样的看法:很明显,他不在乎别人的感受,那么,我们为什么要在乎他们?我们很少去想,这个看似十恶不赦的少年其实也曾是个天真无邪的婴儿。他越凶残,我们对他的怜悯心就越少。我们无法理解，仅仅为了抢一部手机，一个年轻人就会在大街上向一个陌生人开枪，或者仅仅为了抢走对方少得可怜的积蓄，就无情地把脚踢向一位老妇人的脸。他们怎么可以如此无视他人的尊严？

皮特·冯纳吉提供了一种解释：这些人在婴儿时期，没有与他人建立可靠的依恋关系，因此无法认同他人。（Fonagy et al., 1997）在他们眼里，别人的感受是无关紧要的，因为从来就没有人关心过他们的感受。

当我在托特纳姆（Tottenham）（伦敦北部的一个贫困地区）同一群少年犯打交道时，我发现，在这些男孩沉闷阴森、满不在乎的外表之下，居然埋藏着如此脆弱的心，这让我感到非常惊奇。德尔罗伊（Delroy），一个年龄不大的黑人男孩，体形瘦高，看起来有几分羞涩，20世纪70年代我在那里工作时，由于盗窃，他曾频繁进出当地法律中心。我常给他做笔录，发现他会极力为自己所犯的过错进行解脱。他往往对自己的行为不屑一顾，认为那只是小小的过失，根本谈不上什么犯罪，即使不久前，他才伙同朋友曼尼（Manny）在一辆公交车上用刀子威胁一位老妇人。

当被抓捕时，他用一种非常老练的口吻命令警察出示证件，不过，按照他的说法，当时警察用手去抓他的睾丸，还扇了他一耳光，致使他鼻子出血。因此，他又以拒捕的名义被再次起诉。直到开听证会那天，他仍没意识到自己行为的严重性。当时他正在超市做一份新工作，非常不情愿地请了一个上午的假来到法庭，而那天刚好是他的17岁生日。我现在仍然记得当法庭宣判送他去监狱（这个结果是他始料未及的）时，他脸上的那副表情。他看上去是如此惊慌失措，一副受伤的样子，仿佛小孩子一般无助。当警察把他身上的钥匙、打火机、小刀拿走，并用嘲讽的口吻说"你知道，监狱的管理人员可不希望被刺伤"时，他大声哭了起来。在那一刻，我突然意识到，他还只是个孩子，还没有长大。

德尔罗伊的问题到底出在哪里？是他的基因、成长过程，还是他自己错误的道德定向？史蒂芬·平克（Steven Pinker）在其著作《白板：科学常识所揭示的人性奥秘》（*The Blank Slate: The Modern Denial of Human Nature*）中，对这一问题进行了探讨。他在书中指出，像德尔罗伊这样的罪犯，他的基因很可能和我们的不同。平克认为，犯罪倾向不仅有可能是后天习得，也有可能是遗传所致。（Pinker, 2002: 310）他强调说："毫无疑问，个体是存在差异的，有些人总是更容易表现出暴力行为；例如男人，尤其是性冲动、智力水平较低、多动、存在注意障碍的男人，更容易出现暴力行为。"平克还指出，这些特质在婴儿时期就已出现，并且会贯穿整个生命,虽然并不绝对，但在很大程度上是遗传性的。（Pinker, 2002: 315）尽管平克没有声明暴力行为仅仅是由基因决定的，但是，这种说法确实容易让人们把暴力实施者看作由不良基因制造的劣等品。

天生的攻击性

20世纪80—90年代的双生子研究揭示了基因对犯罪行为有60%的实质性影响（Mealey, 1995），基于此研究结果，平克（有条件地）强调基因是攻击性、犯罪或反社会行为的主要源泉。同时期，对收养孩子的研究也发现，如果亲生父母具有反社会行为，就算孩子被另一个家庭领养，他们将来也更可能表现出反社会行为。（Mednick et al., 1984；Cadoret et al., 1995）总之，这些研究似乎都为暴力和犯罪行为的基因说提供了有力的证据。

尽管行为具有高遗传性，基因学家仍需要努力鉴别产生反社会和犯罪行为的特定基因，而一项最新的"全基因组"研究并没有找到与成年人反社会行为有显著关联的基因。（Tielbeek et al., 2012）研究还在继续，但显而易见，代与代之间传递反社会行为的过程极其复杂。总之，基因不会也不能够对那些由社会所定义的行为进行相应编码。DNA可以对细胞进行编码，但不能对诸如热爱运动、时尚感或者抑郁之类的特质进行编码。（Meaney, 2010）简而言之，我们大脑和神经系统中的所有连接，不可能是由足够的基因预先进行精确设定的，所以，基因的作用主要是提供行为模式的基本结构，比如，知道害怕时如何应对，而不是知道害怕什么，或害怕具体哪个人。完全相同的基因会在不同的环境中产生不同的行为表现。例如，从导演迈克尔·鲁特（Michael Rutter）身上可以看出，冒险性基因的表达可以是犯罪行为，也可以是伟大的发明创造。（Rutter, 1996）

事实上，我们的行为是学习的结果；我们对于特定环境的化学生物反应成就了我们自己。基因不是独立于环境起作用的，而是以一种灵活的方式相互作用，在需要时就"打开"，不需要时则"关闭"，类似过程仅仅发生在几分钟或几小时之内。"基因组"——一个储藏了个体所有基因的"硬盘"——经过上百年的缓慢演变，就出现了不同的显性，或者通过特征的选取来满足快速变化着的世界的即刻需求。

表观遗传学的新思想为反社会行为如何具有代际传递性提供了另一种视角。例如，当个体生活在一个贫穷又不安全的社区时，他以及他身上的基因就会适应这种环境，他身上那些同应对压力相关的基因就会做出相应调整。最关键的一个过程就是"甲基化"（methylation）——使基因不活跃，防止基因表达的生理化学过程。令人惊奇的是，这些基因的改变不仅仅是持续一生的，还会遗传给下一代（甚至是再下一代）。虽然这些表观遗传学上的变化会发生在生命中的任何时候，但其影响最大的时间点是婴幼儿被母亲照料的阶段，这时孩子的显性表达还在发展之中，正如我们在耶胡达针对"9·11事件"中婴儿的研究中所看到的那样——这一点并不太出乎我们意料。

现有研究有时候未能成功地采用发展视角，对孕期和出生后这段时间婴儿的惊人变化进行充分探讨。例如，许多对收养孩子的研究并没有清楚地说明收养是在孩子什么年龄发生的，这就存在着一种可能性——这些孩子在收养前就已经形成了过度敏感的压力反应，或者通过表观遗传传递已经改变了一些生物系统。阿德里安·雷恩（Adrine Raine）——一位在加利福尼亚的英国科学家，也是罪犯大脑研究方面的专家——重点介绍了一名叫杰弗里·兰德里根（Jeffrey Landrigan）的男子的故事来证明自己的观点。婴儿时期，兰德里根生活在一个功能失调的家庭，8个月时就被母亲抛弃了。之后，正如雷恩所说，他被一个"令人尊敬"的家庭收养，有了"完美的新生活"，但最终的结局是，兰德里根成年后却像他亲生父亲那样成了一名谋杀犯。雷恩将这个案例看作犯罪基因传递的证据，而不考虑他在母亲子宫内以及出生后8个月间的经历。（Raine, 2013）然而，雷米·卡多雷（Remi Cadoret）在1995年的收养研究中提到过去的许多收养研究都存在大量缺陷，指出婴儿会受早期经历影响，所以相关研究应该在孩子出生后的第一周内就尽快展开。

遗传学家通常倾向于把婴儿的不同表现归因于个体的基因差异或"气质"特征，这或许很自然。任何人只要曾经照料过若干个不同类型的婴儿，就会确信婴儿天生具有不同的气质类型，面对外部刺激时会表现出不同的反应倾向。有些婴儿渴望接触外部世界，对周围环境持开放的态度，有些则比较谨慎。有些婴儿身体强壮、活泼好动，有些则娇弱文静。在避免外界因素的影响方面，有些婴儿存在更多困难，他们通常对外界反应过强，在自我调控方面，这些婴儿将会面临更多麻烦。然而这些特点并非总是源自遗传基因，也并非总是稳定不变的。在出生的第一年内，婴儿的行为模式是可以改变的。（Sroufe，1995）

孩子出生时的个体差异至少有一些与环境影响有关，而环境自怀孕就开始起作用了，到出生时婴儿已经受到环境9个月的影响。这些非常早期的环境会对个体将来的犯罪和反社会行为产生极大影响。尤其是母亲孕期的吸烟和压力反应，与孩子将来反社会行为之间的关系最为密切。

不友好的子宫环境

正如《未曾谋面的TA》一章所讲的那样，母亲在怀孕时遭遇慢性压力，会无意识地影响到胎儿。虽然我们还不完全清楚这种焦虑是如何传递的，是通过羊水中的皮质醇、胎盘的变化、出生时过轻体重还是表观基因的改变。（Glover et al., 2009；O'Donnell et al., 2009）无论是通过何种机制，承受慢性压力的母亲生下的婴儿更可能具有焦虑型"气质"（Baibazarova et al., 2013），这些婴儿也哭泣得更多（Wurmser et al., 2005），在3个月时应激反应更活跃（Oberlander, 2008a）。这些婴儿的血清素浓度水平也更低（Field et al., 2006；Van Goozen and Fairchild, 2006），他们将来有问题行为的危险也更高，例如反社会行为（Rice et al., 2010）。

正在发育的血清素系统也可能在出生后的一段时间被压力所改变。最近关于猴子的研究发现，当猴子幼年同母亲分离，它们大脑中某些部位的血清素浓度就会减少23%，这些部位包括杏仁核、下丘脑（涉及应激反应的部分）以及前扣带回、尾状核和丘脑。（Ichise et al., 2006）这些猴子在未来更可能出现冲动和攻击性行为。

如果孕妇接触了酒精、尼古丁和其他药品，在孕期营养不良，那么胎儿也同样处于危险之中。虽然一些研究者发现母亲怀孕期间所服用的酒精量与将来孩子的反社会行为之间存在着直接关联，但这一结果还有待进一步验证。然而研究者已达成共识：如果怀孕期间母亲的吸烟量一天超过 10 支，她的孩子未来会更容易出现品行障碍和攻击性（Huijbregts et al.，2012；Cornelius，2011；Wakschlag et al.，2011；Brion et al.，2010），并且这种效应会持续存在。几十年来，研究者发现了怀孕期间母亲的吸烟量与孩子成年后过失行为的严重程度之间存在着"剂量反应"（dose response）的关联。近期的研究中，皮茨堡的玛丽·科尼利厄斯（Marie Cornelius）及其团队发现，怀孕期间吸烟的母亲诞下的胎儿，在 22 岁时更可能表现出攻击性以及犯罪行为。（Cornelius，2012）

孕期的压力和吸烟行为为何会对孩子的未来行为产生这么大的影响呢？正如我们所知道的那样，压力会改变皮质醇水平，并影响到其他神经递质。与此相似，尼古丁也会影响到神经递质系统的正常发育，干扰神经细胞的表达（Slotkin，1998），这就导致了大脑细胞的缺失，特别是还能影响到眶额叶区的厚度（Toro et al.，2008；Raine，2013）。

生物事件和未来反社会行为之间似乎存在着直接联系。有证据显示，低血清素水平与攻击行为紧密相关。（Douglas et al.，2011）因为血清素在大脑的很多任务中都要用到，因此会对很多系统产生影响。首先，低血清素浓度水平会影响眶额叶区和腹内侧前额叶皮层的功能（这里有大量的血清素受体），会影响到这些区域控制攻击行为和怒火的能力。（Phan，2005；Davidson et al.，2000）其次，当血清素浓度水平低时，就不能有效管理多巴胺系统，也无法阻碍多巴胺的过度活跃。这时，不受限制的多巴胺系统就会导致冲动行为和攻击性。（Seo and Patrick，2008）

即使胎儿成长环境和未来行为问题之间存在紧密关联，基因还是在其中起到了重要作用。一种观点就是孕期主动选择吸烟的母亲不同于其他孕妇：她们的攻击性更强，反社会行为更多，也更可能将这一切传递给她们的孩子。（Ellingson et al., 2012; D'Onofrio, 2008; Brion, 2010）另一种观点是，某些特定的基因会带来更大的反社会行为风险。研究已经定位了这些基因，例如，MAOA-L 基因、多巴胺基因 DAT1、DR2 和 DR4，短等位血清素基因。现在关于社会问题的相关研究取得了令人激动的进展，其中强调了攻击性的"武士基因"。

事实上，这些基因并非反社会行为的直接"原因"。它们的共通之处就是都与情绪管理有关。（Buckholtz and Meyer-Lindenberg, 2008）一些研究者发现，同未携带者相比，携带 MAOA-L 基因的儿童在控制强烈情感冲动或面对威胁时管理情绪方面存在问题的可能性会升至 2 倍；这些血清素等位基因更短的孩子（敏感的"兰花型儿童"）在遭受抛弃、丧失、羞辱的压力情况下更可能出现抑郁。（Dodge, 2009）换句话说，这些基因使孩子的情绪反应比常人更为剧烈。然而，在父母良好的调控下，还没有证据显示这些孩子会出现问题。总之，大约 40% 的人口携带 MAOA-L 基因，但他们中犯罪的人极少。

有越来越多的证据显示，反社会行为可能源自大量的社会互动，可能源自冒险的基因，也可能源自母亲的冒险行为照料，或者源自两者的共同作用。但是，这并不是全部。出生后的因素也一样重要。由上述因素导致的个体糟糕的情绪调控能力，在童年早期仍然能够得到矫正——或者更加恶化，这都取决于儿童得到的照料情况。

影响抚养后果的因素

孕妇尼古丁中毒、营养不良、皮质醇水平过高，都会对发育中的胎儿的情绪调节系统产生作用。但是，在出生后如果得不到照料者的回应，帮助他们调节自身情绪，其中的一些婴儿就会面临双重打击。这就像具有敏感气质的猴子被易激怒和敏感的母猴抚育时会产生许多问题，而当遇到平和的母猴时，两者则相处和谐愉快。（Suomi，1999）阿德里安·雷恩进行的一项有趣研究发现，只有当母亲在婴儿出生的第一年内产生过遗弃孩子的念头（比如，堕胎或将婴儿送入养育院）时，母亲吸烟和孩子以后的反社会行为之间才存在联系。（Raine et al.，1997a）换句话说，无论儿童在神经生物学上有多脆弱，出生后的照料质量对孩子以后的行为发展起着至关重要的作用。相似地，如果孩子在胎儿期暴露于母亲抑郁的生化物质中，之后又遭遇严厉的教养或者虐待，那么他出现抑郁或者行为障碍的可能性就会增长12倍。（Pawlby et al.，2011）

　　遗传易感性的实现涉及两个阶段的过程。2002年阿夫沙洛姆·卡斯皮（Avshalom Caspi）的一项具有里程碑意义的研究得出这样的结论：除非这些孩子没有受到很好的照料，否则MAOA基因不会导致未来的暴力或者反社会行为。（Caspi et al.，2002）这项研究至今已经被重复了若干次。同样，父母的照料不够敏感细致，携带多巴胺基因变异体（DRD4-7allele）的孩子才会对社会奖赏和处罚相对不敏锐，更可能肆无忌惮地表达他们的愤怒和挫败感。当父母照料得很好时，他们就不太会这样了。（Bakermans-Kranenburg et al.，2008；Bakermans-Kranenburg and Van Ijzendoorn，2011）同样，携带短等位血清素基因的孩子如果是"非安全型依恋"才会在处理情绪上出现问题，而"安全型依恋"的孩子仍然能很好地控制情绪。（Kochanska，2009）显然，当亲子关系不良时，神经生物学或者基因敏感性的影响会显著增大。

安全感缺失的负面循环

任何"非安全型依恋"都会增加未来反社会行为的风险。在现实中,"非安全型依恋"是如何导致反社会行为的?证据再次指出,这是父母和婴儿在彼此适应和学习如何相互协调方面出现了问题。许多父母不知道如何关注婴儿的身体语言,或者不擅长调控情绪。但是,没有父母的帮助,婴儿又如何能够获得专注和自我调控的能力呢?事实上,那些不会专注或者自我调控的孩子,恰恰最容易出现外化行为问题。(Belsky et al., 2007;Hill et al., 2006;Eiden, 2007、2009)

最近的研究显示,父亲在孩子未来建立良好的情绪调控能力中起到重要作用。保罗·拉姆昌达尼(Paul Ramchandani)在牛津大学的研究发现,那些父亲不在身边或者不参与照料的婴儿,在1岁时会出现更多的外化行为问题。(Ramchandani et al., 2013)

如果在婴儿时期,孩子没有同成人之间建立积极友好的关系,那么,在接下来的幼儿期,培养孩子良好规范的社会行为将是一项非常艰难的任务。这时候,父母无法用轻松幽默的言语以及互相的理解同孩子建立安全的依恋关系,也无法要求孩子抑制自己的冲动以便保持良好关系。相反,孩子已经处于防御状态,并且预期到父母对自己一贯的严厉行为,因此在违抗父母意愿时,他根本不用担心自己会失去什么。

对那些缺乏自尊或强烈自我意识的父母而言,情况会变得更为复杂。他们很难树立父母的"权威",很难采取强硬手段让孩子听从自己。这就在无意识中强化了孩子的负面和抵抗行为。我们都曾看到过这一幕:在使用了各种强迫手段,如威胁、喊叫、殴打来管教孩子之后,父母最终发现自己已经无计可施。

充满敌意的、强迫的、严厉的抚养方式同孩子的情绪调控困难之间存在着密切联系，这种抚养方式也增加了孩子过分表达愤怒的可能性。（Sellers et al.，2013；Xu et al.，2009；McKee et al.，2008）研究发现在愤怒表达上存在着性别差异，男孩更可能使用"身体攻击"（physical aggression）（Hill et al.，2006），女孩则特别擅长李贤（Hyun Rhee）和沃尔德曼（Waldman）（2002）所说的"人际关系上的攻击"（relational aggression），例如，对他人声誉的诋毁，或者将他人排斥在同龄群体之外。

坦率地说，幼年没有得到良好照料的孩子更可能变得反社会。整体而言，从情感虐待、情感忽视到身体虐待和性虐待都属于"不良童年经历"范畴，这些经历都会提高个体将来反社会行为的发生率。（Teisl and Ciccetti，2008；Douglas et al.，2011）虽然成年人主动的敌意最有可能引发孩子的强烈反应，但任何一种不良抚养方式，比如家长的失职、沉溺于自己过去所受到的伤害或者不能给孩子设定清晰的规则，都将使孩子处于不知所措的境地。任何一种会伤害孩子、引发孩子焦虑感的教养方式，都会使孩子感到失去了安全港湾：那些应该消除他们恐惧的父母，恰恰成了让他们感到恐惧的人。（Madigan et al.，2006）

这些孩子也是最有可能发展出"混乱型依恋"的人群。在普通人群中，大约15%的人属于这种问题最为严重的依恋类型，但在受虐儿童中这一比例至少达到51%。（Van Ijzendoorn and Bakermans-Kranenburg，2009；Cyr，2010）缺乏父母足够的情感支持，这些孩子最有可能出现外化行为问题以及更为复杂的精神疾病。（Fearon et al.，2010；Cyr et al.，2010）

紧张的身体

然而，这种负面循环并非只限于儿童的心理发展，也会影响到他们的生理发展。遭受虐待的孩子不仅变得更加警觉，他们的右脑（处理负面情绪的部分）也更为活跃，当被同学招惹时他们的心跳频率更快。（Lenneke et al., 2009）他们容易预期别人会对自己怀有敌意，经常将他人的行为解释为侵犯性的或有敌意的，即使很多时候事实并非如此。（Dodge and Somberg, 1987）

要求过高、过于挑剔的父母，再加上其严厉的教养风格以及对孩子的体罚，也可能会导致孩子患心脏疾病的风险增加。雷·罗斯曼（Ray Rosenman）和迈耶·弗里德曼（Meyer Friedman）首次提出了"A型性格"的概念，后来的研究又对这一概念进行了调整和精细化。"A型性格"的核心特征表现为对他人的敌意和被他人虐待的期望，这可能导致个体表现出妄想、多疑以及缺乏耐心的行为特点。《斑马为什么不得胃溃疡》（*Why Zebras Don't Get Ulcers*）（2004）一书的作者、生物学家罗伯特·萨波尔斯基曾经坦言，弗里德曼关于A型性格的所有特征都说对了。

随着年龄的增长，这些孩子学会像父母那样严厉地要求自己。最终他们的应激反应会过于活跃，交感神经系统也很容易被唤起。这些人的去甲肾上腺素水平很高（反社会犯罪者也是如此），去甲肾上腺素可以提升血压，提高心脏的负荷，但是也能够损坏动脉血管内壁，使胆固醇渗出，从而导致血管堵塞。A型性格的人总是处于高度唤起状态，他们通常神经紧绷、随时准备反应，很难调动副交感神经系统使自己平静下来。这种调整模式和心脏疾病密切相关。高水平的去甲肾上腺素也会阻碍部分免疫系统、巨噬细胞的活动，这就能够解释为什么A型性格的人更容易患溃疡、偏头痛、癌症、疱疹和出现视力问题。

但是，年幼的孩子还可以学会一种情绪调控模式。哈尔堡（Harburg）和他的同事们对年长黑人男性的研究（1991）表明，那些经常表现出愤怒、"砰"的一声甩门、对他人进行言语攻击的人往往血压很高，而那些能忍住自己的怒火，尽力去解决自己与别人之间问题的人，血压要明显低于前者。

虐待的借口

显然，这些成为社会问题的孩子在成长历程中缺乏他们所需要的支持和照顾，他们曾经历过某种形式的遗弃或者忽视。但是，史蒂芬·平克称这些为"虐待的借口"，他对此并没有兴趣。有人指出，"如果没有经历重大的灾难性事件，大多数人不会实施可怕的犯罪行为"。对此说法，平克持嘲讽的态度，他认为，只有无知的人才会重复模仿这样的"俗语"——"暴力是种习得的行为"。（Pinker，2002: 178、308）

一个关于罗伯特·汤姆森（Robert Thompson）和乔恩·维纳布尔斯（Jon Venables）——两个杀了人的10岁男孩的故事，也挑战了前面的假设。这两个男孩在购物中心拐骗了一个2岁的小男孩，并把他带到附近的铁道边，然后将小男孩绑在铁轨上向他扔砖头和铁块，最终把孩子砸死。正如其他儿童谋杀案一样，他们的行径引起了大众的震惊和惊恐。但是，10岁的孩子怎么会有如此多的怨恨呢？他们到底应该对自己的罪恶行径担负多大的责任呢？

史蒂芬·平克认为，暴力行为是人类遇到障碍时的一种本能反应，人类最初的本能便是不顾及他人，竭力满足自己的欲望。这种看法有一定道理。当他人成为我们行为的障碍时，我们便倾向于将他们看作一件"物品"，或者忽视他们的人性，将他们看作动物，以便于将他们清除。但是，对罗伯特·汤姆森和乔恩·维纳布尔斯而言，被害者詹姆斯·布尔格（James Bulger）并不是一种"障碍物"，他们这样做并不是为了个人的私利。事实上，他们是将自己的怨恨发泄在一个安全的目标上———个比他们柔弱的人。

那么，他们的这种怨恨又是来自何方呢？怨恨不是天生的，而是一种反应。曾经的经历使他们心中积压着一种怨恨，直到那天早上，这两个男孩逃学，在一个购物中心附近闲逛时才找到了发泄口。尽管在对这起事件的报道中较少提及他们的成长经历，但我仍然相信，在这起凶杀案中，当事人的成长环境起着决定性的作用。罗伯特·汤姆森兄弟七人，他排行第五。在这个一群男孩的大家庭中，罗伯特和他的兄弟们经常被放任不管，尤其是当罗伯特5岁时，他们的父亲离家出走，母亲也开始酗酒。这个家庭也有暴力史，罗伯特的母亲在幼年时经常遭受殴打，直到15岁还因恐惧而尿床。年仅18岁时，她就匆匆结婚逃离家庭——嫁给另一个具有暴力倾向的男人。在罗伯特成长的大家庭中，孩子们在家常便饭式的体罚和恐吓中长大，于是他们也常常将自己所受的委屈发泄到彼此身上，比如，互相撕扯、用榔头打对方、打架或者用刀子互相威胁。（Morrison，1997）事实上，这个家中的一个儿子曾被送进教管所，当他后来重新回到家庭时，也曾吞服过量的止痛药企图自杀。罗伯特的母亲也曾自杀未遂。人们很难想象这个家庭到底有多么悲惨，其中似乎缺少了一个中心人物，没有人承担责任并给每个成员必需的关爱。当罗伯特面对严峻的审讯时，他母亲也很少出庭给予儿子情感上的支持。

乔恩·维纳布尔斯的家庭状况似乎没有那么糟糕，但也属于问题家庭。维纳布尔斯的父母离异，尽管其父亲每周照顾孩子几天，但新闻界没有报道他对孩子们的任何关爱。在新闻中，维纳布尔斯的母亲被描述成每天只懂得打扮，生活作风混乱的人，她总是不停地把一个个陌生的男子带回家中。她有很严重的抑郁问题，也曾试图自杀。她曾经将自己年幼的孩子独自留在家中好几个小时，被人发现并报告给社会服务机构，工作人员前来处理时她却对此不屑一顾，因为她在童年时期也曾有过父母对自己漠不关心的体验。她认为自己是一个好家长，因为她为孩子提供物质条件，但她自己的不幸经历已经使她成为一个严厉的家长。也有报道说，乔恩害怕他的母亲。很明显，乔恩的行为已经严重紊乱，他曾用鞭子抽打自己，躲在椅子下面，或者往脸上贴纸。他被诊断为"多动"，并曾试图在学校勒死一个男孩。

乔恩和罗伯特经常逃学，他们在商场偷窃，或者参与暴力事件。邻居们事后报告说，他们曾用气枪打过鸽子，偷过慈善募捐箱，并且像对待詹姆斯·布尔格一样残忍地将兔子绑在铁轨上。对成年杀人犯而言，这些残酷的童年经历应该是再平常不过了。在年幼时，没有人告诉他们如何控制自己的攻击冲动，他们被忽视，经常挨打，并被剥夺了建立积极的、能帮助他们自我调控的关系。如果他们生来就属于敏感型气质，他们的父母自身又存在着心理问题，那么，在这样的家庭中，这些自身不幸福的父母是无法为孩子提供良好的抚养方式的。

平克指出，我们对他人的"同情圈"是有限的，而且，我们的道德水平也取决于我们的同情范围到底有多大。很多犯罪行为都是在不把被害者看作"人"并将他们排斥在同情圈之外的情况下实施的，最典型的例子就是大屠杀。大多数的战争、冲突或犯罪行为，其实都涉及对他人人性的否定。显然，在那个下午，罗伯特和乔恩未能意识到詹姆斯·布尔格的人性，没有认识到对方和自己一样也是一个有血有肉、有情感的"人"。平克相信，将陌生人推出自己的"同情圈"之外，是人性的"默认配置"，他声称，在此背后存在着特定的进化逻辑。

然而，人类文明的特殊性在于，它并不依赖于这样的本能性程序——如攻击性自卫，或采取攻击行为追求自己的目标。暴力行为究竟是通过模仿学来的，还是个体对障碍物的第一本能反应，这不是我们要讨论的问题。我们所关心的问题是，一种"共情"的文化，能否从家长传递给孩子？家长承认并尊重他们孩子的内心感受吗？他们会教育自己的孩子如何处理冲突和消极情绪吗？与直接导致暴力与攻击行为的原因相比，上述问题其实更重要。然而，平克似乎更愿意将这些看作个人自制力或遗传倾向的问题，而不愿承认家长在传递这些人类文明（如同情、关爱）方面的重要性。正是源于上述观点，平克不倡导家庭培训课程，而是倡导采用惩罚的手段，因为在他看来，只有惩罚才可以使人遵守规范。但事实上，虐待型家庭不具备自我调控能力，而这种能力在形成对他人的共情能力的过程中是必需的。由于这些家长没有学会这种能力，他们自然也就无法将其传递给下一代。

一些研究者曾证实，控制冲动需要几种特定的技能，其中主要的三种策略分别是主动转移注意力、寻求安慰以及寻求阻碍目标达成的信息。一项研究曾发现，具有这三种技能的 3 岁儿童所表现出的攻击行为和外化问题行为最少。（Gilliom et al., 2002）他们能够充分控制自己，把自己的注意力从挫折事件中转移开，投到其他事物上，所以也就不太可能产生攻击行为了。他们也会询问挫折的情境到底还会持续多久，而这对于驱散怒气是非常有帮助的。只有当感到痛苦万分、惊慌失措时，他们才会使用寻找安慰这一策略。但如果一个孩子不具备这些技能，或者只会使用一种策略的话，便会表现出最强的攻击性。这些策略是可以习得的（通过模仿父母的行为以及接受父母的鼓励来形成），而不是遗传得来的。

发育不良的前额叶皮层

这里所讲的技能，大多数都是为了他人利益而抑制自己的行为。

这些技能的发展也是建立在大脑发育的基础上，尤其依赖于前额叶皮层（这一区域的功能便是抑制行为）的良好发育。然而，在这个循环结构（circular fashion）中，前额叶皮层的发育在很大程度上又依赖于良好的关系，即充满慈爱的早期关系，这种关系能够产生足够的阿片类物质，促进大脑的发展。父母积极回应婴儿需求、给予孩子足够的反馈，有助于巩固孩子的自我意识，这会促进腹内侧前额叶皮层的良好连接。（Mah et al., 2005；Kolb et al., 2012）大脑的这个部位可以帮助个体减轻恐惧感和焦虑感，也对自我调节起到很大的作用。（Milad et al., 2005）除此之外，腹内侧前额叶皮层与神经系统连接，能够升高或降低血压和心跳频率，从而有助于个体调控自身的生理反应（Hilz et al., 2006；Hansel and Kanel, 2008）。但最重要的是，儿童所有这些管理自己情绪的能力，都有赖于温暖的和支持性的抚养方式。（Eisenberg et al., 2010）随着婴儿前额叶皮层的发育，他开始能够运用不断增强的自我意识来观察他人身体语言所传递的信息。

随着控制自己身体能力的不断增强，儿童依据他人期待来控制自身行为的能力也不断提高。在这种不断成熟的自我控制能力基础上，"高级的"眶额叶区、内侧前额叶皮层与"低级的"、更加冲动的杏仁核之间建立起重要的神经通路。通过温柔但坚定地鼓励婴儿管理自己的行为，父母能够帮助孩子在这些神经通路上建立起突触连接。父母通过提供压力中等但又可以掌控的挑战，并且之后帮助孩子恢复对自己的信心，从而达到上述目的。在这个过程中，婴儿能够逐渐学会如何使用高级大脑来控制自己对消极事件的冲动反应。

但是，如果没有获得足够的关爱帮助他们建立这些环路，婴儿控制自己行为、管理自身压力或焦虑的能力就会变得很差。更糟糕的是，不良照料会减小脑部这些调控区域的体积（Van Harmelen et al.，2010；Cerqueira et al.，2005），从而导致孩子更加难以学会如何调控情绪或者在面临困境时自信地向别人寻求帮助。事实上，那些内向的受虐儿童倾向于隐藏自身的感受，不遗余力地取悦他人，以此来满足自己的需要。而外向的个体则设法通过干扰他人来使自己的感受得到关注，或者不顾及他人感受一味地索取自己想要的东西。这两种策略都源自同样的困难，即幼年同父母之间糟糕的互动模式。

在策略的选择中又存在着有趣的性别差异：女性倾向于选择压抑的方式，而男性倾向于选择进攻的方式。但是，这并不是绝对的。

行为趋势是可预测的

早在儿童 6~10 个月大的时候，我们就可以依据其母亲的抚养行为以及儿童的气质类型这两个变量（而不是仅仅依靠气质类型），来预测孩子将来可能出现的行为问题。那些在与孩子交流时情绪多变、无法满足孩子需求、把自己的意志强加到孩子身上的母亲，更有可能培养出具有攻击性和行为障碍的儿童。

如果任其发展，母婴之间的互动模式会一直持续到幼儿期，这时的母亲和孩子之间已经变得相互拒绝、相互攻击。面对照顾一个幼儿的诸多麻烦，不善于自我调控的母亲很容易因为力不从心而变得怒气冲冲或心情沮丧。她经常责怪孩子，很少因为孩子表现好而夸奖孩子，也不会帮助孩子学会自我调控。这个阶段孩子糟糕的自我调控能力已经能够预示未来的外化行为问题。（Lenneke，2009）一项针对 2 岁女孩的研究显示，情绪管理问题和外化行为问题是联系在一起的。（Hill et al.，2006）

如果父母对孩子展示出敌意或对孩子进行体罚，孩子便可能产生他人对自己有敌意的预期，从而产生负面偏见（negativity bias）以及过度活跃的右脑。不断遭受暴力的体验或者频繁目击暴力，会使孩子脱敏，认为这是正常行为。从这个意义上讲，那些具有暴力行为的孩子的确是自己"学会"了使用暴力。

在哈佛大学心理学家凯瑟琳·阿尤布（Catherine Ayoub）和加布里埃尔·拉波尔特-施利希特曼（Gabrielle Rappolt-Schlichtmann）对受虐孩子的研究（2007）中，描述了一个令人心痛的案例。他们要求一个叫唐纳德的2岁半的小男孩用两个玩偶做道具，来模仿自己如何与同伴玩耍。唐纳德说出一串富有攻击性的对话："小子，你想打架吗？我要打趴你。对，他打他。他们打起来了。你想打架吗？我正要跟你打。揍我的屁股，揍。"当被提醒要表现得"友善"时，唐纳德再次试了一次，只有这次他说道："来玩橡皮泥吧，伙计，不要离开我，请不要离开我。"正如作者所言，唐纳德已经"开始预期攻击和损失，而非善意和持续的关心"。

2岁时孩子表现出的问题，将会在以后稳定并持久地存在。2岁时积极关爱的缺乏可以预测孩子以后出现的行为问题。（Belsky et al.，1998）而相互愉悦、积极关注的幼年经历可以预期孩子未来有更加良好的行为表现，以及对父母更好地顺从。（Kochanska，2005）

如果到3岁还没有学会自我控制，孩子在整个童年都会表现出持续的问题行为，将来也更可能出现行为障碍。（Caspi et al.，1996）一项对大规模儿童的纵向研究发现，那些3岁时自我控制能力差的儿童，在32岁时更可能表现出犯罪行为。（Moffitt，2010）

与之相似，4岁时同父母一方关系紧张的孩子，将来会缺乏良知和道德感。他们无法设身处地为他人考虑，也不会去考虑自己的行为对别人产生的影响。这一方面是因为没有人曾经这样为他们考虑，另一方面则是因为他们没有足够的自控能力来为了别人的利益而约束自己。

特别是父母采用严厉的教养方式，同时对孩子身体进行虐待和体罚时，通常会导致孩子将来在学校出现攻击行为，因犯罪而被逮捕的可能性也更大。（Lansford et al., 2007）到10岁、11岁时，这些多动、悲观的孩子经常变得更加反社会，表现出我们所熟知的"行为障碍"。这是一个严重的问题——大约6%的学龄儿童会表现出这一问题。

那些缺乏自控能力的孩子长大之后会怎么样呢？一种非常极端的表现就是严重的暴力行为甚至谋杀。当然，很少有孩子会严重到汤姆森和维纳布尔斯那样的程度，他们显然没有能力对2岁的詹姆斯·布尔格所经受的痛苦产生共情，也没有能力去想象自己给詹姆斯·布尔格的家庭所带来的痛苦。他们似乎被从根本上切断了感受他人情绪的能力，占据他们头脑的是对粗暴或冷漠对待自己的父母以及兄弟姐妹的复仇感。成年谋杀犯也都有类似的问题。

阿德里安·雷恩研究了41个谋杀犯的大脑，将其与性别和年龄都相似的41个对照组的大脑进行对比，结果发现谋杀犯的前额叶皮层发育不良。他们缺乏那种能够教会他们同理心和自我控制等社会技能的早期经历，缺乏一个能帮助他们调整行为表现的大脑结构，事实上，他们可以说是隐形的残疾人群，不得不依赖更为原始的反应来获取自己想要的东西。他们"冲动地"杀人，而不是冷血地精心策划谋杀，他们没有能力控制自己的行为。（Raine et al., 1997a）然而，正如雷恩在自己有时候自相矛盾的书中所承认的，正是早期社交、情感和营养的剥夺改变了个体的大脑以及相应的行为。他总结道："相比于基因和生理因素，社会环境才是导致个体暴力行为的最重要原因。"（Raine, 2013: 260）

虽然从广义来看社会环境是重要的，但它主要通过影响父母继而作用于婴儿的发展。遭受压力的父母通常是严厉的父母，社会资源和经济资源的缺乏都会导致严重的压力。然而，严厉的父母具有不同的人格、教育水平和生活环境。他们通常具有一个共同点：都是情绪文盲（emotional illiteracy）。在很多案例中，他们自身的独立需要没有被满足，所以也没有足够的能力承担起抚养孩子的责任。他们依旧需要寻求他人来照料自己。他们中的许多人感到周围没有社会支持，缺乏家庭网络或社会网络，这都会加重他们的困难，也加剧了他们满足孩子需要的困难程度。

比利的故事：习惯了痛苦的"冒险者"

帕梅拉·斯蒂芬森（Pamela Stephenson）在为丈夫——苏格兰喜剧演员比利·康诺利（Billy Connolly）——所写的传记中，描述了一个受虐儿童的经典例子。（Stephenson, 2002）比利的母亲是个穷困的未成年妈妈，由于征兵，她不满20岁的丈夫远赴战场，留下她独自抚养两个孩子，她感到孤立无援、心情抑郁。她还没有做好当一个母亲的准备，更无法尽一个母亲的责任，为解决自己的问题，她便忽视孩子的需要，不理会孩子。从幼儿期开始，比利和他的姐姐弗洛伦斯（Florence）就被母亲忽视，被扔在大街上独自玩耍。长到4岁时，比利已得过3次肺炎。有一天，他们的妈妈"关上房门离开了家，然后再也没有回来"。姐弟两个被扔在公寓里，直到他们的哭声引起了邻居的注意。从此，在整个童年时期，他们再也没有见过母亲。经过家族内部的几番明争暗斗，他们最终被父亲那边的姑母们收养了。尽管姑母们的本意是好的，但她们还是无法胜任照顾孩子的责任。正如帕梅拉·斯蒂芬森所写的，尤其是莫娜（Mona）姑妈，总是把她的挫败感发泄在比利身上：

刚开始只是对孩子口头上的辱骂。她说比利"懒家伙，没一点儿用"，并宣称比利将来也不会有什么出息，遇到他可真算自己倒霉。

很快，她就发展为羞辱比利，她最喜欢的一种方式就是从后面抓住他的脖子，然后拿他的脏内裤往他脸上擦。后来，她变本加厉，打他的腿，用湿衣服抽他，踢他，用高跟鞋敲他的脑袋。她总是等到其他人都不在时把比利逼到角落里，然后狠狠地打他，每周四五次，这样持续了好多年。

比利经常在学校操场的一些废物堆里待着，他告诉自己，被扇一巴掌其实也并不是那么痛。他身体上所受的痛苦越多，就越觉得能够容忍这种痛。他会自言自语："她最坏能拿我怎么样呢？""她也只能拼了命地把我往死里打……而且已经有人对我这样做过了啊，也并不是那么可怕啊……我没有死，也没有怎么样。"

事实上，他在身体上、情感上和言语上受到的虐待越多，他就越期待被虐待。最终，他相信了别人对他的评价：他是个废物，毫无用处，是个蠢货。直到今天，在他的内心深处，一直隐藏着这种恐惧，恐惧别人对他的辱骂和奚落。

从这本书中可以看出，几乎没有人告诉比利应该如何调控自己的情绪，从婴儿期开始，他就遭受着各种压力。因此，长大之后的比利变得目中无人、狂放不羁。他曾告诉妻子，他已经习惯于身体上（不可避免，也包括情绪上的）的痛苦。从生理上讲，也许对诸如比利这样的儿童而言，由于他们的身体已经习惯了高水平的皮质醇和抵抗性调节，大脑便会认为已经不再需要多余的皮质醇，从而关闭了其余的接收器。因此，当压力逼近时，他们不会像抑郁症患者那样迅速提高身体对恐惧的预期水平。研究发现，尤其那些从小就有攻击表现的男孩子，体内的皮质醇含量往往较低（McBurnett et al.，2000），这就进一步表明，也许攻击行为是由长期的慢性虐待所引起的。

比利·康诺利已经习惯于生活在水深火热之中。他成了一个冒险者。他小时候玩过一种叫作"死亡跳跃"的游戏，其实就是在各种建筑物之间来回跨越。他还会搞一些恶作剧来伤害和捉弄别人，比如电击别人。这样看来，比利似乎在主动把自己曾遭受的虐待重新放到别人身上，同时又觉得自己的身体毫无价值，可以接受任何虐待。很自然地，他也不懂得尊重别人的身体，当被激怒时通常会扑向对方，狠狠地"给他点儿厉害看看"。在斯蒂芬森看来，比利会很轻易地做到这些。换句话说，比利在采用暴力手段时是不会顾及后果的。比利的事例是反社会人格的一个典型。

那么，为什么比利·康诺利最终成为一个著名的喜剧演员，而不是一个声名狼藉的罪犯呢？也许是因为在受虐待之外，来自他人的情感关爱缓解了他对社会的仇视。特别是他亲爱的姐姐弗洛伦斯给了他很多关心与呵护，她总是充当着比利的保护者。他也参加了很多合法的、适合男孩子的活动，尤其是在童子军团的经历对他产生了很大的影响。在童子军团的活动中，有一次他给人擦鞋时遇到一个中产阶级男子，这名男子非常喜欢比利，并且饶有兴趣地和他聊天，这让比利感到自己其实是有价值的。他也遇到过一些自己崇拜的老师，他们风趣而聪明。后来，比利在造船所做小学徒时遇到一个擅长说顺口溜的老焊接工，他的语言天赋很有可能就是在与老人的交往中被挖掘出来的，这段经历也进一步增强了他的自信心。总之，生活中的这些正面经历，再加上他和姐姐之间的亲密关系，已经足够让比利同他人进行正常交往。虽然早期的不幸经历很容易导致他产生反社会行为，但是，在这些积极体验的调和下，比利的心理和行为模式也得到了很大程度的缓解。

戈尔迪（DJ Goldie）的故事与比利相似。3岁的时候，他被酗酒的母亲抛弃，从此便被多次辗转安置在养育院和抱养者的家庭之间。他告诉记者林恩·巴伯（Lynn Barber），他的童年一片空白，他不记得是如何在生存线上挣扎、敌视和质疑所有的一切，然而，在他的愤怒下其实隐藏着"真正的害怕，因为在这个世界上，你孤身一人，无依无靠"。戈尔迪不像其他弟兄那样最终死于监狱，他后来被一个轮滑俱乐部收留，他在那里发现了"正常的生活"。在他看来，"在社会福利机构中，你不可能拥有常态的生活。只有在溜冰的时候，才能感受到足够的自由，才能尽情去想象那些生活中不曾出现的美好事物"。(*The Observer*, 27 November 2002) 他曾在英格兰的 B 级队玩滚轴冰球，并且自学了霹雳舞，随后成为一名涂鸦艺术家，并且认识了一些电影制片人，他们把戈尔迪带到纽约，并把他介绍给其他涂鸦艺术家。这些经历为戈尔迪的生活打开了另外一扇窗，使他看到除了犯罪之外的另一个世界。

戈尔迪和比利·康诺利幼年时都曾处于柔弱无力、任人欺凌、充满压力的境地，但他们最终都找到了自己的社会定位，成为一个有价值、有自尊的个体。在此基础上，他们获得了生活的希望并被社会接纳。然而成年之后，作为喜剧演员的比利在他的表演中仍带有很多反社会的因素。他的表演在令人发笑之余，也往往让人感到震惊。他最先打破了不能随意说"性交"和"放屁"的禁锢，当时这些俗语还远没有渗透到大众文化之中。利用自己超凡的智力，他超越了低级趣味，把自己的经历编成故事讲给观众听。语言暴力也成为他释放内心压力的唯一途径，通过这种方式，他可以宣泄那些幼年时期积聚在心中的愤怒，同时又不会伤害到其他人。或许，对那些和比利有着相似童年经历的观众而言，比利表演中的语言暴力也缓解了他们曾受到的伤害以及心头隐藏的愤怒。

根据比利的妻子帕梅拉·斯蒂芬森的讲述，成年之后，比利的生活仍然受到早期不幸遭遇的影响。比如，早期经受的压力可能影响到他的大脑存储信息的能力。尽管他很爱阅读，但记不住曾经读过的内容，上学时他也存在学习困难。事实上，长期的慢性压力会影响到大脑的海马体，从而导致记忆效率的低下，这是一种很普遍的现象。斯蒂芬森还描述了她第一次见到比利的时候他是那么神经兮兮和高度警觉。他不能够忍受别人碰他，对方的一个突然动作也会让他惊恐地向后退缩，因为在无意识中他总是以为对方会打他。对于批评，他也会表现出过度的反应。一个如此可爱、如此聪明的人居然被塑造成这种性格，真是让人觉得可悲。然而，我们却不会以这种怜爱的态度对待罗伯特·汤姆森、乔恩·维纳布尔斯，尽管他们与比利类似，都是因童年的生存压力导致了性格的扭曲。

我们知道，童年时期养成的攻击和反社会行为对社会的危害最大。在人的一生中，幼年阶段塑造出的行为具有最强的稳定性，成人犯罪、吸毒、婚姻暴力都与其有着最为密切的关系，整个社会都将为之付出高昂的代价。(Scott et al., 2001) 尽管在政府的行政议程中犯罪问题总是位居前列，并且人们也越来越清楚，那些具有反社会倾向的青少年的攻击行为往往是各种成年犯罪的初始表现。但是，很少有人会把这些行为问题与幼年虐待相联系。人们往往把关注的焦点放在解决当前的问题行为上，而不是从个体的幼年开始去发掘这些行为的早期根源。事实上，现在流行的做法是，尽可能与罪犯接触，训练他们遵纪守法的行为，强迫他们为自己的所作所为负责。一个自由新闻记者指出，这些欺凌弱小的罪犯都应该"被木桩钉死"，她已经厌倦了那一套关于低自尊的所谓"心理学的胡言乱语"。(Toynbee, 2001) 换句话说，对于那些给别人造成伤害和痛苦的人，她无法在内心对他们产生同情。而这恰好就是那些男孩通常遭受的待遇，他们的问题就在于，从来没有接受过来自父母的同情。他们的情感和需求总是被忽略，当和父母产生冲突时，就会被父母打骂。他们只能抑制内心对强势父母的愤怒。

一般来说，正是这种无处发泄的愤怒造成了诸多的社会问题。当愤怒在个体的体内涌动，但又无法适时地被宣泄、被控制或者被调节时，愤怒并不会消失，它只是留在体内，等待可以释放的时机。于是，当新的情境触发了这些愤怒，而触发者又没有当初的父母那么强大，个体感觉愤怒发泄出来会相对安全些时，这种情绪便会喷涌而出。最后，由于这种愤怒从来就没有被调控过，这些个体也从来没有学会如何去调控愤怒，于是这种情绪便往往会以极端的形式表现出来，发泄在他们的同伴或柔弱者的身上。

比利·康诺利也曾努力去调控自己，并且曾一度诉诸酒精。犯罪行为通常与酒精、毒品之间有着很密切的关系，因为这些东西可以解除个体对行为的抑制。但是，不管在哪一种情况下，那些被虐待或忽视的孩子并没有学会通过控制情绪来维护自己与他人间的亲密关系，或者维护自己本来就缺乏的自尊。他们觉得自己没什么价值，也得不到别人的尊重。他们抑制自己的愤怒，仅仅是由于恐惧对方，当他们不再感到害怕时，就会任由愤怒宣泄出来。

20世纪60年代发生的骇人听闻的"沼泽谋杀案"，案子的主犯伊恩·布雷迪（Lan Brady）经常从街上诱拐孩子跟他回家，再把这些孩子一一杀死。他和作家科林·威尔逊（Colin Wilson）的通信，揭示了他内心隐藏的复仇需要。伊恩·布雷迪是个私生子，从小被母亲遗弃，被人收养长大。幼年被抛弃加上家庭生活的不幸，导致了布雷迪的心理扭曲。虽然他非常聪明，但总感觉自己低人一等，或者感到自己的才能难以发挥。他觉得世界对他不公平，尤其是在十几岁时，有一次他在水果市场帮搭档把货物运上车，事后却被警察查出这些货物竟是赃物，虽然他事先并不知情，但还是因此被判惩罚性监禁，这件事更加深了他对社会的仇视。根据威尔逊的描述，这种不公平感让他内心充满了仇恨，他不再相信善良。当他杀害诱拐回来的第一个孩子时，他对着天空大吼"拿走吧，你的野种"，就仿佛上帝背叛了他。他的一生都在拼命地报仇。（Wilson，2001）

然而，当一个孩子还依靠父母的时候，他不可能完全地实施报复，因为这样做的话就会有失去父母的风险，这会直接危及他的生存，孩子心理上对父母的依赖也同样重要。处于依赖状态的儿童，无法把自己看作独立的个体。的确，绝大多数人都是通过生活周围的人群，他们对我们行为的反应、他们对我们所说的话，来获得自我概念，来认识自我。对完全依赖于成年人的婴儿而言，他们更加强烈地依靠生活中的照顾者（通常是母亲）来形成和发展关于自我的基本认识。为了生存的需要，他们会在心理上尽其所能地同这些人建立和保持联系，并且认同这些人对自己的看法和评价，不管这些看法和评价多么消极。

即使是非常微妙的拒绝，都可能会对儿童自我概念的发展产生持久影响。我曾有过一个来访者，他的母亲说她像所有母亲一样爱他，但并不喜欢他。母亲的这些话语，使他在整个青少年时期，甚至一直到步入中年时，都对自己的能力和价值心怀疑虑。还有一个来访者，小时候别人说她的性格不讨人喜欢。事实上，在成年时期，这些人都长期表现出抑郁症状。当父母打孩子时，就是在对孩子表现出明显的敌意，就像比利·康诺利所经历的那样，这时的父母都在传达一个强烈的信息，即孩子是没用的、糟糕的、令人讨厌的。

从本质上讲，反社会行为是一种为了达成自己的目标而不顾及他人的自发行为。在这种行为的背后，往往是个体内心与他人的疏远，以及对自己人际交往方面的信心缺乏。不管是人际交往能力的欠缺还是自控能力的不足，都无法从基因层面进行确切的定位解释。基因所能提供的只是最基本的框架或原料，比如，不同的基因决定了个体的个性是更倾向于精力充沛、外向，还是更倾向于谨小慎微、多愁善感，不同的基因也会有助或阻碍个体的情绪调控。但真正起到决定性作用的因素是父母是否能够根据孩子的天生气质倾向——或者在胎儿阶段由于环境而发生的神经生物学改变——因势利导，依据婴儿的需求采取相应的回应，同孩子建立一种相互信赖、充满温情的和谐关系。

那些在情感上感到安全、能够有效调控自己情绪的孩子，将来极少会成为反社会的人。一个幼儿如果愿意不违拗爸爸的要求，或者愿意为了不惹妈妈生气而等一会儿再要冰激凌，那么说明这个孩子对自己与父母的关系很有信心。在对这样的孩子进行社会化时，基本上不需要采取恐吓和惩罚的手段，因为他已经开始知道自己的行为对他人的影响，也开始意识到别人的感受。这些孩子之所以会这样，是因为在成长的过程中，父母曾经积极回应他们的情感需求，因此这些孩子便意识到，自己与父母之间的亲密关系是温馨与快乐的来源，所以应该珍惜这种关系。

PART

3

信息太多，方法太少
——下一步我们该做什么呢？

1

如果一切都失败了，那就抱抱你的泰迪熊吧
——创伤后修复

有时候，当我向听众讲授这本书中的相关内容时，有些家长会绝望地说："我现在才知道这些，可我和孩子的关系已经基本定型，我现在还能做些什么呢？现在再做弥补是否已经太晚了呢？"听到这些确实让人心情沉重，也让许多家长在回顾自己与孩子的关系时感到愧疚。

当从科学的途径证明婴儿期在个体发展中的重要性时，我们很容易忽略在整个生命历程中个体发展所呈现出的微妙之处。婴儿期是一个非常关键的发育阶段，这一时期发展的成功与否，会对个体一生的发展产生重大影响。但即使这样，婴儿期也不可能决定个体发展的全部。在整个儿童时期，尤其在 7 岁之前，个体内部的各种重要通道都处于不断发展和完善之中。接下来，在青春期开始时，大脑还会经历一个迅速发育的黄金时期，直至 15 岁左右，大脑才基本发育成熟。但即使在 15 岁之后，个体仍处于变化和发展之中，因为生命本身就是一个不断适应的过程，只是此时的个体会以一种缓慢的速度调整。而早期形成的心理行为模式通常会演变成习惯，当遇到某种情况时，在这种习惯的支配之下个体便会迅速地做出反应，

而不需要重新对情境进行评估和判断。在多数情况下，个体会倾向于保留幼年形成的反应模式，除非生活中遇到了非常强大的挑战，迫使其改变已有的行为反应模式。

有时候，心理分析学家把这种习惯或倾向称作"阻抗"（resistance），个体要想改变这些习惯或倾向是非常难的。甚至对那些因为生活太不幸而到心理诊所求助的个体而言也非常难以做到改变，他们经常在无意识中抗拒新的思维途径和关系模式。尽管在意识层面上，他们非常渴望对自我进行重整。即使如此，我们也不用绝望，因为不同种类的心理治疗可以帮助很多患者建立和加速改变这些原有习惯和倾向的进程。正念冥想就有助于提升个体的自我调控能力。（Holzel et al., 2011）

然而，在我看来，防范胜于治疗。人们越来越认识到，在改善个体心理健康方面，从婴儿时期开始，积极致力于建立积极信赖的亲子关系是一种非常有效（同时也更少痛苦）、事半功倍的途径，其效果要远远胜于成年之后所进行的各种心理治疗。几十年来，不同机构的临床工作者一直在为父母和婴儿提供各种心理治疗服务。我自己也于1998年在牛津成立了一个诊所，用来提供这方面的专项服务，我相信，这种着眼于婴儿期的心理治疗应该成为所有心理健康问题的基础所在。然而，尽管这些心理辅导的价值已经得到了证明（Barlow et al., 2008），但还是存在着一些障碍，难以把这类服务提供给每一个有需要的家庭。

虽然在政府制定的重要政策资料中承认了婴儿期的重要地位，但政府的政策和实际执行之间往往出现奇怪的相互脱节。即使一些政府部门也肯定，许多社会问题源自幼年经历，但是，在媒体以及负责处理刑事犯罪或健康照料等棘手问题的政府部门里，这一观点并不普及。无论是政策制定者还是普通民众，都还没有完全意识到早期干预可能产生的巨大效果，也没有意识到早期干预到底意味着什么。正如英国议会成员，《艾伦报告》（Allen Report）的作者格雷厄姆·艾伦（Graham Allen）所说的，这简直就像"癌症明明有治疗的方法，却弃之不用"。（Allen，2013）

其中的一个障碍在于，早期抚养所带来的好处不可能立即体现，因此那些控制财政预算的人就难以信服早期抚养的经济效益，财政支出便没有被分配到婴儿抚养领域。虽然我们知道治疗心理疾病的大致花费【在英国至少要1160亿英镑（Cylharova et al.，2010），美国的花费还要远高于英国】，但如果帮助婴儿通过良好的幼年照料关系来发展良好的情绪调控能力，这就能够为整个社会在治疗心理疾病上节省巨额花费，当然这个数字很难确切地指出。

在早期干预对社会贡献领域研究最多的人是美国的大卫·奥兹（David Olds）。他的项目对从孕期直至孩子2岁的家庭进行定期家访，结果有力地支持了早期干预的经济效益：早期干预对诸如反社会行为、儿童虐待、儿童忽视、儿童心理健康之类的社会问题具有明显的预防效果。（Olds，1998；Kitzman et al.，2010；Eckenrode et al.，2010）据诺贝尔经济学奖得主詹姆斯·赫克曼（James Heckman）估计，在这个项目上每花1美元，将来就会节省5美元的社会支出。（Heckman et al.，2006）现在，称为"家庭护理伙伴关系"的模型正在英国进行试验。

还有很多其他好的早期干预模型，例如，观察、等待和思考疗法（Watch, Wait and Wonder）、影像互动指南（Video Interaction Guidance）和安全区疗法（Circle of Security），这些干预模型的效果都得到了研究结果支持。但即使这些技术和项目很有用，在我看来，所有预防手段中最重要的都是专业帮助者与被帮助家庭建立起来的积极的、支持性的关系，以及鼓励父母去反思婴儿感受到什么和如何为婴儿发展提供支持。这些都能缓和同婴幼儿互动存在困难的家庭的亲子关系。

赫克曼曾经计算过这些早年干预投资的回报，发现投资越小的孩子，其回报率越高。正是由于婴儿有着很强的适应能力，同时又处于心理发展的关键期，因此，与成人相比，他们能够更加迅速地从糟糕的抚养中进行自我调整和恢复并形成新的情绪反应模式。孩子身上的变化速度是惊人的，通常一个星期就可以看到明显的效果。在我自己所接触的患者中，就碰到过不少类似的情况。我曾亲眼看见一些感觉迟钝、没有活力的小婴儿，数周以来都不愿意和别人进行目光交流，然而在他们母亲的抑郁状况得到缓解以后，或者当母亲能够对他们做出有效回应之后，他们在突然之间便恢复了活力。这些孩子会变得更加机灵，开始和人进行目光交流，开始微笑，并且表现得也更加放松。原本母婴之间充满敌意和冷漠的关系，突然转变为积极、热情的互动，表现出愉快和谐的依恋模式。由于长期接触成年患者，我已经习惯了经年累月地帮助成年人克服抑郁症状，或者帮助他们重建新的人际交往模式，他们身上的变化通常是缓慢而艰难的，因此，每当看到母婴之间这种迅速易变的关系模式时我都深感震惊。当然不可否认，很多时候，母婴之间的问题要顽固得多，也往往难以治疗，但那些情况通常是因为家长觉得难以改变，而不是因为婴儿。

人人都需要，婴儿更加需要

X因素，一种神秘的、能够让儿童迅速恢复活力的营养剂，其实就是回应性（responsiveness）。我真希望我们能够像售卖商品一样，把这种"回应性"进行装瓶出售，卖给那些需要它们的人！但是，在儿童所需的回应性方面还有一些问题需要注意。研究者的进一步研究发现，过多或者过少的回应性，对孩子而言都是不合适的，儿童只需要恰到好处的回应——父母没必要迫不及待地满足孩子的每一个需要，但也不应该太久地忽视孩子的需求，而是适度放松、自然而然地回应——自信的父母通常可以做到这点。但是，到底这种恰如其分的回应是一种怎样的表现呢？现有的研究还无法回答这个问题。虽然研究者设计了精密的实验，并对变量进行了严格控制来探讨这个问题，最后的结果却不尽如人意。但至少我们现在"知道"——这里是指一种更具科学意义的"知道"——有些东西是可以不"验"自明的。

此外，对婴儿来说，最好的回应是"随机应变"式的。这就意味着，母亲需要对孩子的实际需要做出应答，而不是从自己的角度来判断孩子应该需要什么。一个内向、腼腆的婴儿和一个外向、活泼的婴儿所需要的回应是不同的，一个疲倦的婴儿和一个感觉无聊的婴儿所需的回应也是不一样的。对每个孩子而言，不管回应的出发点如何友善，他们都需要为自己量身定做的回应，而不是那种"人人皆宜""批发式"的回应。如果婴儿不开心了，就需要抱抱他、摇摇他；如果婴儿感到厌烦了，就分散一下他的注意力；如果婴儿饿了，就给他一些食物；如果婴儿把脚卷进了毯子，就需要帮助他解开。总之，在每一种情境之下，都需要恰如其分、随机应变的回应，这种回应还要适合孩子独特的气质和性格特点。很显然，如果婴儿饿了，给他一个拨浪鼓并不起作用；如果他的脚被什么东西绊住了，把他的摇篮晃一晃也是无济于事的。

其实，成人也是如此，我们所需要的也是一种适时适地的、灵活应变的"回应"。譬如，当你因为某件事情感到难受的时候，别人对你好心好意的宽慰，或者风马牛不相及的劝解，通常是毫无效果的。实际上，在很多时候，这种所谓的"好心好意"与惩罚所起的作用类似,其实是试图将你的真实感受压抑起来,虽然表面看来似乎暂时驱除了你的烦恼。更好的解决办法应该是,让对方走进你的内心,理解你的真实感受,帮助你把这种感受表达出来,并且和你一起寻求解决方案。其实,这就是情绪调控的本质:有人会对你此刻内心的真实感受做出回应,并且和你一起共同应对这种感受。这就涉及对心理自我的认识,或者说是对自我的反思和感受。

这些,也正是儿童在发展健康自我的过程中所需要的。事实上,婴儿对自身状态的认识,正是他们形成"自我意识"的开端。父母可以通过遵从孩子的指引、从孩子身上寻找线索、观察孩子的情绪和愿望、思考孩子到底需要什么,来学会更加灵活地对孩子进行回应。通过这些途径,父母可以迅速与孩子形成和谐愉快的关系,并且这种良好的关系可以一直持续到整个儿童期。这些可能听起来很简单,但在对亲子关系进行治疗的过程中,医生通常需要采取各种不同的手段来达到这样一个基本目标。而且在达到这个目标的过程中会遇到许多障碍,其中最常见的障碍便是母亲自身的情绪调控存在问题,使她几乎不可能很好地回应孩子。这些问题通常很难解决,需要母亲同时接受其他形式的心理治疗来治愈自己的心理问题。

情感的流动

正如我前面所指出的,成人的许多心理功能失调,实际上根植于他们的婴儿时期,来源于他们幼年所形成的情绪调控方式。这里需要回答的一个问题是,成年之后,个体如何改善已经正式成形的、不健康的心理反应模式呢?

正如我所概述的,当婴儿没有得到来自成人方面足够的灵活应变的回应来帮助他们进行有效的自我调控时,他们便会尽其所能地进行自我调控。但是,在这种情况下,个体通常会建立具有防御性质的情绪调控方式，这些调控方式或者表现为尽力自给自足，或者表现为对他人有更高的情绪要求，或者游离在这两者之间。无论哪种方式，情绪管道都会被阻塞——或者情绪泛滥、无法抑制，或者情绪管道无法运作。无论怎样，这些在生命早期所建立起来的策略——要么用来让别人满足我们的需要，要么用来保护我们免受他人的伤害——通常都会保留下来，而我们很少意识到这些防御策略的存在。

防御的反面则是开放。健康的情绪会畅通无阻，该来的时候来，该消失的时候就消失。当情绪产生时，会被注意、被回应、被加工，而不会被阻塞。那些情绪控制良好的个体也有能力让自己的情绪同他人协调，能够根据别人的心情和需求来调整自己的情绪，也可以根据自己的情绪对他人提出相应的要求。关键之处在于，情绪的流通并不仅仅限于个体的内部，还存在于个体和个体之间。

这种关于情绪的观点和传统的精神分析模式非常不同。传统的精神分析学派认为，所谓情绪健康，就是个体控制和掌握体内原始的性冲动和攻击冲动的能力。弗洛伊德的这种思维方式产生于旨在驾驭天性的启蒙运动思想，并把这种思想应用于个体的情绪生活。但弗洛伊德把个体看作孤立的单元，认为个体应该运用意志的力量来控制体内的本能冲动。他没有认识到个体存在于同他人的互动之中，没有认识到个体的情绪调控是由早期经历的关系模式所塑造的，也没有认识到步入成年后，个体的情绪仍受他人的影响而存在。但具有讽刺意味的是，在一次偶然的尝试中，弗洛伊德发现一种可以有效治愈病人的方式就是谈话式的，即所谓的"谈话疗法"（talking cure），这当然要有两个人参与。在不经意间，他发现了可以导致个体发生变化的最为有效的规律：向对方说出你的感受，和倾听你感受的人建立友好关系，这是疏通情绪管道、重建更为有效的崭新情绪调控策略的主要因素。可惜的是，在控制个体的生理冲动方面——让原始的情绪冲动浮出意识层面，以便更好地对其加以控制——弗洛伊德又完全否定了谈话疗法。他过分夸大了性的作用，经常没有仔细倾听病人的真实感受。在对一个叫朵拉（Dora）的年轻女病人进行精神分析的过程中，治疗被迫突然中断，因为朵拉认为弗洛伊德并没有准确地理解她的感受。

然而，弗洛伊德理论的核心观点还是可取的，他认为，本能的自我是由意识层面的自我所控制的。这刚好与我们对大脑结构的理解相吻合。我们现在知道，大脑前额叶皮层是负责人类高级社会行为的关键部位。对现代人类而言，我们并不仅仅像原始人类那样只对那些激怒自己或自己需要的人做出回应，在平时的言行中，我们还要具有社会意识。我们运用前额叶来思考如果采取某种行为的话，可能会对社会产生何种后果，并且据此来调整自己的行为。事实上，在19世纪和20世纪初期的社会中上阶层，因为害怕由于违反社会的繁文缛节而带来的后果，人们通常过度利用"更高级的大脑"，甚至否认自己的真实情感和欲望。这就使得人们没有能力去控制自己的感受。压抑自己的真实感受、不能自由地呼吸或者自由地感受，其实无益于良好的情绪调控。这就导致许多人出现了弗洛伊德在他病人身上所观察到的症状，例如歇斯底里。

良好的情绪调控有赖于情感在体内畅通无阻，同时个体可以运用心理能量来注意并反省这些情感，还可以选择是否要用行动把这些情感表达出来。此时，意志与"本能的"情感共同运作，意识既不服从于情感，也不否认情感。意识并不试图通过意志的努力来控制情感，而是承认情感，在社会所允许的范围内利用情感来引导行为。本能的自我往往通过实体接触与他人建立联系，譬如，性行为、生孩子、喂奶、互相保护以及为了捍卫领地而进行的防御，然而，在经过现代人类高级的社会大脑的复杂运转和仔细衡量之后，原始的本能自我也得到了调整。

当然，这种调整的过程会因不同的原因而出现种种错误，但我们仍然可以有把握地说，所有那些抑郁的、反社会的、厌食的、有创伤经历的、酗酒的、身心失调的、"非安全型依恋"的人群，都既不能接受自己的情感，在与他人的交往中又不能很好地控制自己的情感。对他们而言，与他人之间的联系通常是痛苦的源泉，而不是得到认同、学会自我调控的基础。我已经指出，这些问题的根源通常在于幼年所建立的不良调控模式。这些模式之所以会形成，是因为对孩子而言，这是他们用于对付自身调控存在问题的父母，从而寻求生存的最好方式。但是，一旦这些孩子开始与家庭之外的人打交道，这些模式就变成了障碍。当母亲对自己带有敌意时，孩子会形成自给自足的情绪调控模式，但当他以后与他人交往时，如果仍旧采用这种调控模式，结果通常是不尽如人意。同样，一个依靠哭闹和发脾气来获取母亲注意的孩子，也会逐步发现，其他人往往会对自己的这种行为不予理睬。

在与他人的交往中，我们总是尽量采用那些自己熟悉的、曾经具有一定效果的旧策略。然而，对"非安全型依恋"的儿童而言，这种旧策略通常并非好策略。因为从本质上讲，这些策略属于防御性质，所以缺乏灵活性。这些策略是儿童用来对付对自己漠不关心的母亲的，但是，对那些能够给予自己积极关注的人而言，这些策略就不会奏效。而"安全型依恋"的儿童通常期待别人对自己的言行做出回应，同时也更愿意对别人的各种行为做出回应。如果他们遇到一个对自己漠不关心、让自己感到受伤的人时，他们通常会转向更值得依赖的人寻求安慰。

这些早期形成的模式会延续下去，因为它们已经印刻在个体的脑神经网络和脑化学成分之中。它们以一种无意识的方式被个体习得，并成为个体对世界的假设，这种在儿童时期形成的意识自我，通常在以后都不能被个体所意识到。它们成为我们的情绪习惯，就如同其他行为习惯一样，比如，早上刷牙，用纸巾擦鼻涕，晚上到了时间就要睡觉，都是自然而然地发生。当然，这些情绪习惯也有其内部的化学物质基础，对儿童来说，如果他们的身体本身已经习惯了某种水平的神经递质和压力激素，他们就会觉得这就是"常态"。并且他们的身体也会努力将这些化学成分维持在这种水平，尽管与常态相比，这种水平可能是太高、太低或者在某些方面已经与其他的神经激素失调。如果由于幼年的经历，这些应激反应受到了影响，或者前额叶皮层的功能减弱，那在今后的生活中，当个体遭遇压力事件时，他们的生理反应能量就会降低。

我们能够改变自己的大脑吗？

基本的生理阈值一旦被建立，就会相对稳定。个体在幼儿期所形成的自我调控方式，成年之后会继续影响他们的自我管理能力。（Moutsiana et al., 2014）那么，这一切是否可以改变？迄今为止，关于成年时期情绪大脑重构过程的相关文献还很少。然而，因为大脑的可塑性非常惊人，这些改变有可能会发生。一个好消息就是，研究发现，表观遗传学的改变是可逆的。越来越多的证据显示，当社会环境或者饮食状况发生改变时，即使是完全成熟的细胞也可以发生相应改变，包括调整DNA表达的方式。（Meaney, 2010；Herb et al., 2012）显然，既然环境强大到足以使DNA"甲基化"，它就足够让DNA"去甲基化"。【研究者还用药物进行了试验，发现药物也能清除先前的甲基化。（Roth et al., 2009；Weaver et al., 2005）】

幼年发育形成的"社会"大脑系统能否通过积极的后期社会环

境从早年压力中完全恢复，目前仍然存在争论。那些对罗马尼亚婴儿的研究显示，这些幼年曾在齐奥塞斯库（Ceausescu）孤儿院里悲惨地生活过一段时期的孩子，即使被收养多年之后，仍然会受到早年经历的影响。除非在出生后的 6 个月内就被收养，否则很多孩子在十几岁时仍然存在情绪问题。虽然他们中很多人的认知能力与常人无异，杏仁核还是受到了影响。(Mehta et al., 2009；Rutter et al., 2010; Tottenham et al., 2010)【由于幼年时期所遭受的完全剥夺体验，他们大脑的体积也比正常人小 18%。(Mehta et al., 2009)】研究者惊讶地发现，随着年龄的增长，他们会表现出更多诸如抑郁、焦虑等情绪问题，他们中有很多人在依恋方面存在着问题。(Kumsta et al., 2010)

然而，有越来越多的证据表明，当环境不太极端时，如果个体能够很快得到足够好的照料，早期压力的不良后果是可以被修复的。例如，只要在出生之后受到足够的关注，胎儿期母亲压力对婴儿海马体的影响便能够被矫正。(Buss et al., 2012；Lemaire et al., 2006)正如我们所知道的，即使那些携带"有风险的"兰花型基因的孩子，他们体内的血清素较少，如果能够得到社会支持，也会成为最具回应性、最能向积极方面发展的孩子。甚至在年龄更大时实施的心理干预仍能对大脑中的基因表达产生作用。(Yehuda et al., 2013；Feinstein and Church, 2010)

但是，如果仔细审视大脑负责处理情感的不同脑区，它们都能够被同等程度地修复吗？例如，不同神经递质的设定阈值在个体以后的发展中能够被重新设置吗？

大脑中血清素的合成从子宫中的胎儿时期就开始了，在出生后的 2 年内不断增加，5 岁时达到峰值。(Chugani et al., 1999)在这段时期，压力能够改变血清素系统的发育方式，能够导致终生倾向的血清素失调以及对焦虑、抑郁和攻击的易感性。（Whitaker-Azmitia，2010）这些系统能否在个体以后的发展中得到修复？我们并不清楚大脑是否可以修复这种外源性的血清素的合成能力，也不清楚这个受损的系统是否会继续依靠外部因素去重新平衡血清素含量。（这些外部因素包括药物治疗，例如，抗抑郁药百忧解；合理膳食的营养品；或者可以减少压力激素的爱的支持，因为压力激素会破坏我们的血清素系统）

越来越多的证据显示，HPA轴的应激反应自身处于开放状态，能够发生改变和进行自我修复。在收养照料孩子方面的一些研究取得了令人鼓舞的成效，通过良好的照料，大脑是有可能被改变的。菲利普·费舍（Philip Fisher）和同事的一项研究发现，那些通过专门训练认为自己是孩子的"监管人"的收养照料者，可以在压力情境中为孩子提供无微不至的支持。这种"重新抚养"的途径有益于孩子的应激反应；通过8-9个月的时间，孩子的应激反应可以恢复到常态。（Fisher et al.，2006）与此相似，对抑郁人群的研究发现，在成功治疗后，抑郁者的体内皮质醇降到了正常水平，这就是抑郁症康复的信号。

我们仍不清楚这些被压力改变的大脑结构到底能够在何种程度上得到修复。例如，除了幼年可能存在的修复机会，那些遭受压力的海马体在成年期会以何种程度生成新的细胞，对此目前仍存在着争议。一些科学家相信,抗抑郁药物能帮助这部分大脑开始神经重塑。也有人发现运动有助于增大海马体的体积。（Carlson et al.，2009；Davidson and McEwen，2012）其他研究者指出，目前还没有令人信服的证据能够支持成年人的大脑皮层还可以神经生成。（Costandi，2012）

我们现在也不清楚内侧前额叶皮层能否从幼年压力而导致的萎

缩中得到修复。近期研究显示，老鼠可以做到这一点。在相对没有压力的环境中生活一段时间就可以逆转萎缩（Radley et al., 2005），但是当年纪再大些时，这种修复的可能性就变得更加渺茫了（Bloss, 2010; Radley and Morrison, 2005; Liston et al., 2009）。

至于杏仁核，现在的结论还不一致。如果遭受严重创伤，比如罗马尼亚孤儿那样，早年杏仁核的萎缩修复到正常水平的可能性就很小。然而，对那些问题不太严重的人来说还是有可能的。关于经受压力的普通成年人的一项研究发现，只要8个月的冥想就可以减少他们杏仁核中灰色部分的体积。（Holzel et al., 2010）布丽塔·霍泽尔（Britta Holzel）的研究也发现，冥想有助于增加杏仁核和高级大脑之间的重要调控连接，特别是与前扣带回之间的连接。（Holzel et al., 2013）

饮食和生活方式

治疗疾病最重要的途径是使用药物。毫不奇怪，在恢复大脑系统的治疗中，精神病专业也主要依靠外在的合成药物。虽然在某些疾病如抑郁症的治疗上没有获得普遍成功，但此类治疗方式已经非常常见。

另外一种更为健康的恢复体内化学物质平衡的途径，便是促使身体自己分泌（内有的）神经化学物质。众所周知，有规律的、轻缓的运动可以刺激内啡肽的分泌。一些研究显示，运动也可以刺激血清素的释放。（Young, 2007）越来越多的人将体育锻炼看作有效的抗抑郁剂。（NICE, 2009）同样，对身体的按摩可以降低体内的应激激素水平，从而起到抵抗抑郁的效果。（Field, 2001; Field et al., 2005; Hou et al., 2010; Rapaport et al., 2012）经常冥想，则通过降低皮质醇水平、降低杏仁核的过度活跃来缓解焦虑。（Goldin and Gross, 2010; Jacobs et al., 2013; Brand, 2012; Holzel 2011) 有经验的冥想者通常能更好地应对压力。(Matousek, 2010)

此外，食物也会对我们的情绪和身体健康起到巨大影响。尤其是在中枢神经系统富集的必需脂肪酸，对人体健康非常重要。我们发现，油性鱼类，例如鲭鱼，具有很强的抵抗炎症的效果，能够减少细胞因子的生成。(Calder, 2006) 在西蓝花、花椰菜中发现的萝卜硫素是另一种帮助身体抵抗炎症的物质。当膳食中缺乏上述物质时，我们的身体就难以抵抗炎症，正如我们所知道的，炎症同抑郁症以及其他如关节炎、心脏病等一系列疾病之间都存在着联系。必需脂肪酸也能影响神经递质的平衡。当欧米伽-3脂肪酸浓度水平低而炎症严重时，含血清素的神经就会受到影响，这也许可以解释低欧米伽-3脂肪酸浓度和易怒、反社会行为之间的关系。

然而，这里需要再次强调，幼年的经历非常关键。回顾母亲在孕期的健康状况，我们发现脂肪酸会通过胎盘和乳汁传递给后代，脂肪酸水平会在生命发展的关键时期影响个体大脑的各种系统。特别是幼年欧米伽-3脂肪酸的缺乏会影响前额叶皮层中血清素和多巴胺的运作。(Hibbeln et al., 2006) 缺乏欧米伽-3脂肪酸会影响脑源性神经营养因子（BDNF）的水平，脑源性神经营养因子在前额叶皮层、下丘脑和海马体的突触连接时都是必需的。(Bhatia et al., 2011; Rao et al., 2007) 研究者还不能确定这种婴儿时期的神经发育问题是否可以在将来通过补充欧米伽-3脂肪酸得到修复。当然，对老鼠来说，改进营养确实可以帮助幼崽的神经恢复到正常水平，不过，幼崽一旦断奶就再也无法恢复了。(Kodas et al., 2002; Bhatia et al., 2011; Hibbeln et al., 2006)

关于人类，有说服力的研究证据则更少，但这类研究现在也开始增加。这就表明，当今食谱中的欧米伽-3脂肪酸含量依然会对人体产生影响。过去对老鼠做的研究发现，欧米伽-3脂肪酸可以改善老鼠的多动症（ADHD），现在发现这一结论也适用于人类。补充欧米伽-3脂肪酸的确能够改善多动症儿童的行为。（Richardson，2006；Kine et al., 2012）欧米伽-3脂肪酸也能改善一般性自控问题。例如，在一项双盲实验中，研究者发现，与服用安慰剂的被试者相比，那些服用欧米伽-3脂肪酸添加物的罪犯，违反纪律的次数少了37%。（Gesch et al., 2002）现在，牛津大学的最新研究开始聚焦于普通学校的普通学生。学者保罗·蒙哥马利（Paul Montgomery）发现，血液中欧米伽-3脂肪酸的含量"可以显著地预测学生的行为和学习能力"。（Montgomery et al., 2013）

迄今为止，这些重新平衡神经递质、减少压力、预防炎症反应的自然食补方式还没有从医学专业的角度获得支持；对药物治疗的依赖性或许阻碍了人们关于营养在身心健康中的作用的认识。令人欣慰的是，有迹象显示，至少冥想和运动在治疗中已经得到越来越多的认可，即使这些"药方"依旧挑战着主流的医学模型。这些治疗手段更为关注人们的健康生活方式，很难适用于不会好好照顾自己的人群。而且所有这些治疗方法都有同样的局限性：必须坚持。无论是药片还是维生素补充物，都只有坚持服用才有效果。

上述的所有途径不仅可以改善个体的精神状态，还可以提高他们的情绪调控能力。如果让它们成为一种生活方式，那就会产生明显的效果，但是，它们不一定会改变个体在人际交往过程中的情绪调控模式。在情绪方面喜欢自我满足的成人，幼年曾是非安全型儿童，他们并不会因为饮食的改变就开始主动接纳他人。那我们怎样才能达到这样一种理想状态——既能自我接受，同时又可以很好地理解别人的感受呢？或者说，我们怎样才能既让自己的情感畅通无阻，同时又能让自己同他人的情感产生共鸣呢？

一个再次成长的机会

　　心理治疗提供了与众不同的治疗方式。通过建立一种仅仅以治疗为目的的个人关系，个体可以探求与他人交往过程中的自我情绪调控方式，可以去尝试调整旧的情绪习惯，也可以引入新的调控方式。但是，情绪习惯的形成和改变需要时间。首先，它们要被唤醒。要想改变自己的情绪过程，个体只能用全新的方法去体验。当某种情绪被唤醒时，皮层下区域会释放出神经递质，原有的神经网络会自动被激活，并以原有的方式来处理这种情绪唤醒。但在治疗师的帮助下，个体可以练习新的调控方式。如果治疗师对你的情绪持接纳的态度，那神经网络就不会像以往那样拒绝你的情绪，你的情绪也不会在神经网络的控制下按照以往的模式进行反应。治疗师对你情绪的接纳，其实就是给你营造一个心理空间，让你能够反思自己的情绪，考虑如何以新的方式表达自己的情绪。此时，你的情绪处于活跃、主动的状态，你体内的应激激素也是如此，这些压力激素会对来自皮层下的信号做出反应，协助形成新的（更高级的大脑）皮层突触。在与治疗师的共同努力下，患者体内可以形成新的神经网络。

　　在治疗过程中，治疗师还要帮助患者解决幼年时期所留下的心理阴影，譬如当个体还是完全依赖于成人的小婴儿时，内心那种非常强烈的对被抛弃、被拒绝的恐惧；由于没有父母的支持和调控而产生的手足无措、惊恐万分的感觉；因为父母对自己的感受不管不顾而产生的极度愤怒，以及其他被压抑下来的各种感受。当患者还是弱小无助的儿童时，他们的生存需要依赖父母，所以他们当时不能把自己的真实感受表达出来，以免自己的生存受到威胁。但是，这些被压抑下来的感觉通常不会消失，而是以某种方式在体内沉睡着、隐藏着。在某些压力情境下，它们会像火山爆发一样喷涌而出，这时的个体会暴跳如雷，或者惊恐异常。在别人眼中，他们的表现简直让人无法理喻，因为当前的压力事件根本不足以引起他们如此剧烈的反应。

在大众心目中有一个普遍的误解，认为所谓心理治疗，主要就是发泄对母亲的憎恨。例如，在约翰·卡森巴赫（John Katzenbach）的恐怖小说《分析师》（*The Analyst*）中，开头这样描述一位精神分析师的职业：

那一年，他非常渴望自己死掉，在他五十三岁生日那天，他同以往一样，大部分时间都在倾听患者对他们母亲的控诉：漫不经心的母亲、残暴的母亲、淫乱的母亲。有些母亲已经死了，但孩子仍对她耿耿于怀；有些母亲还活着，但孩子想去杀死她。（Katzenbach, 2003）

但是，在我的从业经历中，更普遍的现象却是人们不愿抱怨母亲。大多数来访者都非常捍卫自己的母亲。他们会把自己的母亲理想化，因为他们渴望得到来自母亲的爱与支持，虽然几乎从未获得过这方面的满足。他们不愿意批评自己的母亲。然而，治疗进程的关键通常取决于患者是否能够正视父母人性中的缺点和失败之处，也取决于他们能否放弃将来有一天获得母爱的幻想。当他们能够怀着同情之心意识到父母也是会犯错误的普通人，所谓的完美的父爱或母爱是不可求的，这时他们便成长了。接受了父母仅仅是有缺点的、为了生存而奋争的普通人时，患者的自我接纳水平便会得到提升。

由于这些来访者在幼年时期便失去了对自己情绪的接纳和调控，因此，他们通常采取防御的方式进行自我控制。他们尽量按照心目中的理想自我来要求自己，以为只有这样才能获得理想中的母亲（通常没有自己的需求）的爱，很自然，他们的幻想会一次又一次地失败；

或者他们否认自己的情绪存在问题、否认亲子关系对自己的重要性。

这些患者在成长过程中，很少体验到自己的情绪被他人理解、被他人承认，更别说某种强烈的情绪被他人所包容。在心理治疗过程中，治疗师的任务之一便是给患者提供这些缺失的情感体验。最重要的地方在于，当治疗师和患者之间未能相互理解，或者对某件重要的事情意见不一致，关系出现"裂痕"时，治疗师会用自己的行动证明关系是可以被"修复"的。在两人互动之中，这种"裂痕"和"修复"的循环非常重要，这是建立安全型关系的关键所在。"无论在两人的沟通之中出现了什么问题都可以被修复"，这种观念的树立，既是人际关系中信心的来源，也可以让来访者知道，对自我的调控是可以被修复的。通过和治疗师的这些互动经历，患者便会形成新的力量，既能够获得倾听，也懂得倾听别人。患者开始意识到，无论是通过言语还是非言语形式，情绪都是可以被分享的。

这些经历，正如在《回到人生伊始》一章中所介绍的，是在婴儿期习得的。在生命的最初阶段，安全感和接纳是通过触摸来传递的。但是长大之后，我们更喜欢用言语来相互"拥抱"。那些抑郁的儿童、受虐待的儿童、被忽略的儿童，在成长过程中缺失了这种来自身体和言语的"拥抱"经历。他们的情感和心理状态没有被很好地识别、接纳和调控。因此，他们就没有学会所有的心理状态都可以被"掌控"，他们也不知道在接纳或调控方面的失败是可以被修复的。相反，他们只得自寻途径来维护自己的情感，但这些途径通常是防御性的。之后，在整个一生中，他们都在尽力使用这些防御策略，永久地切断了自己同他人之间的相互调控。他们也知道自己身上似乎缺失了某些东西，某些地方出了问题，他们并不快乐。为了减轻内心的痛苦，他们会转向毒品、食物或其他令人成瘾的东西。

心理治疗可以提供机会，帮助患者重建自己的情绪调控策略，但这项工作要耗费很多的时间和金钱。要帮助患者重新建构大脑的神经网络，仅仅依靠治疗师所提供的新的情绪体验是远远不够的。患者需要反复体验这些新的情感调控模式，直至这些新建的神经网络确实已经得以巩固。一旦这种新的调控模式真正稳固，个体便拥有了一个健康便捷的情绪调控系统，有利于和他人的和谐交往，也有益于保持心理健康。至此，一定程度的真正康复便基本达到了。

2

未来的新生命

在艾伯丁（Albertine）刚出生的前六个月里，我留在家中照料她，而我的丈夫则继续在外工作。这种经历迫使我意识到一些自己以前几乎从没想过的东西：我意识到这样一种现实，当孩子出生以后，其母亲和父亲的生活将会在两条轨道上运行。在此之前，他们两个生活在一种相对平等的状态之中，现在，他们两个却生活在一种类似封建性质的关系之中。一个一整天的时间都在家照顾孩子，另一个则每天在办公室忙碌，两人的生活模式似乎有着天壤之别。不论这种生活模式组合有什么益处，在白天，两人是生活在两个完全不同的世界里的。

——蕾切尔·卡斯克（2001: 5）

这本书似乎给人这样一种提示，要想扮演好母亲的角色，女性需要具备很多能力。每当提及"父母"这个称谓，似乎总在传达一种期望，认为照顾幼儿的工作必然由女性担当而非男性。然而事实上，调节别人情绪的能力，以及被别人调节情绪的能力，并不是某一性别所独有的。我们所有人都能够这样做。任何一个成人，无论男女，只要是通情达理又有空闲，并承诺会持续照料婴儿，都绝对可以胜任照顾与管教小婴儿的任务。现在有越来越多的父亲参与照料婴儿，甚至在有些家庭中父亲还成为孩子的主要照料者，虽然最近的调查发现，父亲成为孩子主要照料者的情况并没有我们想象中的那么常见。

首先，英国国家统计局的数据显示，相比10年前，英国在2012年只多了6000个全职待在家里照顾婴儿的父亲。这看上去是抚养孩子问题上呈现出性别平等的迹象。但正如吉迪安·布罗兹（Gideon Burrows）所指出的那样，同一时期待在家里的母亲少了44000个，这一空缺数字主要被隔代抚养和付费的照料中心所填补，而不是父亲照料。（Burrows，2013）事实上，虽然有2周陪产假，但许多英国男人并未完全享受这一权利，更别说26周带薪育儿假（假如母亲不使用的话）。那些确实利用陪产假的父亲，通常更愿意在孩子稍大些、进入幼儿期的时候参与照顾孩子。（Tanaka and Waldfogel，2007）而这些父亲做出上述决定通常是由于孩子还小，但母亲已经决定回归职场了。（Norman et al.，2013）也许这些父亲能够凭借直觉感受到孩子对被人全身心照顾的需求，或者———旦他们独自同孩子相处一段时间后——他们更加自信自己能够与孩子建立起一种亲密关系。（Premberg et al.，2008）

照料婴儿的工作之所以几乎总是由女性负责，很大一部分的原因来自我们特有的文化，这种文化是从远古时期生物的生存需要演变出来的。但在当今社会，这样的工作分配会导致越来越多的问题。对现代女性而言，在生孩子以前几乎很少插手照料婴儿的事情，因此经验的缺乏常常使她们对自己缺乏信心，她们通常不相信自己有能力与婴儿和谐相处。她们在照料婴儿时所表现出的犹疑与不自信，和男性并无区别。

我自身的育儿经验，绝对称得上属于蕾切尔·卡斯克所形容的文化冲击（culture shock）。当时，我离开了原先繁忙的工作，开始在家专门照料孩子的生活，每天都被困在婴儿的世界，只觉得日子仿佛蜗牛走路一般，缓慢又漫长。我围着孩子团团转，全心关注着孩子的需要——另一方面，还要抽空赶紧收拾房间、准备晚餐、溜出房间和别人说几句话。和婴儿在一起时生活是另一种节奏，完全不同于我以往所习惯的忙碌、嘈杂的办公室生活：和同事打交道、处理文件、接听来电、使用各种设备。起初的那段日子，仿佛置身于水族馆的底部，被令人目眩的光所笼罩着，我四处奋力挣扎，希望能把各种事情处理到位。

我发觉，在这个婴儿世界里，没有人会知道或关心你在想什么、你做了什么、你爱的是谁，你仅仅是"守护着婴儿的母亲"。这个角色涵盖了你曾经扮演或者希望扮演的所有的自我。对很多女性而言，这是无法忍受的。但对有些女性来说，这却仿佛是一个她们不愿离开的愉快的梦幻世界，只有在这里，她们才可以逃脱那种充满奋斗和拼搏的职场竞争。但是，对大部分依靠从工作中获得自我价值感的女性而言，这可能是一种非常艰难的重心调整。随着女性就业机会的不断增加，越来越多的女性开始感到在抗拒传统角色定位所带来的束缚时的艰难。在过去的数十年间，越来越多的新任母亲开始重返职场，把自己的孩子托付给别人照顾，不管多么于心不忍，不管在工作时多么牵挂自己的婴儿，她们也别无选择。

而且，她们的这种做法是受到官方支持的。政府规定的母亲产假和父亲陪产假非常短，而且并非所有员工都能得到产假。给予这些产假并非是为了满足婴儿的需要，而是为了让父母从新生命降临的冲击中恢复过来，父母亲仍然被催促着重回工作岗位。事实上，在英国和美国，各式各样的规章制度都是在主动地鼓励单身母亲回归工作，而不是鼓励她们在家中照料孩子、申领国家福利金。这就给女性传达了这样一个信息：养育孩子的角色并不重要，真正重要的，应该是自己承担的社会角色。

双方的辩论仍然很激烈。一些立场鲜明的母亲之间的冲突例证了母亲之间的差异。根据一项调查（Herr and Wolfram，2011），一方面，越来越多拥有MBA学历的高薪职场妈妈开始选择离开职场，回家照料孩子。另一方面，例如，前雅虎公司执行总裁玛丽莎·梅耶尔（Marissa Meyer）之类的名人则继续保持对职业的高度热情，把本来可以享受的育儿假放弃不用。或许这是由于官方所释放的隐晦信息，产后继续工作的压力也就占据了主导。当然，对很多新任母亲而言，她们会发疯般地渴望同可爱的婴儿待在一起，但她们也知道，如果自己在三个月或半年之内不重返岗位的话，那之前在职场努力奋斗所换来的一切成果都有可能会付之东流。她们害怕自己会失去所拥有的工作能力和社会网络，担心自己在将来的晋职竞争中处于劣势。

对另外的女性而言，她们继续工作只是因为迫于经济上的压力。但多年的研究显示，如果让女性自由选择，大部分女性会选择一半时间用来工作，一半时间用来扮演母亲角色——照料孩子。（Pew Research Center，1997、2007、2012；Newell，1992）这似乎很具讽刺意味，在西方社会，在长达几个世纪的时间里，女性都在不断地为自己的社会地位而斗争，到最后女性却希望做那些我们祖先视为理所当然的事：体现出自己的价值，参加社会组织，从事某项职业，但同时也要享受照料和养育自己孩子的乐趣。

很有可能，这也正是孩子想要的，虽然从来没有人问过他们。这本书特地勾画了那些还不能用言语表达自我的婴儿的需要。在此之前，一些女性主义者，比如，斯蒂芬妮·劳勒（Stephanie Lawler）就曾反对这些关于"需要"的观念，宣称所谓关于"需要"的言论都具有高度政治目的。她认为"需要"是一个社会概念，而非人类本性。正如在她之前的人那样，她也同样反对好母亲被定义为"自身需要同婴儿需要相一致的母亲"，以及"作为母亲，如果没有足够的能力满足孩子这些需要，那就形同虚设"。（Lawler，1999：73）她的抗议，在当今的社会大背景下听起来显然是一种事实。在今天的社会，当母亲抚养婴儿时，无论通过怎样的方式，母亲都会同孩子一起被迫与外界相脱离，几乎被切断了所有的正常的日常交际。当然，这并不代表这些"需要"是虚假的，而是我们围绕这些需要所设计的生活方式，是它们导致这些"需要"成为一种暴君般的存在。

在这本书中，已经充分论证这些"需要"不是想象出来的，也不是用来征服女性的宣传工具，而是具有一定的生物基础。在儿童生活完全依赖于成人的阶段，米歇尔·奥登特（Michel Odent）称之为"最原始阶段"（1986），婴儿有着非常高的需求。一方面，由于没有言语的帮助，成人很难理解孩子的真正需求；另一方面，这时的孩子也不会对成人的需求做出让步。当你正在接电话，或者正在吃晚饭时，你不可能要求一个小婴儿乖乖地躺在那儿，别给自己添麻烦。孩子哭声一响，你就必须马上过去安抚，其他事情都暂时放在一边。婴儿是无法等待的，因为他没有时间观念，他没有能力来预期自己的需要其实可以在10分钟内被满足。

当父母回应婴儿的哭声时，他们其实正在参与许多重要的生理过程。他们正在帮助婴儿的神经系统在一种没有过度压力的氛围中发展成熟。他们正在协助把生物胺的通路设置到一个适当的水平。他们正在帮助孩子建立强健的免疫系统和健全的应激反应系统。他们也正在促使孩子的前额叶皮层正常发育，提升孩子将来记忆信息、反思感受、抑制冲动的能力，这些都将成为孩子社交行为中的重要构成部分。

这听起来似乎是一项令人望而却步的任务。当然，我也希望当照料自己的孩子时就已经知道这么多。但实际上，无须真正意识到这些过程，父母便会主动做出这些行为。任何一个成年人，只要拥有正常的敏感度以及进行回应的意愿，基本上都会不假思索地做出这些行为。只要给予足够的关注，即使在最陌生的环境下婴儿也能够健康成长。只有当得不到足够的关注，或者当那些关注充满敌意和指责时，婴儿的发展才会出现问题。这样的负面关注可以表现出不同的强度，但最终都会导致个体成年后的轻微心理问题，或者严重的精神失调。这些怀有敌意、爱挑剔或忽视孩子的父母（或者代父母）无一例外，都是处于压力情境之下的父母，而且他们在童年时期，都曾成长于不良的父母教养模式之下。

父母不良的教养行为之所以会影响儿童的发展，是因为在生命的早期，婴儿的神经系统更为脆弱，早期的经历能够影响其脑部的生化结构。正如约瑟夫·勒杜克斯所指出的："这里多一些连接，那里再多一点儿或少一点儿神经递质，生物就会表现出不同的行为模式了。"那些在观察者看来可能非常细微的行为差异——当孩子哭时，一位母亲马上跑到孩子身边，另一位母亲则先喝完自己的咖啡，然后才去看孩子；一位母亲不断地向人夸奖自己的孩子，另一位母亲则认为孩子真让人头痛心烦——都可能会日积月累地产生深远的后果。那些对孩子不心甘情愿的、承受压力的、有敌意的、漫不经心的，或忽视的父母，都无法给孩子提供他们所需要的环境，从而促使孩子内在的情绪系统积极健康地成长。他们的婴儿可能被喂得结结实实，并且身体各方面的发育都很健康，如果接受过其他方面的启蒙或者训练，这些孩子甚至可能具有较高的智商，但在情绪方面他们依然会表现出发育不良。

我已经介绍过，亲子关系的质量是如何影响儿童大脑的生化物质和脑部结构的。父母身上经常表现出的行为模式将会蚀刻在婴儿脑部的神经通路上，引导着脑内连接的形成。这些多次重复的经验会变成一种学习的过程，在情绪通道方面，主要包含懂得在亲密关系中"我"应该从他人身上期待什么样的反应；他人是否会对这些感情和需要有所回应；自己是否应该把这些情感和需要隐藏起来；他人是否会帮"我"调整情感让"我"心情好一些，还是会伤害"我"并让"我"感到失望。我们的基本心理组织，都是在刚出生的几个月或几年之内，从基本生活经验中习得的。

这种社会学习之所以如此重要的另一个原因，是由于它提供了一条从痛苦中恢复的途径。通过社会学习，当需要帮助时，你能确信那些与你关系密切的人会挺身而出，这种自信会帮助你摆脱困境。通过社会学习，当你对眼前的一切无能为力时，就知道该如何转移自己的注意力，暂时忘却心中的痛苦，这将有助于你的生存。通过社会学习，你懂得如何用言语或音乐来缓解内心的苦闷，让自己的心情恢复平静。这些情绪调控能力，都是保持情绪健康的基础，当这些恢复机制出现问题时，个体便会出现精神病理学问题。

那些没有很好地建立恢复机制的人，通常会感到难以维持内心的平静。他们的情绪唤起会在"开"或"关"的位置发生阻塞。当情绪被阻塞在"开"的状态时，他们很容易变得心烦意乱，并且难以摆脱这种心境；这时，他们所进行的思考会进一步加剧内心的烦躁；他们会对别人做出过分的要求，也无法从别人那里得到自己所需要的支持。当情绪处在"关"的状态时，他们会压抑情感，回避他人，不愿谈及自己内心的痛苦，并在无意识的状态下心情持续糟糕。这两种行为倾向与依恋类型中的"抗拒型依恋"和"逃避型依恋"非常接近；而"混乱型依恋"的表现则是摇摆在两种状态之间。事实上，近期对应激反应和早期脑发育的研究已经拓展了我们对这些依恋类型背后的生物基础的了解，并且已经证实，从科学的角度来看依恋理论也是完全可信的。

当父母竭尽全力去满足婴儿的需要时，因为父母自身抑郁、孤独、缺乏有效调整情绪的能力、得不到配偶足够的精神支持等，在这些情况下婴儿脆弱微妙的发展过程就会被扭曲，父母在情绪调控方面存在的问题就会传递到孩子身上。以后，当情绪方面出现波动时，孩子也会采取和父母类似的非安全型策略加以处理；当在今后的生活中遇到重大挫折时，他们也很容易产生各种形式的精神病理学问题。例如，抑郁症患者总是处于持续的唤醒状态，任凭那些消极的念头在头脑中翻腾，却无法让自己平静下来；那些有创伤经历的人会表现出更为强烈的唤醒状态，也会感到更加无助，以至于关闭自己的应激反应系统；在人格障碍者所感受到的痛苦中，也包含着类似的难以调节的情绪唤起；这些精神变态的另一个极端是被心身疾病所困扰的人群，他们通常压抑自己的情感，那些在家中压抑愤怒的人，很有可能在其他地方表现出难以预料的暴力行为。诸如此类，许多情绪困扰本质上都是调节方面存在问题。一直以来人们就很难把它们界定为某种特定的"疾病"，因为这些情绪障碍表现出许多重叠之处，或者可以称为"共病"。现在看来，这些情绪困扰最有可能是由一系列复杂的事件直接导致，而这些事件则源于婴儿时期的不良情绪调节途径，再加上之后个体所处环境以及学习经验的共同影响。某些特定的并发症状，如焦虑加忧郁、惊恐加焦虑等，可能会在特定的情境中出现。

虽然应激反应领域卓有成效的研究引起了精神病学界的浓厚兴趣，但早期经历在塑造应激反应以及生物胺回路中的重要作用，仍未受到充分的重视。虽然美国精神病协会主席南希·安德烈森（Nancy Andreasen）曾指出，应激反应很有可能与各种心理健康问题之间存在着密切联系，并认为皮质醇可能是许多心理疾病的部分成因（Andreasen，2001: 107），但她并没有承认，应激反应本身可能被个体在子宫内及婴儿期的经历所塑造或改变。

与此同时，她也指出，抑郁症患者的数量正在大幅增长。美国自20世纪80年代后期开始，抑郁症患者增加了400%。（Pratt et al., 2011）另有人指出，儿童中的反社会行为也正在大量增加。安德烈森把这些现象都归因于压力不断上升的生活方式，认为在当今社会，竞争不断加剧，人们的价值观和信念却日益模糊，这是一个犬儒主义和物质主义的时代。（Andreasen，2001: 239）不管这些是不是实情，她并没有指出，现代女性的生活方式在这段时期确实已被改变。女性更多地参与经济和社会活动，而且越来越多的是在她们的孩子还很小的时候，这就使得女性更加难以在事业和家庭之间取得平衡。在今天的社会，当抑郁症患者急剧增加时，越来越多的婴儿在白天被交给陌生人照料，晚上则回到忙碌一整天的父母身边。

在这个过程中，我们已经到了一个两难境地，或者母亲为此付出代价，或者孩子为此付出代价。20世纪60年代，贝蒂·弗里丹（Betty Friedan）首次描绘了年轻母亲所受到的压抑，每天忙碌于郊区的家庭中，她们深感窒息，除了母亲或妻子之外，她们无法扮演其他社会角色。但是，如今年幼的孩子可能也感受到了同样的压抑。因为父母工作忙碌，越来越多的孩子被辗转往返于家和托儿所之间，被丢在一边看电视。那么，这些孩子如何学会调控自己的情绪呢？

实际上，在这些行为背后隐含着一个信息：亲子关系不是最重要的，工作才是第一位的。这时，亲子关系仿佛成为一种"招待"，被浓缩在"高质量的时间"之中。在这种状态下，亲密关系对情绪的调节功能完全丧失。当成人需要调节情绪时，他们可以在下班后找人倾诉，或给朋友打个电话（或在工作的间隙找个同事聊上几句）。

但孩子需要更多持续的情绪调控，却通常只有在收费高昂的儿童照管机构才可以获得。因为只有在那里，才可能有熟悉的看护者给孩子提供高质量的关注。在那些收费低廉的普通托儿所，几乎不可能提供这种关注，这就剥夺了孩子对情绪调控的学习经历，而这种学习在幼年阶段是十分关键的。

从本质上讲，亲子关系（以及一般的亲密关系）的质量就是情绪调控的质量。其中包括倾听的能力、观察的能力、塑造行为的能力，或者通过某种身体上、情感上、精神上的接触，通过抚摸、微笑，把感受和想法付诸语言文字的途径，从而恢复积极情绪的能力。这些能力都是属于个人的，但在一个把孩子推向边缘的文化中，这些能力无法被充分表现。学会察觉并回应他人的感受是需要时间的。这需要一个独立的心理空间来专门处理感受，还需要一种把关系的重要性置于首位的意愿。然而，在如今这个以目标为导向的社会中，很难做到这些。

最近，在一间餐厅，我注意到一位身材高大、长相俊朗的灰发男士，起初他抱怨服务的速度太慢，然后质问侍者是否拿错了饮料，后来又指责侍者为何不给他上帕玛森芝士。他一直吵吵嚷嚷，对于满足自己的食物需求显得十分激动，以至于来不及注意其他人的反应——那些和他在同一张餐桌上的客人逐渐表现出不自在和尴尬的神态。刚坐下时，他们还围着餐桌有说有笑，但随着气氛越来越紧张，大家也都坐在那里尴尬无语。这个小小的场景，从某种角度来看，恰恰展示了个体的某种典型心理特征。在这种心态的驱使下，个体只关注于完成某项任务、获得某些东西、达到某个目标，以至于完全把人和人之间的关系抛在一边。这位男士根本不顾及其他人的感受，他既没有考虑到那个侍者的想法，也没有考虑到那些和他一起用餐的人的想法。他的目标只是要及时得到食物。他失去了有人陪伴、与人聊天、与其他人一起放松的快乐——他失去了一起用餐这个过程所带来的快乐，他只专注于能够吃到一份满意的晚餐。

这种以目标为定向的心态，与那种写文章嘲笑人需要自尊，或批评人沉溺于情绪的心态，都是一样的。它包含了我们文化中的隐忍坚强、工作本身即目的的价值观和"疲于奔命症"。这种文化更加褒扬意志力和努力，而不是回应他人的情感，或者与他人消磨时间。他们通常会说，生活是艰辛的，但只能坚持下去。在这种情况下，肉体与心灵、思想与情感、私人与公众，永远都处于隔离的状态。不管是聆听你自己的还是别人的感受，都会让你放慢脚步，从而延缓你目标的达成。

在最近的两百多年时间里，通过科学技术的爆炸式发展，西方文化一直在追求物质满足。物质文明已经高度发展，只要需要，我们社会中的每个成员都可以随时享受这些服务。只需轻按一下开关就能够欣赏各种娱乐节目，可以毫不费力地进行跨越国际的通信联系，并能在任何一间超市买到各式各样的食品。现代人的生活被这些充裕的商品和服务设施所填满，有人认为，现代社会的物质财富已经达到基本饱和的程度，即使物质财富再进一步积累，由此而带给人们的幸福感已经没有上升的空间。或许，正因为如此，人们才得以奢侈地自问：如何才能提升我们的精神生活质量呢？

情感领域的许多科学发现，仿佛一个旋转的车轮，总是重复碾压曾经走过的印记。这些发现总是不断印证，在抚养孩子的过程中，抚摸孩子、回应孩子、花时间陪伴孩子的重要性。但是，我们如何以立法的形式把这些重要性体现出来？或许，希望政策制定者可以在提高婴儿抚养质量上做些实事，只是一个不可能实现的幻想。那么，在自己的家中照料自己的婴儿，这真的是一件很私人的事情吗？除了提供更多的产假、育儿假，以及鼓励雇主在工作时间上给新生婴儿父母更多弹性之外，我们还可以做些什么呢？当然，这本书并不会给出这些问题的答案。但本书可以提出一些问题：如果把早期抚养的任务看作纯粹私人的事情，任凭父母自己去处理和应付，那么，将来整个社会为此而付出的代价，我们承担得起吗？

在我看来，那些把早期抚养任务看作个人私事的观念背后，其实隐藏着一个假设，认为照料孩子是母亲与生俱来的天性。的确，与性生活一样，生育和哺乳行为都具有很强的本能特性和生物特性，在人类的体内天生就有一种"预设性"，会去从事某些行为。然而，与性行为相类似，哺育孩子的行为也具有明显的文化特性。在生活模式比较简单的社会里，婴儿和儿童几乎随处可见，因此个体有足够的机会去抱孩子、哄孩子、管教孩子和了解孩子。换言之，通过社会学习与社会观察，个体将具有足够的如何为人父母的心理准备。但在西方社会，人与人之间的距离被构造精致的房屋、公寓所分割，工作和家庭生活也是界限分明、互不干扰，因此个体就没有机会来学习如何为人父母。在这样的社会背景下，个体几乎没有机会来观察一位有经验的母亲如何抚养孩子，更没有机会亲身实践，如抱别人的孩子、逗别人的孩子玩儿。因此，他们知识的唯一来源就是书本或电视节目。在更多的情况下，新任母亲只是凭借自己幼年被教养的经验、自己当时的无意识学习，依靠这些本能来作为自己的行为向导。这也在一定程度上解释了为什么不良的养育模式会代代相传。

如果我们继续坚持把生产置于首位，并且为了实现这些物质目标，把所有的成年人，当然也包括婴儿的父母，都无情地拉进生产大军中，那么，我们将不得不面对由此而引起的诸多情感问题。在孩子的神经系统正在发育之时，由于没有关怀备至的成年人的呵护，他们就难以成长为情感坚强的成人，难以面对生活的挑战，难以维持和谐融洽的人际关系,我们不得不为此付出代价。这些问题会衍生出巨大的社会效应以及高昂的代价。仅仅是抗抑郁药这一项账单,在美国的数额已经超过100亿美元。(Insel,2011)但是,如同医生一样,政治家也往往关心症状。面对青少年的反社会行为或抑郁行为,他们也会忙于寻找遏制或缓解这些行为表现的途径。这种做法完全可以理解,但除此之外,我们还需要走得更远,想得更多。

近几十年来,科学所提供的新信息告诉我们,可以通过采取某些手段来缓解许多社会问题和心理健康问题。要改变这种现状,我们首先需要在早期婴儿的抚养方面给予更多投资,这样才能使孩子在情感发展上有一个良好的开端,才能使孩子将来能够应对来自生活的各种压力。这是一项高昂的投资。为了让孩子茁壮成长,每个婴儿都需要得到积极的回应和关注,这就意味着,那些投身于照料孩子的成年人,必须受到社会的重视和支持。对如今的社会价值观而言,这本身就需要一个巨大的转变。我们不但不会躲避母乳喂哺,反而会接受和重视这种行为。在抚养婴儿的过程中,不但不让母亲独自在家照料孩子,还要成立一个地方社团,不管由谁承担照料孩子的角色,他都会得到来自社团的大力协助。

在经济发达的社会,当开始考虑如何降低抚育幼儿过程中孤立和没有经验这双重压力时,我们将不得不对解决这一难题所需要的条件进行根本性的反思。这就意味着需要提供更具弹性的工作任务、抚育婴儿的人力支持以及各式各样的社区设施。同样,如果父母更喜欢工作,而愿意把育儿任务交付他人,那么,那些替代的看护人必须受过良好的教育和专业训练,能够满足婴儿的需要,并且要得到足够的激励(包括更高的工资),从而愿意全身心地投入这项工作——而这些,全都需要坚实的经济后盾。

除了展望未来,我们也必须考虑会代代相传的不良抚育模式的遗留问题。如果只是缓解外在的压力，却忽略了父母的内在心理世界，这样对改善情况是难以真正奏效的。这两方面缺一不可。那些由于自己童年的不幸经历而在压力调控中存在困难的父母，即使感受到了来自周围社团的大力支持，也很难对自己的孩子采取其他更好的抚养模式。如果我们想终止这种不良抚育模式在代与代之间无声无息地传递，就一定要去处理这些积压的情感问题。

其实要解决问题，有很多可用的方法，但是都要花钱。带全薪、更长时间和更加灵活的育儿假是首选途径。不过，父母留在婴儿身边只是第一步。我们还需要培训更多的亲子关系心理治疗师，来帮助那些不希望自己的不良情绪调控模式在孩子身上延续的父母。我们需要更多的健康顾问和家庭顾问来为每个需要支持的父母在育儿方面提供直接的指导和鼓励。让所有新任父母都有机会接受育儿项目的培训。诸如此类的解决方式在实践上并不难，也曾经被证明具有实际效果。（Stewart-Brown and Macmillan，2010；Lieberman et al.，1991；Olds et al.，1998）在学校阶段，学校就可以教育学生未来如何抚养孩子，鼓励男孩将自己视为未来的父亲。【例如，同理心根源项目（Roots of Empathy programme）。（Gordon，2012）】虽然实践这些方案需要大量资金和政策支持，但有证据显示，通过让孩子得到良好照料，帮助孩子调控不良情绪，能够在控制社会犯罪的成本上节省大量的长期支出。（Conti and Heckman，2012）

我相信，本书中所提出的证据已足以表明，现在我们必须采取一些对策来改善人们对婴儿的抚育方式。现在出生的这些婴儿，在未来的若干年后将成为社会的中坚力量，他们要照料那时已经老态龙钟的我们，他们要管理我们的企业，他们要为我们提供娱乐，他们会成为我们的邻居。他们将会成为怎样的成年人？是否会成为情绪稳定、心理健康的成年人，在社会上尽情地发挥自己的聪明才智？

还是会因为情绪的压抑和失衡而碌碌无为,不被社会所接受?幼年的经历,婴儿时期被爱和被关注的程度,将会在很大程度上给出这些问题的答案。

【正文完】

译后记

套用网络用语,今天的中国处在一个"内卷"的年代。"内卷""鸡娃"这些行为背后所隐藏的是人们的身心疲惫。在这样的社会背景下,如何塑造孩子健全的人格,如何培养孩子健康的心态,是比学业更为重要的教育目标。在翻译过程中,苏·格哈特对个体发展核心规律的阐述和剖析令我不得不产生由衷的共鸣:"讲得太精彩了。"

在以往的育儿书籍中,作者往往沿着相对单一的路线,或者从医学的生理视角,或者从心理和行为层面,对儿童发展的内在规律进行阐述。而苏·格哈特的这本著作则另辟蹊径,结合大量神经生物学领域的前沿研究,以胎儿至幼儿阶段的母婴互动状况为主线,从生理和心理两个层面入手,详尽地论述了早期经验对个体身心状况的影响,该书既适合于心理学专业人士作为研究参考,也适合于普通大众作为育儿指导。

本书涵盖了心理学和神经生物学专业领域的诸多知识点和概念,从跨学科的角度整合了早年环境对个体发展的长久影响。在翻译过程中,我对之前的翻译版本进行了全面改进和完善,希望这次的版本能够雅俗共赏,同时满足不同人群的需求。

王燕

于复旦大学

作者简介：

苏·格哈特（Sue Gerhardt）：毕业于剑桥大学的纽纳姆学院（Newnham College），自1997年以来，她一直是一名临床工作的精神分析心理治疗师。她是牛津亲子项目（Oxford Parent Infint Project，简称OXPIP）的创始人之一。该项目是一个为父母及其婴儿提供心理治疗服务的先驱性慈善团体，现在以OXPIP为原型，英国已开展多个新的亲子项目，为众多家庭服务。

译者简介：

王燕：复旦大学心理学系教授，博士生导师。研究领域为从进化心理学和积极心理学的视角探讨家庭养育、婚恋和消费模式。代表著作有《成长的秘密——儿童心理与行为规律案例剖析》《鲍尔比心理健康思想解析》（荣获第六届中华优秀出版物图书奖）、《当代中国都市父母教养现状与反思》（荣获第十届上海市哲学社会科学优秀成果著作类二等奖）。

如需查阅本书的参考文献
请扫描二维码浏览全部内容

最初的联结：爱如何塑造婴幼儿大脑

作者 _ ［英］苏·格哈特　译者 _ 王燕

产品经理 _ 周喆　孙雪净　　内文设计 _ 吴偲靓
装帧设计 _ 朱大锤　　产品总监 _ 阴牧云
技术编辑 _ 顾利军　　责任印制 _ 刘淼　　出品人 _ 贺彦军

果麦
www.guomai.cn

以微小的力量推动文明

图书在版编目（CIP）数据

最初的联结：爱如何塑造婴幼儿大脑 /（英）苏·格哈特著；王燕译. -- 广州：广东人民出版社，2025.3. -- ISBN 978-7-218-18254-4

Ⅰ．G610

中国国家版本馆CIP数据核字第2025PY4402号

Why Love Matters: How affection shapes a baby's brain, 2nd edition

© 2015 Sue Gerhardt / ISBN: 9780415870535

Authorised translation from the English language edition published by Routledge, a member of the Taylor & Francis Group. All Rights Reserved.

本书原版由 Taylor & Francis 出版集团旗下 Routledge 出版公司出版，并经其授权翻译出版。版权所有，侵权必究。

本书中文简体翻译版授权由果麦文化联合广东人民出版社独家出版并限在中国大陆（内地）地区销售。未经出版者书面许可，不得以任何方式复制或发行本书的任何部分。

本书封面贴有 Taylor & Francis 公司防伪标签，无标签者不得销售。

版权合同登记号：图字：19-2025-044 号

ZUICHU DE LIANJIE: AI RUHE SUZAO YINGYOU'ER DANAO
最初的联结：爱如何塑造婴幼儿大脑

[英]苏·格哈特 著　王燕 译　　　　　版权所有　翻印必究

出 版 人：肖风华

责任编辑：李　敏　温玲玲
装帧设计：朱大锤
责任技编：吴彦斌　马　健

出版发行：广东人民出版社
地　　址：广州市越秀区大沙头四马路10号（邮政编码：510199）
电　　话：（020）85716809（总编室）
传　　真：（020）83289585
网　　址：http://www.gdpph.com
印　　刷：北京盛通印刷股份有限公司
开　　本：880毫米×1230毫米　1/32
印　　张：8.5　　字　　数：212千
版　　次：2025年3月第1版
印　　次：2025年3月第1次印刷
定　　价：59.80元

如发现印装质量问题，影响阅读，请与出版社（020-85716849）联系调换。
售书热线：020-87716172